ASACADA

**Norm Brodsky
& Bo Burlingham**

A SACADA
Como empreendedores inteligentes superam desafios

Tradução
Gabriel Zide Neto

best.
business

CIP-BRASIL. CATALOGAÇÃO-NA-FONTE
SINDICATO NACIONAL DOS EDITORES DE LIVROS, RJ.

B886s Brodsky, Norm
A sacada: como empreendedores inteligentes superam desafios / Norm Brodsky e Bo Burlingham; tradução: Gabriel Zide Neto. — Rio de Janeiro: BestSeller, 2009.

Tradução de: The knack
ISBN 978-85-7684-352-8

1. Empresas novas — Administração. 2. Sucesso nos negócios. 3. Empreendimentos. I. Burlingham, Bo. II. Título.

09-4447

CDD: 658.11
CDU: 658.016.1

Texto revisado segundo o novo Acordo Ortográfico da Língua Portuguesa.

Título original norte-americano
The Knack
Copyright © 2008 by Norm Brodsky and Bo Burlingham
Copyright da tradução © 2009 by Editora BestSeller Ltda.

Capa: Sérgio Carvalho
Diagramação: ô de casa

Todos os direitos reservados. Proibida a reprodução, no todo ou em parte, sem autorização prévia por escrito da editora, sejam quais forem os meios empregados.

Direitos exclusivos de publicação em língua portuguesa para o Brasil adquiridos pela
EDITORA BEST BUSINESS um selo da EDITORA BEST SELLER LTDA.
Rua Argentina, 171, parte, São Cristóvão
Rio de Janeiro, RJ — 20921-380
que se reserva a propriedade literária desta tradução

Impresso no Brasil

ISBN 978-85-7684-352-8

PEDIDOS PELO REEMBOLSO POSTAL
Caixa Postal 23.052
Rio de Janeiro, RJ — 20922-970

Para Elaine Jerome Brodsky
e
Lisa Meisel Burlingham
Quase oitenta anos de felicidade conjugal,
com capacidade para muito mais

Agradecimentos

Antes de *A sacada* existir, havia "Street Smarts", a coluna mensal na revista *Inc.* que começamos a escrever em 1995. Aqueles artigos e a pesquisa por trás deles proporcionaram boa parte do material deste livro, e gostaríamos de iniciar agradecendo às pessoas cujas histórias contamos pela sua disposição de compartilhar seus casos com um público mais amplo. A julgar pelo feedback que recebemos dos leitores, vocês ajudaram muitas outras pessoas em suas viagens empreendedoras. Nesse sentido, também queremos agradecer a estes leitores (especialmente a você, Dr. Philip Leopold). Vocês nos fizeram ir em frente com suas observações, seus comentários, suas perguntas, palavras de incentivo e críticas que nos faziam pensar. Infelizmente, não conseguimos responder a todos os e-mails que mandaram, mas tenham certeza de que lemos e apreciamos cada um deles.

Nossos colegas na *Inc.* nos deram um tremendo apoio nos últimos 14 anos, e temos uma dívida com todos eles. Gostaríamos de agradecer especialmente aos três editores da revista nesse período: George Gendron, que nos conduziu nos primeiros sete anos; John Koten, que nos guiou por um período difícil depois disso; e Jane Berentson, que tem nos incentivado e inspirado desde então. Jeff Seglin também ajudou a fazer com que a coluna sempre fosse em frente. Nancy Lyons, Michael Hopkins, Evelyn Roth e Karen Dillon também desempenharam um papel em sua evolução. Nos últimos sete anos, nos beneficiamos muito dos talentos editoriais de Loren Feldman. Alguns de nossos melhores trabalhos surgiram como resultado direto de suas observações, seus insights e sugestões. Evidentemente, devemos um muito obrigado especial ao fundador da *Inc.*, o falecido Bernie Goldhirsh, por nos dar uma plataforma de onde poderíamos falar, e a seu atual proprietário, Joe Mansueto, por garantir que a plataforma continuasse tão sólida como sempre foi.

Além disso, somos gratos a muitas outras pessoas na Inc., que fizeram — e continuam fazendo — tanto pela revista em geral, como pela nossa coluna em particular. Contamos com o apoio de dezenas de pessoas, aí incluídos diretores de criação, editores de fotografia, publishers, editores sêniores e subeditores, gerentes editoriais, gerentes de produção, pesquisadores, revisores, assistentes editoriais, vendedores de publicidade, diretores de circulação, gerentes de eventos, diretores de marketing e muitos mais. Gostaríamos de citar o nome de cada um nesses agradecimentos, mas isso significaria basicamente reimprimir o expediente de cada revista *Inc.* dos últimos 14 anos — e mesmo assim ainda correríamos o risco de deixar, sem querer, alguém de fora. Como não dá para fazer isso, por favor aceitem nossos agradecimentos e fiquem sabendo que vocês têm nossa maior estima.

Também gostaríamos de agradecer a todo o pessoal da CitiStorage e da U.S. Document Security, que desempenharam um papel tão importante nesse livro. Gostaríamos de agradecer especialmente a Brad Clinton, Peter Gunderson, Mike Harper, Bruce Howard, Sherry James, Sam Kaplan, Noelle Keating, Patty Lightfoot, Patti Kanner Post, Louis Weiner e, é claro, Elaine Brodsky.

Obrigado também a Adrian Zackheim, fundador e editor da divisão Portfolio da editora Penguin, que propôs que escrevêssemos *A sacada*. Will Weisser, da Penguin, fez uso de seu enorme talento de marketing para nos ajudar a refinar o conceito. A equipe da Penguin Portfolio — incluindo Francesca Belanger, Courtney Nobile, Joe Perez e Courtney Young — trabalhou fabulosamente, como sempre.

E onde estaríamos sem Jill Kneerim, nossa agente literária? Ela é simplesmente o máximo. Desde que aparecemos pela primeira vez em sua sala, há quase dez anos, tem nos dado apoio irrestrito, perfeita em seus conselhos e infatigável em seus esforços em nosso nome. Por intermédio dela, também recebemos o apoio de sua grande equipe da agência Kneerim & Williams da Fish & Richardson, em Boston, incluindo Hope Denekamp, Cara Krenn e Julie Sayre.

Como os leitores deste livro devem entender, nós dois acreditamos piamente em colocar o plano de vida antes do de negócios. Eles se centraram em nossas famílias, e ficaríamos perdidos sem elas. Portanto, para Elaine e Beth Brodsky; Rachel e Adam Luna; Lisa, Jake, Maria, Owen e Scarlett Burlingham; e Kate Burlingham Knightly e Matt Knightly. Esse livro é de vocês.

— Norm Brodsky e Bo Burlingham

Sumário

INTRODUÇÃO:	Como ter a sacada	13
CAPÍTULO UM:	Como se dar bem nos negócios	19
CAPÍTULO DOIS:	A atitude certa	41
CAPÍTULO TRÊS:	Por que os start-ups fracassam	67
CAPÍTULO QUATRO:	Onde está o dinheiro	87
CAPÍTULO CINCO:	Números mágicos	109
CAPÍTULO SEIS:	A arte de negociar	131
CAPÍTULO SETE:	Tudo começa com uma venda	147
CAPÍTULO OITO:	Vendas boas, vendas ruins e aquelas que escapam	167
CAPÍTULO NOVE:	Clientes para sempre	187
CAPÍTULO DEZ:	Como perder clientes	199
CAPÍTULO ONZE:	A decisão de crescer	211
CAPÍTULO DOZE:	Virando o chefe	227
CAPÍTULO TREZE:	A única coisa que não se pode delegar	245
CAPÍTULO CATORZE:	Vender é um esporte coletivo	265
CAPÍTULO QUINZE:	Socorro! Preciso de alguém	287
CAPÍTULO DEZESSEIS:	Quando o aluno está pronto, o professor aparece	311
CAPÍTULO DEZESSETE:	Aguentando as pedras	333
ÍNDICE REMISSIVO		353

INTRODUÇÃO

Como ter a sacada

Todos nós temos mentores no mundo dos negócios, embora nem sempre tenhamos consciência de que eles estão desempenhando esse papel. Meu primeiro mentor, e o melhor de todos, foi um homem de negócios independente, autônomo, na cidade de Nova York. Ele era vendedor ambulante. Visitava os clientes em suas casas e comercializava roupas, artigos elétricos, o que fosse, e cuidava pessoalmente de todas as áreas do negócio — das compras até o gerenciamento do crédito e das contas a receber. Às vezes eu o acompanhava em seu trajeto. Eu perguntava um monte de coisas e ele me explicava a lógica do que fazia. Foi assim que aprendi alguns dos mais importantes conceitos de negócios, que uso até hoje.

Naquela época, porém, não dei valor à educação que estava recebendo. Eu só tinha 8 anos, e o vendedor era meu pai.

Acho que é uma ironia que, ao crescer, eu nunca tinha pensado em ser empresário. Eu não tinha a menor vontade de seguir a carreira de meu pai. Depois do ensino médio, entrei para a faculdade de Direito, achando que ganharia uma fortuna como advogado. Mas a vida é engraçada, e acabei sendo mesmo um empresário. Foi só então que percebi o quanto meu pai havia me ensinado.

Ele foi, por exemplo, o primeiro a me explicar a importância de se manter um lucro bruto elevado. Ele tinha outro nome para isso — grandes lucros —, mas o raciocínio era o mesmo. "Sempre feche uma boa venda com um lucro alto", dizia ele. "Tenha sempre certeza de que seu cliente é um bom pagador." "Não tire vantagem das pessoas." "Seja justo." Essas são fabulosas lições de negócios e foram muito bem incutidas em minha mente; e vieram direto de meu pai.

Além disso, ele tinha alguns ditados: "Não se preocupe antes do tempo", costumava me dizer quando me via ansioso com algo que estivesse por vir — uma prova final, por exemplo. "Você fez seu dever de casa? Está preparado?" Geralmente, eu estava. "Então não se preocupe antes do tempo." Em outras palavras, não desperdice tempo e energia com problemas que podem nem acontecer.

Ou quando eu reclamava que não sabia o que ia fazer da minha vida, ele dizia: "Há 1 milhão de dólares debaixo de seu sapato. Você só precisa encontrar." Foi só quando me tornei um empreendedor que entendi o que ele falava.

Quando eu mencionava coisas que gostaria de ter, ele dizia: "Se você não pedir, não conseguirá." Com isso, eu pedia um aumento de mesada, e ele sorria e respondia: "Valeu a tentativa, mas o simples fato de pedir não significa que você vá conseguir." Só muito tempo depois percebi que ele estava dando minha primeira aula de vendas.

Lições como essa entravam em minha mente sem que eu percebesse. Elas se tornaram hábitos mentais que me levaram a fazer certas coisas instintivamente, sem sequer perceber o que estava fazendo. Um de meus melhores hábitos, por exemplo, veio da prática de meu pai em dividir os problemas e desafios em seus componentes mais básicos. Ele acreditava que a maioria das questões nos negócios — e na vida — era fundamentalmente simples, embora pudesse parecer, inicialmente, complexa. Ele me ensinou que, para lidar com elas, era preciso examinar os elementos fundamentais e entender o que realmente estava acontecendo. Além do mais, nunca se deve assumir que os verdadeiros questionamentos são os superficiais. Essa maneira de pensar tem sido uma de minhas ferramentas de negócios mais poderosas ao longo dos anos.

De fato, acredito que hábitos mentais como esse permitem que as pessoas sejam empreendedoras de sucesso. Eu mesmo sou um empreendedor há três décadas. Ergui mais de oito empresas, incluindo um serviço de messenger que entrou para a lista Inc. 500 das empresas particulares que mais cresceram por três anos seguidos; e uma empresa de armazenamento de documentos que vendi por US$ 110 milhões numa aquisição alavancada. Ao longo desse caminho, tive o privilégio de conhecer muitos outros homens e mulheres criadores de empresas e percebi que a maioria de nós compartilha os mesmos hábitos mentais. Eles são o segredo de nosso sucesso. (Ou pelo menos um deles. É certo que ajuda muito ter uma parceira de vida como Elaine, com quem estou casado há 39 anos, sem a qual eu não teria chegado nem perto do sucesso que alcancei.)

Agora, percebo que nem todo mundo quer ouvir isso. Muita gente que abre um negócio gostaria de ter uma fórmula ou um conjunto específico de regras que poderia usar para atingir seus objetivos. O problema é que essas regras não existem. Em vez disso, o que há é uma maneira de pensar que permite que uma pessoa saiba lidar com várias situações diferentes e tire vantagem de muitas oportunidades diferentes à medida que elas forem surgindo. Que fique bem claro, ter esse tipo de mentalidade não garante que você terá sucesso em tudo o que fizer, mas aumentará consideravelmente suas chances. Você ganha mais do que perde e, quanto mais tempo você ficar no jogo, mais vezes sairá vencedor.

Acredito que a maioria das pessoas tem a capacidade de desenvolver os hábitos mentais de que falo e os utilizar a fim de obter os meios para viver como desejarem. Não que todo mundo vá ser bem-sucedido no mesmo grau ou da mesma maneira. Nos negócios, como em qualquer outra profissão, alguns têm talentos dados por Deus que lhes permitem jogar melhor do que os outros. Nem todos nós podemos ser Tiger Woods, ou Picasso, ou Shakespeare, mas qualquer um pode aprender a jogar golfe, a pintar ou a escrever um soneto e, do mesmo modo, todos nós podemos aprender a ser financeiramente autossuficientes.

Esta é uma opinião, devo acrescentar, que foi permanentemente testada nos últimos 17 anos — desde quando comecei a ser o mentor de Bobby e Helene Stone, uma experiência que conto no primeiro capítulo deste livro. Meu trabalho com eles levou a um artigo de Bo Burlingham na *Inc.*, e depois ele passou a ser meu coautor quando lançamos a coluna "Street Smarts", em dezembro de 1995. Por meio dela, entrei em contato com, literalmente, milhares de pessoas que estavam no processo de iniciar um negócio, ou que já tinham o próprio negócio e lutavam contra um problema ou outro. As pessoas escreviam para mim de todos os cantos dos Estados Unidos, do Canadá e do México, além de países tão distantes quanto a Coreia, a Lituânia, o Brasil, Cingapura e África do Sul. Eram desenvolvedores de softwares, corretores de seguros, headhunters, artistas, instaladores de piscinas, empreiteiros, designers de móveis, webdesigners, vendedores de máquinas, açougueiros, padeiros e fabricantes de velas. (Tudo bem, talvez açougueiros não, mas os outros casos com certeza.) Eles tinham negócios como fabricação de azulejos, clínicas de diagnóstico por imagem, empresas de cosméticos, fábricas de foles, serviços de recrutamento, lojas de violino, empresas de investimento, consultorias, internet, cadeias de cinemas e praticamente qualquer negócio que exista sob o sol.

Eu lia todos os e-mails e respondia o máximo que podia. A cada ano, eu também escolhia de oito a dez dos remetentes para ser um mentor fixo.

Alguns deles você conhecerá nas próximas páginas. Sua gama de objetivos abrangia desde criar um negócio gigantesco até fundar uma creche ou simplesmente conseguir independência financeira ou ter mais tempo para a família. Afinal de contas, cada um tem uma definição diferente de sucesso. O que temos em comum é o desejo de viver uma vida mais feliz, rica e completa e criar um mundo melhor para nossos filhos e netos. Meu objetivo era fazer os empreendedores desenvolverem os hábitos mentais que lhes permitissem chegar a isso. A julgar pelo que alguns deles conseguiram, acredito que meus esforços não foram completamente em vão — o que, de maneira nenhuma, diminui o mérito dessas pessoas. Foram eles que ergueram seus negócios, e não eu.

Também devo notar, adicionalmente, que você não precisa ter um mentor como eu, ou um pai como o que eu tive, para adquirir os hábitos mentais de saber "lidar com o que quer que apareça". Muitos de meus próprios hábitos adquiri à moda antiga — cometendo erros, quebrando a cara, me reerguendo e tentando evitar cometê-los de novo. Mas é como diz o ditado: uma pessoa inteligente aprende com os próprios erros; uma pessoa sábia aprende com os erros dos outros. Acho que isso faz de mim uma pessoa inteligente. Eu espero que, com esse livro, possa ajudá-lo a se tornar sábio.

CAPÍTULO UM

Como se dar bem nos negócios

Comecei minha carreira de mentor e professor de empreendedorismo numa noite fria de janeiro de 1992. Minha mulher Elaine e eu estávamos num restaurante com nossos amigos Bobby e Helene Stone. Eles pediram que fôssemos comer em um lugar um pouco mais barato que o de costume. Quando chegamos, descobrimos o porquê. Bobby nos contou que fora despedido de seu emprego de vendedor de equipamentos de informática — um trabalho que exercia havia 14 anos. Ele estava totalmente transtornado e com raiva. Jurava que nunca mais trabalharia como assalariado. Disse que ia entrar para o negócio caseiro de Helene, vendendo equipamentos de informática do porão da casa deles em North Bellmore, Nova York.

— Que bom, Bobby. E você tem um plano de negócios?

— O que é um plano de negócios?

— Um plano de negócios põe no papel o que você espera realizar — falei. — Você precisa preparar um para saber se seu negócio é viável.

— O negócio é perfeitamente viável. Já existe há sete anos só com a Helene e a Paula, sua assistente, trabalhando em tempo parcial e sem ninguém para cuidar das vendas. E acredito ser um vendedor muito bom. Por que o negócio não seria viável?

Helene não poderia ter discordado mais.

— Este homem está maluco — disse ela. — Nós nunca temos dinheiro, não conseguimos nem pagar as contas. Estamos tentando hipotecar a casa para pagar nosso maior fornecedor.

Bobby disse que Helene estava sendo negativa demais. Helene argumentou que Bobby não tinha ideia do que estava falando. Intercedi:

— Faça-me um favor. Não tome nenhuma atitude precipitada. Traga toda a papelada à minha casa que vamos sentar e verificar se o negócio é mesmo viável. — Pensei que poderia lhes dar alguns conselhos e que, com isso, eles passariam a andar sozinhos. No entanto, eles precisavam de uma educação completa.

E esse acabou sendo o aspecto mais interessante de toda a situação. Quer dizer, naquele ponto, eu ainda não tinha certeza do quanto era possível ensinar às pessoas sobre ter um negócio. Será que era possível pegar um casal de meia-idade, que não era gente de negócios, pessoas que não sabiam absolutamente nada sobre a criação de um negócio bem-sucedido e ensinar-lhes o que fazer? Ou as pessoas tinham de aprender a partir da própria experiência? Eu não sabia ao certo. Demorara a vida inteira para aprender o que sabia sobre negócios. Muitas lições vieram de levar paulada na cabeça. Certamente não aprendi a fazer negócios numa sala de aula — e sou formado em Direito e em Ciências Contábeis. Na verdade, tive mesmo de desaprender muitas coisas que me ensinaram na sala de aula. E, de todo modo, o quanto existe de intuição em um negócio? Quanta coisa você aprende quando menino antes de se dar conta de que aquilo tem a ver com negócios? Eu não sabia, mas estava curioso para descobrir.

Primeiro, as coisas mais importantes

Bobby e Helene vieram a nossa casa alguns dias depois e me trouxeram as informações que pedira sobre as vendas, os custos e as despesas do negócio nos últimos 12 meses, aproximadamente — em outras palavras, tudo que Helene havia recebido, mais as contas a receber e tudo o que ela havia pago, mais as contas a pagar. Disse-lhes que avaliaríamos os números depois do jantar. Antes, porém, eu queria discutir os objetivos deles, que é por onde sempre gosto de começar.

Agora, procure entender que o objetivo inicial de qualquer negócio é sobreviver por tempo suficiente para ver se ele é viável ou não. Não importa de que tipo de negócio se esteja falando ou de quanto capital você disponha. Você nunca tem certeza se um negócio é realmente viável até pô-lo em prática no mundo real. Mas a viabilidade é apenas um passo na direção de um outro lugar, e quero saber que lugar é esse. Quero ouvir o que as pessoas têm a dizer. Estarei atento para descobrir objetivos que não podem ser alcançados pela empresa, ou metas que vão atrapalhar o negócio ou propósitos que sejam totalmente fora da realidade, considerando-se o empreendimento específico que se está analisando. Quero saber o que realmente está motivando as pessoas. Geralmente, é algo emocional.

Bobby e Helene disseram-me que queriam ganhar a vida com o negócio. Justo. Mas Bobby queria algo mais. Naquele momento, o que ele realmente pretendia era se vingar de sua antiga empresa. Isso era normal, mas não o levaria a lugar algum. A vingança não tinha nada a ver com o objetivo de longo prazo de Bobby e Helene, que era se tornar financeiramente independentes e nunca mais ter de passar por uma situação como essa. Assim, ao identificar o objetivo, estávamos prontos para tirar esse tipo de emoção do caminho.

Uma vez que o objetivo tenha sido decidido, volta-se direto à questão da viabilidade. Falei para Bobby e Helene:

— Vejam bem, não sei se vocês realmente têm um negócio de verdade e também não sei se vocês têm capacidade de administrá-lo como um negócio de verdade. Mas primeiro temos de analisar se vale a pena sequer tentar. Temos de ter certeza de que, pelo menos no papel, vocês têm alguma chance de fazer isso dar certo.

Bobby imediatamente começou a me contar sobre seu plano de marketing e suas projeções. Eu o interrompi e perguntei a Helene sobre todas as informações que ela tinha. Ela abriu as folhas e começou a me explicar. Foi quando falei:

— Não precisa explicar. Eu sei ler. — Dei uma olhada, fiz alguns cálculos rápidos e disse para Helene: — Olha aqui. Vou lhe mostrar como Paula, sua assistente, ganhou mais dinheiro que você no ano passado. — Apontei para alguns números. — Essas foram suas vendas no ano passado — falei —, e essas, todas as suas despesas, com exceção de Paula. Você subtrai uma da outra e chega ao que você ganha. Por favor, você pode ler esse número, Bobby?

— Dez mil dólares.

— Exatamente, 10 mil. OK, agora deem uma olhada aqui. Isso é a soma total do que vocês pagaram a Paula. O que está escrito?

Ele disse:

— Quinze mil.

— Você sabe o que isso significa?

— Acho que o negócio deu prejuízo — falou ele.

— Muito bem. — E me virei para Helene. — Você perdeu dinheiro. Agora você tem de tomar algumas decisões. O negócio aparenta ser viável no papel. Mas você tem de reduzir suas despesas, e também terá de colocar mais dinheiro no negócio. Por enquanto, ainda não sei quanto, mas será uma parte significativa de sua poupança. Você está disposta a fazer isso?

Eu sabia que o capital de que eles necessitariam teria de sair da caderneta de poupança de Helene. Ela disse que precisava pensar.

No dia seguinte, eles demitiram a assistente Paula, argumentando que Bobby entraria no negócio e que não havia como pagar os dois. Helene me contou que tanto ela como o marido foram às lágrimas.

— Fiquei chorando, histérica, porque tinham acabado de fazer isso com ele, e agora estávamos fazendo o mesmo com ela.

Mas era uma ação necessária se eles realmente quisessem fazer o negócio andar. Como disse Helene, "a realidade estava nos dando um tapa na cara". Ali estavam eles, os dois sozinhos no porão. Mandar Paula embora significava que eles estavam pensando no longo prazo.

Elaborando o plano de negócios

A maioria das pessoas tem medo de abrir um negócio próprio, o que é uma boa razão para se ter um plano de negócios. Ajuda a desmistificar o processo. E tira uma parte da emoção da situação. Mas você não pode criar um plano de negócios se não entender de fluxo de caixa, e as pessoas que montam seu primeiro negócio raramente entendem. Eles confundem fluxo de caixa com vendas ou com ter dinheiro no banco. Elas acreditam que, para ser bem-sucedido, é preciso apenas gerar vendas. Na verdade, o que se precisa é gerar o tipo certo de vendas. O tipo errado pode levar direto à falência.

Para evitar isso, você tem de partir do princípio de que seu capital é limitado. Isso vale para todo mundo. Ninguém abre um negócio com capital ilimitado. A ideia toda é ter a certeza de que, número um, você tem dinheiro suficiente para começar e, número dois, que esse dinheiro durará tempo suficiente para saber se o negócio é viável ou não. Por viabilidade, me refiro àquele ponto do negócio em que ele está gerando capital suficiente para pagar suas contas. Aí ele pode se manter pelas próprias pernas. Um plano de negócios é, no fundo, sua melhor estimativa de como você conseguirá chegar lá.

Agora, quando falo num plano de negócios, não estou pensando em nada muito detalhado. Estou apenas falando de uma declaração banal de rendimentos, um pouco modificada, e uma declaração de fluxo de caixa. Só quero uma expectativa razoável de vendas por mês, pelo período de um ano. Foi isso o que pedi a Bobby. O que ele trouxe era ridículo. Era excessivamente otimista, o que é bem típico. As pessoas que abrem o primeiro negócio são sempre superotimistas — ao mesmo tempo em que estão mortas de medo. É meio doido, e também perigoso, porque isso as leva a tomar decisões equivocadas sobre como dispor de seu limitado capital.

Com o Bobby, tive de começar tudo de novo. Ele baseou suas projeções mais no que ele achava que precisariam para viver do que no que ele realmente seria capaz de vender. Bobby justificava tudo olhando para seu desempenho com o antigo patrão, onde ele vendia equipamentos de informática de US$ 12 mil a US$ 20 mil cada unidade. Nunca lhe passou pela cabeça que talvez fosse diferente vender suprimentos de computador a, digamos, US$ 40 por pedido. Por isso, quis que ele limitasse o foco o máximo possível. Estávamos em janeiro de 1992, e falei:

— Digamos julho. Quanto você acha que pode ganhar em julho?

Ele disse:

— Vinte mil.

— Existem vinte dias úteis num mês. Seriam US$ 1 mil por dia. Será que isso é realista? Um pedido médio para vocês é de US$ 40, portanto, estamos falando de fechar 25 pedidos por dia. Em oito horas. São três pedidos por hora, por telefone. É um pedido a cada vinte minutos. Em um mês inteiro. Você acha que consegue? — O objetivo era me assegurar de que ele estava lidando com a realidade. O que eu queria eram projeções razoáveis, estimativas aceitáveis. Bobby percebeu que sua estimativa de vendas para julho era completamente fora de propósito. Assim, ele apareceu com uma nova, e então fomos para frente e para trás, mês a mês, até que calculamos as vendas para o ano inteiro.

Aí veio o passo mais crítico: calcular o lucro bruto. Uma vez que se esteja na posse de projeções de vendas aceitáveis, pode-se dividi-las por categoria de produto e calcular o Custo das Mercadorias Vendidas (CMV) ou, no caso de serviços, Custo dos Serviços Vendidos (CSV). Você subtrai o CMV da receita de vendas e tem-se o lucro bruto, ou — se for expresso como um percentual das vendas — sua margem bruta. Na minha opinião, o lucro bruto é o número isolado mais importante em qualquer novo negócio. Determina todo o empreendimento: a quantidade de capital necessária, o volume de vendas, as despesas gerais que você é capaz de suportar, o tempo para o negócio se tornar viável e até a própria viabilidade.

Digamos que você esteja vendendo por US$ 1 uma unidade que lhe custe US$ 0,90 para produzir ou comprar. Seu lucro bruto é de US$ 0,10 por unidade, ou 10% das vendas. Suponhamos que você precise de US$ 5 mil para cobrir suas despesas gerais. Para chegar a isso, é necessário obter US$ 50 mil em vendas por mês. Agora, digamos que você precise de três meses para receber suas contas. Você teria de colocar mais de US$ 100 mil em dinheiro para chegar aos US$ 5 mil mensais que você tem de adquirir para empatar. Normalmente, uma empresa assim não é viável.

E o lucro bruto é a pedra de toque, o fator decisivo. Você tem de pagar todas as suas despesas com seu lucro bruto — seu salário, seu aluguel, a conta de telefone, luz, gás, fotocópias, e tudo o mais. Se sua margem bruta é de 10%, você precisa de US$ 10 em vendas para cada dólar de despesa só para empatar. Se sua margem bruta for de 40%, só necessita de US$ 2,50 em vendas para cada dólar de despesa. Essa diferença é crucial quando se está trabalhando com um capital limitado. Quanto mais alta for sua margem bruta, menor a quantidade de vendas de que você precisará para cobrir as despesas e mais tempo durará seu capital. E para a maioria dos start-ups, tempo é sinônimo de sobrevivência.

Essa era a lição mais importante que Bobby e Helene tinham de aprender, e fiz com que eles mesmos calculassem tudo. Mostrei o passo a passo para eles. Instruí como dividir as vendas por categorias e calcular o custo dos produtos vendidos e as margens brutas. Preparamos uma lista de categorias de despesa e determinamos as administrativas fixas. Com as vendas, o CMV e as despesas administrativas fixas, eles puderam elaborar sozinhos uma declaração de rendimentos para cada mês. Então, os guiei pelo processo de elaborar um fluxo de caixa mensal, a partir do qual eles puderam montar um fluxo de caixa para o ano inteiro. Acompanhei-os apenas o suficiente para que eles tivessem entendido o processo. O resto eles fizeram em casa. Com lápis e papel. Não foi permitido o uso de computador.

Tudo fazia parte do processo de educação. Quando você faz suas próprias projeções à mão, faz seus próprios cálculos e elabora os números para o ano inteiro, duas coisas acontecem. Em primeiro lugar, você passa a ter um feeling do negócio. Em segundo, você começa a entender a realidade. Você percebe que as vendas não levam necessariamente ao lucro e que fazer uma venda ou obter algum lucro não é o mesmo que gerar capital. Você passa a ver um certo sentido nessas ligações.

A outra razão para se fazer um plano de negócios é uma ideia da quantidade de capital inicial necessária. Esse número sairá da estimativa de fluxo de caixa. Na maioria dos casos, você verá esse fluxo ir de mal a pior, mês a mês, até o negócio passar de um ponto em que começa a melhorar. Isto é, partindo do princípio de que o negócio é viável no papel. Se o fluxo de caixa projetado nunca melhorar, verá a inviabilidade, e você deve procurar outra coisa para fazer. Mas se ele for viável, a quantidade de capital inicial que você precisa é, teoricamente, igual ao maior déficit de caixa da estimativa. Se você investir essa quantia no negócio, você deve estar em condições de sempre ter algum dinheiro — pelo menos teoricamente. Na prática, sempre aumento esse número em pelo menos 50%. No caso de Bobby e Helene, por exemplo, aparentemente eles teriam um déficit de caixa da ordem de US$ 15 mil no pior mês. E eu lhes disse que o negócio provavelmente exigiria um investimento de US$ 25 mil, mas eles só teriam de adiantar US$ 15 mil.

Existem duas razões para se ter uma reserva. Primeiro, porque as coisas sempre custam mais do que se espera, e os lucros são sempre menores. Por isso, a verdade é que você sempre precisará de mais capital do que aparece na projeção de fluxo de caixa. Mas também há um elemento psicológico e emocional. Uma coisa é aportar um capital adicional mais à frente, se você souber desde o começo que poderia precisar. Mas você se sente muito diferente se pensar que já fez o investimento máximo necessário.

Fazer um plano de negócios leva direto à próxima fase, porque você já está aprendendo o que precisa acontecer para que o negócio sobreviva. Com Bobby e Helene, eu estava destrinchando a sobrevivência em termos que eles pudessem entender e em números que eles poderiam monitorar. Eles estavam vendo a diferença entre vender suprimentos de limpeza com uma margem bruta de 50% e mídias magnéticas com uma margem bruta de 10%. Eles estavam começando a entender como a margem bruta, o crédito, o recebimento e coisas assim afetavam o fluxo de caixa, e como este determinaria se eles existiriam por tempo suficiente para saber se o negócio era viável no mundo real tanto quanto no papel. Eles estavam descobrindo onde tinham de focar sua atenção para ter uma chance razoável de êxito.

Talvez seja melhor dizer que Helene estava descobrindo. Ela aprendeu tudo muito rápido. Bobby levou mais tempo, mas, em seu caso, havia mais obstáculos a superar, especialmente a mentalidade de vendedor.

Pergunte a Norm

Prezado Norm:
Tenho um negócio caseiro de venda de artefatos de lojas para varejistas, que são nossos clientes. Procuro operar numa margem bruta de 25 a 30%, mas não sei se isso é adequado. Sempre me pergunto o quanto nossa receita aumentaria se cobrássemos menos.
Norbert

Prezado Norbert:
Você está se fazendo a pergunta errada. Você devia questionar em quanto sua receita diminuiria se você cobrasse mais. As contas de lucro bruto e lucro líquido são muito mais importantes do que as de vendas. Eu preferiria de bom grado ter um lucro bruto de US$ 20 mil sobre vendas de US$ 50 mil a ter o mesmo sobre US$ 100 mil de faturamento. Por quê? Porque eu teria menos dores de cabeça, menos entregas a fazer, menos funcionários e por aí vai. Se eu fosse você, estaria procurando maneiras de aumentar suas margens, não de reduzi-las. Talvez você consiga fechar negócios melhores com seus produtos. Talvez você possa reduzir seus custos de remessa. Sim, há ocasiões em que faz sentido abaixar os preços, mas eu não agiria assim, a não ser que tivesse certeza de que isso traria vendas adicionais — e de que elas valerão a pena.
Norm

Superando a mentalidade de vendedor

Quase todos os empreendedores têm mentalidade de vendedor quando abrem um negócio pela primeira vez. Eles querem ver o faturamento aumentar todo mês, todo dia, toda hora. Eu mesmo não pensava em outra coisa a não ser em nosso número de vendas semanais. Os que investiram em mim agiam da mesma maneira e muitos eram contadores. Eles nunca me perguntavam sobre lucros. Tudo o que eles queriam ver eram as vendas. Essa é a mentalidade de vendedor. É a ideia de que você deve focar toda sua atenção em vender, e isso é perigoso, especialmente quando se está trabalhando num porão e com pouquíssima verba.

Por quê? Porque vendas não são sinônimo de caixa, e caixa é aquilo de que você precisa para sobreviver. Se você ficar sem ela, estará fora do jogo, e fim de papo. Tudo remonta àquela realidade fundamental de que você está trabalhando com recursos limitados. Se seu lucro bruto não for suficiente para cobrir suas despesas, você tem de lançar mão de seu capital para cobrir a diferença. Caso se descapitalize demais, acabará sem dinheiro algum. Dessa realidade saem as duas regras mais importantes para todo novo negócio. Primeira regra: proteja seu capital. Gaste-o somente nas coisas que você tem certeza de que gerarão fluxo de caixa positivo a curto prazo. Segunda regra: mantenha a mais alta margem bruta mensal que você for capaz de conseguir. Não vá atrás de qualquer vendinha de lucro baixo.

Você provavelmente acha que essas regras parecem todas muito simples, mas é preciso disciplina para segui-las. É muito fácil escapar pela tangente, principalmente por causa da mentalidade de vendedor. Bobby Stone era um caso clássico. Durante 14 anos e meio, ele foi treinado para pensar apenas em termos de vendas. Ele nunca tinha sequer ouvido falar em lucro bruto. Seu único trabalho era vender o máximo que pudesse pelo preço que lhe diziam, sem se importar com quanto (ou quão pouco) fosse o lucro bruto que ele gerava.

Então o que ele fazia quando enfrentava um mês ruim? Vamos dizer que, em seu plano de negócios, ele projetasse US$ 20 mil em vendas para o mês. Esse era seu ponto de equilíbrio. Agora ele está na última semana do mês e só conseguiu US$ 10 mil em vendas. Ele começa a ficar desesperado. Ele telefona aos representantes de vendas, até que encontra um que aceita comprar US$ 10 mil em suprimentos, se Bobby reduzir o preço. Eles negociam, e Bobby acaba concedendo um bom desconto. Bobby está contente. Ele atingiu a meta. Está enviando uma quantidade enorme de produtos. Ele chega em casa e conta para Helene:

— Conseguimos. Atingimos a meta.

Mas o que ele realmente conseguiu? Em primeiro lugar, ele não empatou. O preço que ele negociou o deixou com uma margem bruta de 10% sobre a venda. O ponto de equilíbrio era uma margem bruta de 40% sobre US$ 20 mil em vendas, ou US$ 8 mil de lucro bruto. Mas aqui ele vendeu US$ 10 mil a 40% e US$ 10 mil a 10%, com um lucro bruto total de US$ 5 mil. A margem total foi de 25% e não de 40% — insuficiente para pagar as despesas. Faltaram US$ 3 mil, que teriam de sair do capital. Mais cinco meses desse jeito, e o negócio consumiria os US$ 15 mil que Helene se propusera a investir.

Em segundo lugar, ele teria perdido tempo. Ele devia tê-lo usado para correr atrás dos clientes de altas margens, que geralmente significam clientes de menor volume. Essa é mais uma regra: gaste seu tempo cultivando relações com seus clientes de margens altas. Deixe que aqueles de margens baixas venham até você e negocie com um preço mais alto. Além disso, Bobby se amarrou em US$ 10 mil com um cliente. O que aconteceria se o cliente não pudesse, ou demorasse muito a pagar, ou só se dispusesse a fazer o pagamento depois de uma dúzia de telefonemas ameaçadores — tudo pago por

Bobby e Helene? Era um risco, e era maior porque tratava-se de um só cliente. Bobby teria feito uma aposta sem saber e tudo isso sairia direto de sua mentalidade de vendedor. Vendedores pagos por comissão nunca precisam se preocupar com os pagamentos relativos a suas vendas.

Por favor, não me entendam mal. Não acho que a mentalidade de vendedor seja totalmente ruim. É perfeitamente boa, desde que seja equilibrada. Só porque você a tem, isso não quer dizer que não consiga compreender os outros aspectos do negócio. Mas você *precisa* entender, ou não sobreviverá. Senão cometerá muitos erros caros — só para evitar ter um mês ruim. E é melhor ter um que não seja bom, até uma série deles, que deixar suas margens minguarem. Reconheço que isso é extremamente difícil para uma pessoa de vendas — e a maioria dos empreendedores são vendedores — aceitar, mas é importante. Por quê? Por causa de seu objetivo de longo prazo, aquele que você decidiu antes de elaborar seu plano de negócios. Bobby e Helene queriam a independência financeira. A pergunta era: esse negócio conseguiria levar a essa independência? Eles precisavam descobrir. A mentalidade de vendedor atrapalha ao colocar um objetivo de curto prazo — atingir uma meta de vendas — no lugar de um objetivo de longo prazo: determinar a viabilidade do negócio. Então o que acontece se você tiver uma série de meses ruins? Esses resultados podem estar lhe mostrando alguma coisa — que o negócio é inviável, ou que você não é capaz de vender a uma margem suficientemente alta para atingir seu objetivo. Se for assim, é preciso ficar atento.

A alternativa mais comum é se iludir com uma série de meses vendendo grandes volumes a margens baixas. Você simplesmente põe o preço mais baixo que seus concorrentes e realiza todas as vendas que deseja. Você pensa que está indo bem, e não ficará sem caixa enquanto suas vendas estiverem aumentando e for possível receber antes de precisar pagar. O problema é que tem mais contas a pagar do que é capaz de lidar. Você já faliu e não sabe. De repente, você passa por uns dois meses ruins, seu caixa desaparece e então perde tudo. Acontece o tempo todo. O jeito de se evitar esse destino é seguir bem as regras e acompanhar os números. Se acompanhar bem de perto, um quadro começará a surgir. Você realmente verá o que está acontecendo, vai enxergar o sentido de tudo. O quadro se tornará mais claro e a sensação mais forte, até você perceber que vai vencer — ou que está na hora de tentar outra coisa.

Porém, manter-se no rumo não é fácil. Certamente não foi nem para Bobby nem para Helene. No primeiro ano, eles brigavam com frequência. Helene vivia falando para Bobby que ele deveria arranjar um emprego de verdade. Os amigos e a família diziam o mesmo. Enquanto isso, eles continuavam a receber os benefícios da demissão de Bobby e ainda tinham a cobertura do plano de saúde feito pela antiga empresa, pelo preço que ele pagava como empregado. Helene estava apavorada com o que aconteceria quando essas duas coisas acabassem.

Meu papel era ajudá-los a manter tudo na devida perspectiva — e assegurar que Bobby se mantivesse focado em realizar vendas com altas margens de lucro. Ele e Helene lutavam para ter uma margem bruta de 40%, mas Bobby continuava aceitando vendas com margens de 9%. Portanto, nomeei Helene a guardiã da margem. Se surgisse uma venda abaixo de 20%, ele tinha de lhe perguntar se poderiam aceitá-la. Geralmente, ela dizia não. Bobby se debatia contra isso. Ele teve uma chance de fechar um pedido de US$ 3 mil a uma margem bruta de 13%, o que colocaria US$ 390 adicionais no banco, e Helene não deu permissão. Ele dizia: "Como esse negócio poderá crescer se ficar recusando pedidos?" Ele simplesmente não conseguia entender como uma venda podia colocar todo o negócio a perder. Isso contrariava tudo o que ele tinha aprendido em 14 anos.

No entanto, ele seguiu o programa. Lentamente, as margens começaram a melhorar e a base de clientes se ampliou. No final do primeiro ano, voltamos a nos reunir e calculamos que o negócio teria dado um prejuízo de US$ 5 mil se Bobby e Helene não tivessem contado com os benefícios da demissão de Bobby. Eu já tinha avisado a eles que, sem esse subsídio, o segundo ano seria ainda mais difícil, e eles realmente passaram por uma crise quando tiveram dois meses inteiros muito ruins. Falei que eles tinham opções: poderiam investir os US$ 10 mil que tinham na reserva ou abrir mão do salário por dois meses. Eles escolheram a última.

Apesar deste tropeço, Bobby e Helene estavam claramente pegando o jeito da coisa. Eles acompanharam os números todo mês por um ano e meio, verificando as vendas e as margens brutas para cada categoria de produto e acompanhando cerca de dez categorias de despesas. Eu disse a eles:

— Quando um negócio aumenta de tamanho, é normal haver umas despesas assustadoras. Apenas prestem atenção nelas. Às vezes, não há como evitar.

Mas Bobby se ergueu à altura do desafio e Helene parecia cada vez mais confiante com o passar do tempo.

Massa crítica

É sempre um erro se permitir ficar relaxado demais nos negócios — e chegar a pensar que você já saiu da selva são e salvo. Não estou me referindo a start-ups apenas. Falo de empresas de qualquer tamanho, em qualquer fase de desenvolvimento. Porque mudanças fundamentais ocorrem nos negócios, e elas podem vir para o bem ou para o mal. Um negócio para mim é algo vivo, e as coisas vivas podem mudar. As pessoas mudam. Árvores mudam. E os negócios também. Eles podem mudar porque os clientes passaram a ter necessidades diferentes, ou começaram a vender para outro tipo de cliente, ou um novo competidor entrou no mercado. Pode haver dúzias de razões. Mas mudanças acontecem, e no começo você pode não se dar conta delas. Geralmente, não são visíveis. Mas, se as mudanças forem ruins e você não souber lidar com elas rapidamente, elas podem destruí-lo.

> ### *Pergunte a Norm*
>
> *Prezado Norm:*
> *Tenho 34 anos e estou lutando para manter em funcionamento meu primeiro negócio. No entanto, sinto-me como se estivesse à beira de um desastre, tentando manter o negócio e expandi-lo ao mesmo tempo. Cometi erros de propaganda, gerenciamento de caixa e, provavelmente, em tudo o mais. Qualquer erro que você aponte, eu já cometi. Acredito que meu maior atributo nesse momento seja minha capacidade de suportar a dor. Só espero que meu fluxo de caixa compense minha estupidez antes que seja tarde demais.*
> *Scott*
>
> Prezado Scott:
> Seu e-mail me fez lembrar do primeiro negócio de verdade que abri, quando tinha 33 anos. Compreendo exatamente como se sente. Acredite ou não, você está passando por uma fase de que um dia se lembrará com um bocado de saudade. É uma experiência que mostra do que você é realmente feito. Espero que seu projeto não fracasse, mas se isso acontecer, você aprenderá algumas lições muito importantes, e tenho certeza absoluta de que seu próximo negócio será um sucesso. Portanto, aguente firme.
> — Norm

Eu tinha isso em mente quando pedi a Bobby e Helene para começar a acompanhar suas contas. Não estava pensando só na sobrevivência imediata deles. Eu queria que eles vissem desde o começo como um negócio muda, de modo que pudessem reconhecer as mudanças que estivessem fadadas a acontecer mais tarde. E também tinha um outro objetivo. Afinal de contas, sabíamos que aquela empresa não seria um start-up para sempre. Eu queria determinar quando a fase inicial chegaria ao fim e o negócio atingiria o que chamo de massa crítica.

Com isso me refiro ao limiar específico por que toda start-up bem-sucedida precisa passar mais cedo ou mais tarde. Geralmente, isso depende de um fator-chave do negócio atingir certo nível. Esse fator pode ser o tamanho da base de clientes. Pode ser o número de contas ativas. Provavelmente existem uns dez tipos diferentes de massa crítica, mas seja lá quantas variedades existam, todas se traduzem na mesma coisa para todos os negócios: fluxo de caixa que se renova e atinge o equilíbrio. E não estou falando de equilíbrio numa base de lucro ou prejuízo. Estou me referindo a se chegar a um ponto em que o caixa gerado mais ou menos automaticamente todo mês é suficiente para sustentar o negócio e permitir que ele cresça sem precisar contar com recursos externos para novos investimentos.

Esse é o maior ponto de virada para qualquer novo negócio. Antes da massa crítica, um negócio é um empreendimento incipiente que sobrevive de recursos externos. Ele ainda mantém um cordão umbilical. Depois de atingir a massa crítica, o negócio é uma entidade livre que se sustenta pelas próprias pernas e pode se virar no mundo. É a meta seguinte depois de se atingir a viabilidade. O desafio é estabelecer onde fica o alvo.

Estabelecemos que, para Bobby e Helene, a massa crítica se referia a sua base de clientes — mais especificamente, o número de clientes regulares que eles tinham. Percebemos que, ao longo do tempo, os clientes tendiam a ficar com eles e pedir novos suprimentos quase automaticamente. Alguns deles tinham de ser lembrados com um fax ou uma ligação telefônica, mas isso era tudo o que precisavam. Dessa maneira, quando Bobby e Helene tivessem uma base de clientes suficientemente grande, eles podiam ter certeza de que tinham conseguido um faturamento suficiente para se equilibrar. A pergunta era: qual o tamanho que essa base de clientes deveria ter para que eles atingissem esse ponto? Bem, se você sabe que clientes regulares fazem novos pedidos em intervalos frequentes, pode traduzir o número de clientes regulares que você tem em um volume de vendas específico. Isto quer dizer que é possível prever quantas vendas conseguirá com esta base de clientes sobre um dado período de tempo — digamos, o ano seguinte. Não que você vá obter o mesmo número de vendas desse grupo rigorosamente todo mês, mas os meses bons compensarão os ruins. E como tínhamos conhecimento das margens brutas de Bobby e Helene, suas despesas, proporção de devedores duvidosos e quanto tempo eles levavam para receber e pagar as contas, também podíamos prever o fluxo de caixa que essas vendas gerariam.

Se você consegue estabelecer a correlação entre fluxo de caixa, vendas e algum outro fator, pode determinar a massa crítica com muita facilidade. Você simplesmente começa pelo fim. Com Bobby e Helene, estávamos a par do fluxo de caixa mensal que eles tinham de alcançar, em média, para que o negócio fosse autossustentável, e podíamos transformar essa quantia em um número de vendas mensais. Então simplesmente calculamos o tamanho da base de clientes necessária para produzir esse volume de vendas. Essa era a massa crítica deles. Tão logo a alcançassem, não precisariam mais da poupança de Helene para salvá-los. Eles só teriam de manter a mesma base de clientes, partindo-se do princípio de que não haveria qualquer mudança fundamental no negócio.

Depois de se alcançar a massa crítica, fazer o negócio crescer é uma questão de opção. Essa é uma mudança muito grande em relação ao que acontecia antes — uma transformação previsível e muito boa, que pode, porém, acarretar grandes consequências. Ela abre uma gama de possibilidades inimagináveis durante a fase inicial. Enquanto você está sobrevivendo com base em recursos externos, realmente tem de se concentrar em construir o negócio que se propôs a construir. É preciso ter muito cuidado, por exemplo, ao oferecer novos produtos e serviços, pelo menos até ter ampliado seu negócio o máximo que ele aguentar. Você não pode se dar ao luxo de fazer experiências, pois não tem tempo nem dinheiro. Isso remonta às regras de que falei, todas elas fundadas no fato de que o seu capital é limitado. Você precisa fazer tudo o que puder para atingir a viabilidade antes que seu capital se esgote.

Elimine esse fato e todo o quadro se modifica. Você não está mais jogando com sua poupança, ou com empréstimos bancários ou o capital de outros investidores. Tendo atingido a massa crítica, você vive de seu próprio fluxo de caixa gerado internamente. Tem lucro para depositar no banco. Pode querer reinvestir uma parte dele no negócio, e sugiro que o faça. É importante testar novas possibilidades, especialmente se tiver uma ampla base de clientes. Pode até fazer algumas dívidas, que poderá pagar com o lucro. Sim, é um pouco mais arriscado, mas você pode se dar ao luxo de correr mais riscos, experimentar novas coisas, porque agora está jogando com seu próprio dinheiro. Se investir com inteligência, terá a chance de se ajudar e a seus clientes e ainda fortalecer seu negócio. E, como atingiu a massa crítica, você corre esses riscos sem colocar o negócio em perigo.

Mas você não pode ser desastrado. Infelizmente, muitos empreendedores passam a agir descuidadamente quando atingem a massa crítica. Frequentemente, eles conseguem chegar lá graças a alguma combinação entre instinto e sorte, sem jamais entender a dinâmica de seu negócio ou dominar a mentalidade de vendedor. Eles têm êxito de alguma maneira, e a mentalidade de vendedor corre solta. Uma nova série de emoções passa a fazer parte do jogo. O medo desaparece e eles sentem a excitação, o gozo e um entusiasmo que beira a euforia. Eles mandam a prudência às favas. Querem se jogar em cada oportunidade nova que aparecer. E se a base de seu negócio for suficientemente forte, você pode seguir adiante por algum tempo. Mais cedo ou mais tarde, porém, acabará se vendo em apuros, a menos que obedeça às regras e fique em cima das contas. Porque os números ajudam a contrabalançar as emoções. Eles impedem que o sucesso lhe suba à cabeça. Servem para lembrar que, embora o caixa seja autogerado, não é ilimitado e continua correndo o risco de acabar.

Portanto, você não pode se deixar levar pelo sucesso. Tem de aprender a não tomar decisões emocionais. Esse é um processo bem longo e importante. Porque nos negócios é preciso ser objetivo, ser o mais claro possível sobre o que se está fazendo e por quê, e quais as consequências mais prováveis. Você pode usar as ferramentas do mundo dos negócios para lhe auxiliar, para ajudar a pôr as coisas em perspectiva. No fim, você até pode decidir tomar uma decisão emocional do mesmo modo, mas pelo menos foi uma escolha deliberada.

E era nesse ponto que Bobby e Helene se encontravam depois de uns dois ou três anos. Eles tinham várias escolhas a fazer. Com que velocidade eles queriam crescer? Qual tamanho queriam ter? Eles queriam continuar trabalhando em casa? Queriam ter empregados? Tudo dependia deles. A essa altura, eles já tinham as ferramentas de que precisavam para fazer essas escolhas com sobriedade.

O mais importante é que eles tinham atingido a meta que puseram a si mesmos quando começaram. Em seu terceiro ano de negócios, tiveram uma receita de vendas da ordem de US$ 482 mil, comparada aos US$ 162,3 mil do primeiro ano, e a margem bruta média estava equilibrada em 39%. Estavam financeiramente independentes.

— É engraçado como as coisas mudaram — comentou Helene, olhando para trás. — Há alguns meses Bobby me perguntou: "O que diríamos se me oferecessem meu antigo emprego de volta?". E falei: "Não, obrigado." Nunca mais quero ficar à mercê de alguém. Por que deveríamos vender nosso talento por tão pouco? Somos inteligentes o suficiente para tomarmos conta de nós mesmos. Além disso, acho que hoje temos mais segurança do que em qualquer outro momento.

— Sempre que você trabalha para um empregador, a insegurança é total — afirmou Bobby. — Realmente é, especialmente do jeito que as coisas estão hoje em dia. Veja todos nossos amigos que foram despedidos. Eu disse a ela "isso nunca mais vai acontecer comigo". E isso me deixa muito satisfeito.

— Uma coisa que o Bobby sempre disse e comprovou estar certo é que "a segurança não está no emprego. Está na confiança que você tem em si mesmo".

— É — falei. — Hoje em dia não existe mais esse negócio de emprego seguro. A única segurança que se tem é seu próprio senso de autoestima e o que se sabe a respeito de como ganhar a vida.

— Mesmo quando ele estava trabalhando como empregado, ele dizia isso — comentou Helene —, mas eu achava que era só uma postura otimista. Mas sabe de uma coisa? Acabou virando realidade.

Resultado final

Ponto nº 1: Não deixe que suas emoções levem a decisões precipitadas, que farão com que fique ainda mais difícil atingir seus reais objetivos.

Ponto nº 2: Certifique-se de saber o que é fluxo de caixa e analise com antecedência de onde ele vai surgir.

Ponto nº 3: Controle a mentalidade de vendedor e tente equilibrá-la com a mentalidade de um empresário antes que seja tarde demais.

Ponto nº 4: Aprenda a prever e a reconhecer as mudanças em seu negócio desenvolvendo um talento para entender os números.

CAPÍTULO DOIS

A atitude certa

Nos anos que se passaram desde minha primeira experiência como mentor empresarial de Bobby e Helene Stone, trabalhei com dezenas de pessoas que tentavam iniciar um negócio e mais outras dezenas que já tinham um. Elas normalmente vêm me perguntar o que é necessário para ser um empreendedor de sucesso, e eu lhes digo que a qualidade mais importante é resiliência. Estou falando da capacidade de se recuperar dos fracassos, de dar a virada numa situação adversa e de aprender com os próprios erros.

Isso porque todo mundo erra, e muito. Mais do que isso, continuaremos errando enquanto estivermos na ativa. É claro que gostamos de pensar que, com o tempo, ficaremos tão inteligentes que não erraremos mais. Pode esquecer. Você nunca deixará de cometer erros. Se Deus quiser, os novos erros serão diferentes dos anteriores, mas serão igualmente dolorosos. Incomodarão você tanto quanto os antigos e o deixarão tão maluco quanto antes. Por mais que isso lhe irrite, entretanto, é sempre bom lembrar que o fracasso ainda é o melhor professor que existe. Você se sairá bem enquanto estiver aberto às lições que ele estiver tentando lhe ensinar.

Eis um exemplo típico da minha empresa de armazenamento de documentos, a CitiStorage. Ainda me recordo do momento, há muitos anos, em que soube que havíamos perdido um de nossos maiores clientes. Eram cinco da tarde de uma sexta-feira (por alguma razão, essas coisas sempre acontecem às cinco da tarde de uma sexta-feira). Um dos meus vendedores me chamou no carro e me disse que tínhamos acabado de receber um fax do tal cliente, um grande escritório de advocacia, anunciando sua intenção de retirar suas caixas de nossas instalações ao término do contrato, dali a três meses.

Agora você tem de entender que, nesse negócio, retirar as caixas é algo considerável. Não só é um transtorno para o cliente, como existem vários custos de remoção com os quais eles têm de arcar. Portanto, é uma mensagem em muito alto e bom som quando um cliente vai embora, e nesse caso ela veio totalmente do nada. Fiquei estarrecido.

— O que você está dizendo? — perguntei. — Cara, como é que fomos perder essa conta? O que aconteceu?

O vendedor não tinha uma resposta e nós também não conseguíamos arrancar coisa alguma do cliente. As pessoas responsáveis pelo escritório de advocacia não queriam nos receber nem nos atender ao telefone. Nossas mensagens urgentes recebiam as respostas de praxe: "A decisão já foi tomada e é definitiva."

Estava claro que havíamos feito alguma besteira. O funcionário que ganhara a conta já não trabalhava conosco havia cinco anos e nós não ficamos tão próximos do cliente quanto deveríamos. Cerca de sete dias depois do fax, preparamos uma proposta que finalmente permitiu que conseguíssemos ter uma reunião com o sócio-gerente da firma. Porém, de nada adiantou. A situação já tinha ido longe demais. Podíamos até oferecer boas condições financeiras, mas não conseguiríamos mais consertar problemas que vinham se acumulando há muitos anos. Nosso concorrente ofereceu o mesmo preço e ganhou o contrato.

Assim, chamei meus gerentes e a equipe de vendas e perguntei:

— O que aprendemos com tudo isso? O que teremos de fazer diferente no futuro?

A verdadeira lição, eu sabia, não era que havíamos cometido um erro. Isso sempre ocorre. Erramos porque demoramos tempo demais para descobrir que eles iam sair. Decidimos que, dali em diante, procuraríamos cada cliente 18 meses antes do término do contrato e ofereceríamos uma nova negociação. Se o cliente hesitasse, saberíamos logo que estávamos com um problema — enquanto ainda havia tempo para consertar.

Tão logo começamos a implementar essa nova política, fizemos uma descoberta muito importante. Possuíamos clientes insatisfeitos e não sabíamos disso. Um cliente estava irritado com nosso sistema de informações online — nós resolvemos. Outro achava que merecia um preço mais baixo porque seu volume havia aumentado drasticamente — ele estava certo, e concedemos o reajuste. Um terceiro não gostava de um aspecto específico de nosso sistema de estocagem — nós o modificamos. Um quarto cliente estava irritado porque não estávamos enviando os relatórios mensais regularmente — começamos a enviar.

Portanto, em quatro meses com a nova política, fizemos quatro aperfeiçoamentos, agradamos a quatro clientes e seguramos quatro contas, e todos esses benefícios vieram de um fracasso. A longo prazo, aquela falha mostrou ser uma das melhores coisas que já aconteceram a nossa empresa.

Dia da Marmota

Agora, é claro que não adianta ser resiliente se você não aprende com os próprios erros. Isso é um verdadeiro desafio para certas pessoas. Elas sofrem daquilo que eu chamo da síndrome do Dia da Marmota. Trata-se de uma tendência de estar sempre caindo em padrões autodestrutivos, mesmo quando você acaba sempre levando uma paulada na cabeça — mais ou menos como o personagem interpretado por Bill Murray no filme *Feitiço do tempo*.

Conheço um sujeito, por exemplo, que montou uma confecção muito bem-sucedida e então começou a sacar uma enorme quantidade de dinheiro para construir um palácio para ele e para a mulher. Quando o negócio apresentou dificuldades, ele descobriu que não tinha os recursos suficientes para enfrentar a turbulência. No fim, perdeu tanto a empresa quanto a casa. Então, o que ele fez? Ele deu início a mais uma confecção, colocou-a para funcionar, pegou o dinheiro, construiu outro palácio, enfrentou problemas financeiros e, mais uma vez, perdeu a empresa e a casa. Duas vezes seguidas.

Isso não é tão incomum quanto se possa pensar. Conheço outro indivíduo que tem o hábito de comprar empresas, levantar uma tonelada de dinheiro de investidores e então pagar tanto a si mesmo em salários e bonificações que a empresa não tem a menor chance de sobreviver. É óbvio que ele tem certeza de que cada negócio vai ser altamente bem-sucedido e que merece cada centavo que ele ganha. Mas ele sempre termina onde começou: quebrado. E isso já aconteceu cinco vezes.

Ou então, pense em meu amigo Ralph (esse não é o nome verdadeiro). Sua armadilha se chama alavancagem. Ele é muito bom em dar início a empresas e colocá-las para funcionar, mas então começa a endividá-las como um doido, para que possa ir atrás de oportunidades de negócios. Ele fará tudo o que for necessário para conseguir o crédito de que precisa — a ponto, inclusive, de manipular suas declarações financeiras. Não que ele pretenda prejudicar alguém. Só que ele é tão focado em crescimento que sequer considera a possibilidade de as coisas darem errado. Obviamente, se você força demais as circunstâncias, elas acabam dando errado. Mais cedo ou mais tarde, Ralph sempre termina montado em um caminhão de problemas.

Talvez esses casos sejam um pouco extremos, mas a síndrome do Dia da Marmota não é uma angústia rara. Até certo ponto, todos nós temos hábitos mentais e maneiras de pensar que repetidamente nos causam problemas, e é muito difícil modificá-los. Por um lado, não gostamos de admitir que somos a causa de nossos próprios problemas. Quase sempre existem outros culpados por perto — pessoas que não fizeram aquilo que queríamos, ou outros fatores além de nosso controle. É mais fácil culpá-los por nossos problemas que aceitar a responsabilidade por eles, e assim podemos escapar impunemente. Mas prestamos um desserviço a nós mesmos nesse processo. As lições mais valiosas sobre negócios que podemos aprender surgem de encarar nossas fraquezas.

E aqui eu estou falando do alto de minha experiência pessoal — mais especificamente, da experiência de meu maior fracasso empresarial, a falência de minha empresa de entregas por mensageiros, em 1988. Começando do zero, fiz da Perfect Courier uma empresa que atingiu a marca de US$ 30 milhões em vendas, entrando na lista Inc. 500 das empresas privadas que mais cresciam por três anos consecutivos, e depois fazendo uma fusão com uma companhia de capital aberto, CitiPostal, e aterrissando na lista Inc. 100 das empresas de capital aberto que mais cresceram em 1987. Meu sonho era ter uma empresa de US$ 100 milhões de faturamento. Por isso, quando apareceu um atalho, eu o peguei e fiz a fusão com uma empresa de US$ 70 milhões de faturamento chamada Sky Courier, em 1987.

O tempo mostrou que a Sky estava com problemas — e grandes. Só para começar, ela precisava de um aporte urgente de US$ 5 milhões em dinheiro. Decidi tirar esse valor da Perfect Courier, o que por si só não foi um erro. Mesmo que a Sky fracassasse e o investimento se perdesse, a Perfect Courier teria conseguido sobreviver e continuado a crescer no mesmo ritmo de antes. Mas logo percebi que aqueles US$ 5 milhões não seriam suficientes. A Sky precisava de mais US$ 2 milhões em dinheiro, que também decidi tirar da Perfect Courier. Além disso, mais tarde aceitei dar em garantia vários milhões de dólares em créditos da Perfect Courier só para manter a Sky viva.

Essas duas ações foram erros muito graves. Eles colocaram em risco meu negócio principal. Eu sabia que, se perdesse essa segunda injeção de capital, a Perfect Courier ficaria estremecida. Se, além disso, ainda tivéssemos algum problema com a garantia de créditos, a Perfect Courier talvez não conseguisse sobreviver.

Mesmo com o perigo, nem sequer pensei em recuar. Não achei que precisaria. Eu estava certo de que poderia lidar com qualquer coisa que aparecesse. Eu já tinha passado por situações difíceis antes e achei que era invencível. O que não levei em consideração foi a inevitabilidade dos eventos imprevisíveis. Primeiro veio o crash da bolsa em outubro de 1987. As empresas gráficas com as quais a Sky tinha muitos negócios foram particularmente atingidas. De um dia para o outro, ela perdeu 50% de seu faturamento. Enquanto isso, os aparelhos de fax — que já existiam havia vinte anos — de repente atingiram uma espécie de massa crítica, que teve efeito arrasador sobre a área em que eu atuava. Em vez de mandar documentos por mensageiro, cada vez mais pessoas estavam os enviando por fax. Em questão de meses, os negócios da Perfect Courier despencaram em cerca de 40%.

Essa combinação de fatores foi esmagadora. Em setembro de 1988, minhas empresas entraram com pedido de concordata para se proteger dos credores sob o capítulo 11 da lei de falências. No fim das contas, saímos da concordata cerca de três anos mais tarde, nossa força de trabalho encolheu de 3 mil funcionários para cerca de cinquenta, e nosso faturamento, de US$ 100 milhões, para minguados US$ 2,5 milhões.

Podem acreditar quando digo que isso é um choque cultural. Demorou ainda alguns anos para que minha mente desanuviasse o suficiente para que eu pudesse entender o que realmente tinha acontecido e por quê. O processo demorou, em parte, porque eu tinha desculpas muito boas. Afinal de contas, quem poderia ter previsto que o crash da bolsa de valores e os aparelhos de fax fossem nos atingir ao mesmo tempo? Dentro de mim, no entanto, eu sabia que pôr a culpa nas circunstâncias era uma maneira de me safar. A verdadeira pergunta era como a empresa havia se tornado tão vulnerável a esse tipo de evolução?

Foi extremamente difícil aceitar a resposta a essa pergunta. Significava admitir que a falência tinha muito a ver com minha personalidade e meu processo de tomada de decisões. Entretanto, com o tempo, me obriguei a reconhecer aquilo que sabia que era a verdade. Eu tinha pego um negócio bonito, saudável e lucrativo e o destruído ao expô-lo a um nível de risco que ele nunca deveria ter enfrentado. E além do mais, eu tinha feito tudo isso por causa de uma característica pessoal. Eu gosto de correr riscos. Gosto de chegar até a beira do abismo e olhar para baixo. Esse é o traço de personalidade por trás da minha síndrome do Dia da Marmota. Desta vez, as circunstâncias haviam me empurrado para além da beira do abismo, mas o fato é que eu nunca devia ter sequer me aproximado dessa beirada, em primeiro lugar. Eu tinha assumido um risco imbecil e colocado em jogo tudo o que eu possuía. Em consequência, centenas de pessoas perderam seus empregos, e muitas outras — inclusive eu — tiveram de passar por um pesadelo.

Por mais difícil que fosse admitir uma coisa dessas, o fato de enfrentar a situação demonstrou ser uma das experiências mais liberadoras de toda minha carreira de empresário. Não que eu tenha decidido mudar minha personalidade. Eu simplesmente não poderia e nem mesmo queria isso. Em vez disso, comecei a me concentrar no que eu poderia fazer para evitar passar por outro Dia da Marmota igual a esse. Percebi, por exemplo, que raramente ouvia as opiniões que as pessoas me davam e, consequentemente, acabava ignorando alguns bons conselhos que recebia. Por isso, me treinei para ouvir com mais cuidado e ter certeza de que eu pelo menos compreendia os conselhos que estivesse recebendo, independentemente de eu aceitar segui-los ou não. Também tomei a decisão de procurar a opinião de pessoas cujo julgamento eu respeitasse, mas cujos instintos fossem diferentes dos meus. E estabeleci certas regras para me obrigar a pensar nas consequências de minhas decisões mais importantes, antes de tomá-las.

O mais importante, no entanto, foi que alterei minha filosofia sobre riscos. Continuo assumindo tantos quanto antes, mas atualmente os que eu corro são calculados. Em especial, calculo o perigo de que uma decisão minha possa custar o emprego de outras pessoas. Essa foi, sem sombra de dúvida, a lição mais importante que aprendi em todo esse caso. Ao longo da agonia das demissões, passei a ter uma nova compreensão da imensa responsabilidade que os CEOs têm sobre a vida de seus empregados.

Dessa compreensão vem a regra que utilizo ao avaliar toda decisão importante que tomo: sempre proteja seu pote de ouro. Uma vez que você tenha um negócio viável em andamento, tem de colocar o bem-estar dele em primeiro lugar e nunca fazer nada que o ponha em risco. Está tudo bem em investir em um negócio arriscado, desde que seu negócio central permaneça em segurança, mesmo que você perca todo seu investimento e que mais de uma calamidade inesperada aconteça ao mesmo tempo. É uma regra que tenho seguido escrupulosamente desde então e, em decorrência, meus negócios ficaram mais saudáveis e passei a ser mais feliz. O melhor de tudo era poder acordar todo dia de manhã e saber que — a menos que fosse 2 de fevereiro — não era Dia da Marmota.

Foco, foco, foco

Além de resiliência e da capacidade de aprender com os próprios erros, o que um empreendedor mais precisa é de uma boa capacidade de manter a disciplina e o foco. As pessoas que nunca abriram um negócio não entendem isso. Elas pensam que o segredo do sucesso é achar grandes oportunidades. Eu me lembro de um velho amigo que um dia foi visitar meu serviço de armazenagem de documentos. Ele não via a empresa havia anos. Enquanto olhava as milhares e milhares de caixas no depósito, ele mal conseguia acreditar.

— É incrível. Você viu uma oportunidade e de repente conseguiu transformá-la num negócio de sucesso. Impressionante!

"Se ele soubesse como foi", pensei. A verdade é que, naquele momento, eu já tinha passado mais de dez anos construindo minha empresa de armazenagem de documentos, mas muita gente nem ouve uma coisa dessas. Gostam de pensar que empreendedores bem-sucedidos têm um toque mágico. Tudo de que eles precisam é a oportunidade certa e o negócio está pronto!

Esse é um dos grandes mitos do empreendedorismo e isso vive trazendo problemas para os empreendedores. Eles desperdiçam tempo e dinheiro correndo atrás de oportunidades de negócios, na expectativa de encontrar alguma que seja um sucesso garantido. Mas o mundo está cheio de oportunidades de negócios, e nenhuma delas é garantia de sucesso. Identificar uma oportunidade é a parte fácil. O que é difícil — e essencial — é desenvolver a disciplina e a energia de se manter o foco numa única oportunidade até que você a tenha transformado num negócio estabelecido que pode caminhar com as próprias pernas.

Existem duas fases do processo de um empreendimento em que o foco é crucial, e oportunidades demais podem ser uma grande distração, talvez até fatal. A primeira fase acontece logo que você está pronto para dar o salto. Muita gente acha que não vai conseguir. Elas ficam deslumbradas com as oportunidades que veem. Estou sempre ouvindo pessoas que dizem estar considerando dez ideias de negócio diferentes. Elas querem saber qual delas é a mais promissora. Minha resposta é:

— Você está fazendo a pergunta errada. Devia estar se indagando: em que negócio quero estar? Qual mais me agrada? Qual combina melhor com o que quero fazer de minha vida?

Se você estiver realmente falando sério sobre ter seu próprio negócio, precisa começar selecionando uma oportunidade entre todas aquelas que aparecerem — uma única ideia que, por alguma razão, lhe pareça mais interessante que as demais. Então necessita fazer uma pesquisa completa. Se conseguir passar algum tempo trabalhando nessa indústria, tanto melhor. Mas você deveria no mínimo descobrir tudo o que puder sobre os principais players em atividade no setor e como o negócio realmente funciona. Isso inclui obter informações em associações comerciais, falar com pessoas nos negócios a ele relacionados, entrevistar clientes etc.

Tenha em mente que você está se preparando para um compromisso de longo prazo. Eu geralmente aconselho as pessoas a darem ao negócio sua atenção total por pelo menos cinco anos. Não que você deva deixar de lado o restante de sua vida, mas, no trabalho, deve se dedicar totalmente ao caminho que escolheu até que a empresa esteja solidamente estabelecida, o que pode demorar realmente muito tempo.

Portanto, é importante definir não só se você realmente gostará do negócio, mas se ele é viável para você. Você possui os recursos e o talento de que precisa para ser bem-sucedido nesse tipo específico de negócio? É razoável imaginar que esse negócio vai levá-lo onde quer chegar?

Você achará muito difícil responder a essas perguntas se não estiver totalmente focado numa oportunidade específica e expulsando as outras de sua mente.

O desafio maior vem na fase seguinte, depois de você ter assumido o compromisso e começado a montar seu novo empreendimento. Você logo descobrirá que existem mais oportunidades a sua volta do que jamais imaginou — tanto dentro como fora de seu negócio —, e vai achá-las tentadoras. Se não tomar cuidado, perderá o foco e, com isso, sua maior chance de sucesso.

Existe somente uma oportunidade em que você deve estar pensando na fase inicial de qualquer negócio. Estou falando da oportunidade de montar uma base de clientes que torne seu negócio viável — ou seja, capaz de se sustentar com o fluxo de caixa gerado internamente. Primeiro você tem que imaginar que tipo de clientes vai lhe proporcionar uma base assim, e como fará para atraí-los. Depois disso, deve trabalhar sem tréguas a fim de construir essa base.

Isso não é fácil. Exige muita disciplina, algo que a maioria das pessoas, por natureza, não possui. Observe a experiência de Bobby Stone, que contei no capítulo 1. Ele é um caso típico. A maioria dos empreendedores de primeira viagem que conheço tem problemas em manter o foco. Eles se esquecem de que num start-up existem dois recursos limitados: tempo e dinheiro, e eles não podem se dar ao luxo de desperdiçar nenhum deles. Entenda que não estou dizendo que você deva ficar de olhos vendados. Apesar de você ter de manter o foco, pode ser rígido. Até porque sua abordagem pode não estar funcionando.

Minha abordagem inicial no negócio de armazenagem de documentos não funcionou. Quando começamos, não conseguimos receber muitas informações dos profissionais do setor, por isso não tínhamos conhecimento de coisas básicas, por exemplo, a maneira de atrair clientes e quanto cobrar. Em meu serviço de entregas, sempre tínhamos nos dado bem oferecendo preços competitivos, ótimo serviço e uma tecnologia de primeira linha. Decidi usar a mesma abordagem nesse negócio.

Nosso público-alvo eram os grandes escritórios de advocacia e as empresas de contabilidade. Montávamos estandes nos congressos de que seus executivos participavam e passávamos nosso recado. Prometíamos serviços que eles nem imaginavam, ao mesmo preço que nossos concorrentes cobravam. Esses preços eram, a propósito, muito mais baixos do que desejávamos, mas eram altos o suficiente para que tivéssemos um lucro aceitável. Adivinhe o que aconteceu? Ninguém comeu nossa isca. Nem um único cliente. Tivemos que mudar toda nossa abordagem de vender e precificar até encontrarmos uma fórmula que funcionasse.

A questão é que você tem de ser ao mesmo tempo concentrado e flexível; não pode perder a concentração por causa de oportunidades, mas também não deve ter a mente tão fechada a ponto de ignorar os sinais de perigo. E provavelmente haverá tais sinais. Quase nunca uma ideia de negócio funciona do jeito que você imaginava quando começou. É preciso pensar num jeito de fazê-la funcionar. Você tem de olhar, ouvir e fazer perguntas, experiências, algumas modificações, refinar seu conceito e constantemente aumentar sua base de clientes. É isso que significa montar um negócio, e a maioria das pessoas pode ser bem-sucedida — desde que não perca o foco no meio do caminho. Existe uma grande recompensa no final. Com o tempo, seu negócio fica tão forte que não precisa mais de você, que, então, pode partir atrás de outras oportunidades, de acordo com o que seu coração mandar.

Pergunte a Norm

Prezado Norm:

Quando eu estava no ensino médio, eu e o meu pai fazíamos móveis que vendíamos em feiras do setor. O negócio poderia ter crescido facilmente, mas meu pai não queria que ele fosse maior do que era. Agora meu cunhado e eu estamos pensando em começar um negócio de móveis que gostaríamos que se tornasse uma grande empresa. O problema é que temos dificuldade em nos imaginar fazendo isso. Como dois rapazes vindos de um ambiente de pobreza podem superar a dificuldade de se visualizar numa situação que é tão diferente de qualquer coisa que eles já experimentaram?
Jace

Prezado Jace:

Parece que vocês já visualizaram a empresa que querem construir. Acho que vocês têm, na verdade, dois outros problemas. Primeiro, não estão se dando valor suficiente. Vocês sabem mais sobre o negócio do que percebem. Segundo, estão olhando muito tempo à frente. Antes de serem donos de uma fábrica, vocês precisam ter um negócio, e quase todo negócio começa pequeno. Meu conselho seria preparar um plano sobre onde você e seu cunhado desejam estar em cinco anos. Depois disso, encontrem uma boa meta de curto prazo. Vocês podem seguir os passos de seu pai e vender os móveis em feiras do setor. Enquanto estiverem vendendo, estarão fazendo contatos. Digam às pessoas que estão pensando em montar uma empresa. Algumas delas podem estar interessadas em ajudar. Procurem, também, um mentor que já tenha montado um negócio antes. Ter sido uma criança pobre não é obstáculo no mundo dos negócios.

— Norm

Visão periférica

Deixe-me dizer mais algumas palavras sobre a parte da flexibilidade na equação. Na verdade estou falando do que chamo de ter uma "visão periférica". Com isso, refiro-me à capacidade de ver as coisas de soslaio e assim encontrar soluções para os problemas que as outras pessoas acham que não podem ser resolvidos.

Eu me deparei com um problema desses no meu negócio de destruição segura de documentos que comecei no ano 2000. O timing parecia absolutamente perfeito. Em dois anos, a empresa crescia a passos largos, com o faturamento crescendo 150% de mês a mês. Era muito emocionante de se acompanhar, mas, como todas as empresas do setor, ela enfrentava um problema crítico: a falta de um software pronto e específico para o setor, capaz de monitorar o trabalho que estivesse sendo realizado, gerando relatórios contábeis e automatizando o processo de faturamento.

Procuramos por todo lado um software que pudesse lidar com essas funções. Falamos com outras dezenas de empresas de destruição de documentos e descobrimos que todas estavam no mesmo barco que nós. Fomos para fora do setor, entrando em contato com negócios que achávamos que precisavam de um tipo parecido de software — por exemplo, distribuidores de água engarrafada — só para descobrir que as semelhanças eram mais aparentes do que reais. Até entramos em contato com nosso fornecedor de software para o serviço de armazenagem de documentos e tentamos fazer com que a empresa desenvolvesse um software parecido para o setor de destruição de documentos. Eles disseram que trabalhariam no assunto, mas demoraria um pouco. O mercado ainda não era suficientemente grande para justificar tal investimento num produto de destruição de documentos. Disseram para "esperar alguns anos".

Mas não podíamos esperar. Sem o software certo, éramos obrigados a fazer o monitoramento e faturamento à mão. Só o processo de faturamento consumia três ou quatro dias por mês. Os erros eram inevitáveis. As contas não eram uniformes, os clientes reclamavam. Além do mais, com nosso volume de vendas aumentando tanto, podíamos prever que a situação pioraria muito no futuro.

Meu sócio Sam disse:

— Temos que fazer algo.

— É verdade. Mas o quê?

— Eu não sei. Todo mundo diz que é impossível, mas tem de haver uma solução.

Acho que foi aí que pensei que, acontecesse o que acontecesse, eu encontraria a solução. O que tornava o desafio mais difícil era a diversidade de serviços que uma empresa de destruição de documentos propicia. Na nossa, por exemplo, cerca de 40% do faturamento vinha de serviços especiais, a maioria deles chamados "limpeza geral". Nós os oferecíamos a clientes que haviam acumulado um grande número de documentos sensíveis durante muito tempo, cuja necessidade era destruir tudo imediatamente. Buscávamos o material, retirávamos tudo de lá, triturávamos e entregávamos ao cliente um certificado afirmando que os documentos haviam sido destruídos de maneira segura.

Os outros 60% do negócio eram de clientes para quem trabalhávamos regularmente. Esses clientes mantinham recipientes fechados em suas instalações. Cada recipiente tinha uma fresta por onde os funcionários podiam enfiar os documentos sensíveis que deviam ser destruídos. O problema é que existiam dois tipos de recipiente, e cada um era tratado de maneira diferente. Alguns recipientes pareciam mobília. Nós os chamávamos de gabinetes. Nosso pessoal de serviço ia até lá, esvaziava o conteúdo e colocava o gabinete de volta no lugar.

Outros recipientes pareciam grandes latas de lixo plásticas sobre rodas. Nós os chamávamos de contêineres. Se o cliente tivesse esse tipo, o funcionário empurrava o que estivesse cheio para fora e o substituía por um vazio.

Portanto, tínhamos alguns recipientes que não saíam do lugar, outros que eram movimentados e ainda todos os serviços especiais, em que nenhum era igual a outro. Além disso, existiam tamanhos diferentes de recipientes e formas de pagamento acertadas com cada cliente, baseadas no número de recipientes, no tamanho deles, no tipo de serviço, na frequência de retiradas e em outros fatores. Precisávamos de um sistema de monitoramento e de faturamento que pudesse lidar com todas essas variáveis, o que não era fácil de se encontrar. Se arranjássemos um para recipientes fixos, ele não funcionaria para recipientes móveis e vice-versa. E pior ainda, nada que se fizesse com os recipientes se aplicava aos serviços especiais. Por isso, tudo era muito confuso.

Dentro de mim, no entanto, eu sabia que todos nós estávamos atacando o problema da maneira errada. As pessoas estavam procurando uma solução global — um sistema que cobrisse todo tipo de trabalho com que uma empresa de destruição de documentos fosse capaz de lidar. O que aconteceria se, em vez disso, atacássemos uma parte do problema de cada vez?

Não posso dizer exatamente como cheguei a essa resposta, mas sei que ela envolveu a visão periférica. Eu sabia que todas as demais pessoas estavam se concentrando nos serviços especiais. Decidi começar pelo outro lado, pelos recipientes. De qualquer modo, um belo dia entrei na sala de Louis Weiner, o presidente da empresa, e anunciei:

— Muito bem, está resolvido. Podemos, sim, colocar todo o negócio de destruição de documentos num computador, e não precisamos nem de um novo software ou de equipamentos novos.

Na verdade, eu não tinha a solução completa. Ainda havia um aspecto que eu não havia imaginado, mas eu tinha um feeling de que eu poderia achar a solução se discutisse o problema com Louis.

Ele me olhou com evidente ceticismo.

— Muito bem, vamos ouvir a solução.

— Podemos usar o mesmo sistema que adotamos para as caixas — falei. Devo explicar que, em nosso serviço de armazenagem de documentos, monitoramos as caixas com códigos de barras e scanners de mão. Mandamos uma folha com códigos de barras aos clientes, que põem um em cada caixa. Quando nosso motorista vai pegar as caixas, ele escaneia os códigos de barras. O scanner emite um recibo, que ele entrega ao cliente. De volta ao escritório, a informação é passada ao computador, que gera as faturas e os relatórios.

— No que você está pensando? Colocar um código de barras em cada recipiente?

— Algo assim. Você pode pôr um em cada gabinete. Nos contêineres, você pode colocar uma pequena alça de plástico na parte de trás. Nessa alça, você põe um código de barras laminado identificando a localização, o cliente, o tipo e o tamanho do recipiente. Quando o funcionário entrar, ele escaneia o código de barras e o transfere do contêiner cheio que ele está levando para o vazio que ele está deixando. Assim, o código de barras fica sempre no mesmo local.

Louis pensou nisso por alguns momentos e depois falou:

— Tudo bem. E os serviços especiais?

— Sei. O que há? — perguntei. Essa era a parte para a qual eu ainda não havia encontrado a solução.

— São 40% de nosso negócio.

— Não, não são — respondi. Um pensamento passara subitamente pela minha mente. — Eles são 40% de nosso *faturamento*. Quantos serviços especiais fazemos por mês?

— Não sei. Cinco, seis; dez, no máximo.

— E lidamos com cerca de mil recipientes, não é? Imagine se pensarmos em cada recipiente como um serviço em si, e digamos que nós esvaziemos esses recipientes uma vez por mês. Agora estamos falando de cerca de dez serviços, num total de 1.010. Não são 40%. É menos de 1%. Resolvemos 99% do problema.

Louis deu um grunhido.

— E quanto tempo demora para alguém colocar as informações dos serviços especiais em cada mês? — continuei. — Quinze minutos? Meia hora? Isso não é nada. Pode ser feito facilmente à mão.

Louis ficou ali sentado, pensando. Então ele começou a balançar a cabeça afirmativamente.

— É, acho que vale a pena tentar.

A solução não foi assim tão simples, ou tão perfeita, quanto pareceu à primeira vista. Tivemos que fazer algumas experiências para descobrir que tipo de código de barras funcionava melhor. (No serviço de armazenagem de documentos, usamos códigos de barras diferentes para objetivos diferentes.) No fim, ficamos com um que acomodava não mais que 9.999 recipientes de qualquer tamanho especial. Isso funcionaria por alguns anos, até que chegasse o ponto em que teríamos que nos desdobrar mais um pouco. Nesse meio-tempo, resolvemos o problema do monitoramento e do faturamento e também criamos um novo benefício que podíamos oferecer aos clientes: recibos gerados por computador. Assim como o sistema permitia que monitorássemos melhor nosso trabalho, ele também permitia que os clientes monitorassem mais de perto o que fazíamos e lhes dava mais confiança quanto à exatidão de nossas faturas. Essa era uma vantagem que tínhamos sobre nossa concorrência — até que ela desenvolvesse seus próprios sistemas.

Pergunte a Norm

Prezado Norm:

Eu estou mudando de profissão aos 49 anos. Comecei um negócio de caminhões em 1975. Em meados da década de 1990, chegamos a ter 28 empregados e decidi vender tudo, numa venda paga totalmente em dinheiro em 1997. Depois da venda, tirei nove meses de férias, construí uma casa e comecei a procurar uma nova profissão. Depois de um tempo, consegui um emprego de vendedor num negócio de computadores, onde tive algumas rusgas com o dono. Como nunca fui empregado antes, eu não entendia a profundidade da "mentalidade da roupa nova do imperador". Fui despedido depois de dois anos de fracasso em andar na linha. Depois de tirar mais algum tempo para mim, estou de volta à procura de um emprego. Só me pergunto se tenho um gênio muito forte para trabalhar para os outros. Será que algum dia serei feliz como empregado? Será que existe esperança, ou cavalos velhos são sacrificados?
Bruce

Prezado Bruce:

Muitos têm um gênio muito forte para sermos empregados no longo prazo. Eu sabia que não podia mais trabalhar para alguém, mas isso não quer dizer que eu não possa trabalhar com alguém. Pense em se tornar um prestador de serviços autônomo — fazendo vendas externas, por exemplo. Se você realmente quiser se envolver na administração de um negócio, procure uma pequena empresa que deseje e precise da ajuda de um empreendedor experiente. Se isso não der certo, abra um negócio.

— Norm

O fator X

Existe ainda mais uma qualidade que você tem de possuir para ser um empreendedor bem-sucedido — e provavelmente ela é a mais importante de todas. Mais do que isso, é uma qualidade que não pode ser ensinada nem aprendida. Ou você tem, ou você não tem.

Não me entenda mal. Acredito que é possível aprender tudo o que é preciso saber sobre como começar e fazer crescer um negócio. Não que todo start-up vá se transformar numa empresa viável, mas — como já disse antes — existem alguns hábitos mentais que se pode desenvolver e alguns princípios que se pode seguir que maximizam as chances de sucesso e que minimizam as perdas em caso de fracasso. Mais ainda: qualquer um pode aprender esses princípios.

Porém, para colocá-los em prática, também é preciso algo mais. É mais um traço de personalidade que uma técnica, e isso está dentro da pessoa, escondido de nossa vista. Não tenho sequer certeza de que as pessoas que têm esse tipo de traço estão cientes disso, até que elas sejam testadas. Mas havendo ciência ou não, a qualidade de que eu estou falando é real, e ela permite que certas pessoas realizem coisas que ninguém mais pensaria que elas fossem capazes de conseguir.

Veja o caso de Malki, que conheci por intermédio de minha esposa, Elaine. Divorciada e mãe de três filhos, Malki naquela época se sustentava dando aulas, sendo tutora e fazendo trabalhos na igreja. Porém, ela não estava feliz. Sonhava ter a própria creche para bebês e crianças. Ela conversou sobre isso com Elaine, que a trouxe para mim.

O fato é que um serviço de creche é um negócio muito difícil de se começar no estado de Nova York, a não ser que você tenha muito dinheiro, e Malki não tinha. Antes de poder aceitar sua primeira criança, você precisa de uma licença estadual, e isso demora um ano para se obter. Além do mais, você só pode conseguir uma licença passando por uma série de inspeções, o que significa que precisa de um espaço construído para atender a todos os códigos de saúde, segurança e de incêndio em vigor. Desse modo, você já está pagando aluguel e custos de construção enquanto seu pedido é analisado. Se não obtiver a licença, perdeu seu investimento. E mesmo que consiga, isso é apenas o começo. Ainda é necessário passar pelo processo de construção do negócio.

Depois de minha primeira reunião com Malki, estava muito claro para mim que ela tinha poucas chances de dar certo — na melhor das hipóteses, uma em dez. Ela não tinha dinheiro, experiência no negócio, nem um parceiro para lhe dar apoio. Nunca tivera um empregado ou um cliente. Nunca fechara um negócio. Ela teria de lutar muito para se estabelecer em qualquer tipo de negócio. Uma creche parecia completamente fora de suas condições. Mas detesto desencorajar as pessoas de correr atrás de seus sonhos, e Malki era muito determinada. Por isso, aceitei ser seu conselheiro.

Primeiro, começamos a ver o que seria necessário para abrir a creche. Os obstáculos eram enormes. Decidimos que, para minimizar os riscos financeiros, Malki provavelmente se sairia melhor se comprasse o espaço em vez de alugá-lo. Dessa maneira, se ela não conseguisse obter a licença, pelo menos poderia vender o imóvel e não estaria presa a um contrato de aluguel de longo prazo.

Portanto, de alguma maneira Malki teria de encontrar um imóvel, negociar um contrato para adquiri-lo, fazer a reforma necessária, cobrir o pagamento da hipoteca e fazer tudo o mais que fosse necessário para lançar o negócio com êxito quando — ou melhor, se — a licença saísse. E aqui estou falando de fazer uma pesquisa de mercado, levantar capital de giro, fixar o preço e assim por diante. Mais ainda, ela tinha de fazer tudo isso em seu tempo livre, já que ela não podia parar de trabalhar.

Pensei que Malki fosse desistir quando visse tudo o que estava envolvido, mas eu estava enganado. Ela imediatamente se jogou na pesquisa de mercado, verificando todas as creches da região. Tornou-se amiga de uma funcionária experiente de uma creche de outro estado que lhe passou uma tonelada de conselhos valiosos. Ela conseguiu todos os formulários de licença necessários e fez uma lista dos passos que precisava dar para obter a licença. Enquanto isso, utilizou incessantemente sua agenda telefônica para captar os fundos de que precisava, e acabou levantando cerca de US$ 150 mil, quase tudo com parentes e amigos.

Mas a grande sacada de Malki foi o negócio imobiliário. Ela encontrou um prédio que estava vagando. Os proprietários estavam se mudando e precisavam de alguma flexibilidade para entregar o imóvel. Malki podia lhes oferecer muita flexibilidade. O que ela precisava era de tempo. Sem um histórico de empresária, ela não podia conseguir imediatamente uma hipoteca e só podia dar uma entrada pequena, mas acreditava que estaria em situação melhor depois que a creche já estivesse funcionando por algum tempo.

Então eles fizeram um trato: Malki assumiria a hipoteca atual do imóvel e pagaria uma pequena parte do preço da venda. Os vendedores, então, fariam com ela uma segunda hipoteca para cobrir a diferença. Depois de certo tempo, Malki refinanciaria o imóvel todo e pagaria a segunda hipoteca. Além disso, ela e os vendedores acertaram uma data de venda que permitiu que ela desse início ao processo de licenciamento muito antes de ter de começar a fazer os pagamentos. Em consequência, seus custos durante a fase anterior ao efetivo funcionamento da creche foram muito menores do que os previstos.

No fim, demorou dois anos até que Malki juntasse todas as peças do quebra-cabeça. Mas ela foi em frente e sua creche começou a funcionar em julho de 1999. Foi uma realização impressionante. Malki achou que realmente tinha atingido seu objetivo. Mas a verdade é que o maior desafio ainda estava por vir.

Por quê? Porque tudo muda quando você abre as portas e começa a funcionar. Existe um novo tipo de pressão e uma sensação maior de urgência ao lidar com os problemas. Afinal de contas, antes de se ter um cliente, um atraso não é um desastre. Se algum equipamento chegar atrasado, você pode ficar irritado e um pouco frustrado, mas as consequências não são lá muito sérias. No entanto, as coisas são muito diferentes quando há um negócio funcionando e os empregados não aparecem para trabalhar, ou os clientes pedem coisas que você não pode atender. Decisões têm de ser tomadas. Ações precisam ser realizadas. De repente, você se vê cheio de problemas, e todos exigem respostas imediatas. Se você for um empreendedor de primeira viagem, a tendência é receber cada problema com a mesma reação: pânico. Pouco importa se a maioria dos problemas é perfeitamente administrável. Para você, todos parecem catástrofes.

Para ter sucesso, você tem de superar o pânico. Não só deve desenvolver a confiança em sua capacidade de lidar com os problemas, mas toda sua maneira de pensar sobre eles precisa mudar. Você tem de aceitar que um fluxo interminável de complicações é parte do processo e aprender a gostar desse jogo. Como? Gostando da diversão e da emoção de encontrar as soluções.

Algumas pessoas não conseguem fazer essa transição, e achei que Malki provavelmente seria uma delas. Por um lado, ela se sentia pouco à vontade em tomar decisões. Ela gostava de ouvir muitas opiniões e pensar no assunto. Essa característica pode até ser uma virtude em certas circunstâncias, mas não facilita o processo inicial de uma empresa.

O fato é que ela parecia muito triste nos primeiros meses. Sentia-se frustrada. Estava assoberbada de problemas. Não sabia lidar com os pais, achava que nunca encontraria os empregados de que precisava. Os que ela conseguia chegavam atrasados ou iam embora mais cedo, obrigando-a a lutar para achar substitutos, de modo que a proporção de adultos para cada criança se mantivesse dentro do regulamento do estado. Cada barreira parecia intransponível. Cada problema parecia ser o golpe final.

Depois de superar tantos problemas para abrir a creche, Malki sentiu-se infeliz ao ver que tinha mais problemas do que nunca. Eu simplesmente achei que ela não levava jeito para os negócios. Felizmente, encontramos uma válvula de escape para ela. Malki ainda tinha a chance de vender o lugar e fazer outra coisa sem que as consequências financeiras fossem muito sérias, como Elaine disse para ela em dado momento.

Mas Malki continuou indo em frente e, pouco a pouco, sua maneira de pensar começou a mudar. Pude ver a diferença no modo pelo qual ela começou a apresentar os problemas para Elaine e para mim. Em vez de se concentrar em quanto um problema era horrível, ela começou a chegar para nós com as possíveis soluções e perguntando o que achávamos. Enquanto isso, seu negócio crescia e ela tinha mais problemas do que nunca, mas sua sensação de pânico continuou a arrefecer. No final do primeiro ano, ela estava claramente no controle da situação.

Isso foi há quase dez anos. A creche tornou-se um grande sucesso e hoje tem gente saindo pelo ladrão. Tem até lista de espera para entrar. Quanto a Malki, ela está curtindo o processo de negócios mais do que nunca. No início ela odiava. Houve horas em que ela se perguntou se conseguiria durar. Mas ela aguentou firme e seu comportamento começou a mudar quando percebeu que podia lidar com qualquer problema que aparecesse. Teve alguma hora da virada?

— Teve. Foi quando Elaine me disse que eu poderia desistir.

Malki não sabe dizer o que a fez ir em frente, nem eu. Você pode chamar isso de paixão, tenacidade, se agarrar ao que faz, firmeza de caráter ou pura teimosia. Seja lá o que for, e venha de onde vier, é a qualidade mais importante que um empreendedor deve ter. No fim das contas, é isso que determina se somos bem ou malsucedidos.

Resultado final

Ponto nº 1: Os que perseveram vencem. Seja resiliente e aceite as derrotas. É assim que você se torna um empresário melhor.

Ponto nº 2: Você aprende se recusando a dar desculpas e olhando fundo dentro de si mesmo para descobrir as razões de as coisas terem saído errado.

Ponto nº 3: Foco e disciplina são mais importantes do que identificar oportunidades, mas precisam ser equilibrados com flexibilidade.

Ponto nº 4: As soluções raramente estão diante de seu nariz. Você precisa aprender a descobri-las olhando de soslaio.

CAPÍTULO TRÊS

Por que os start-ups fracassam

As pessoas recebem conselhos tão ruins quando entram em um negócio que às vezes me pergunto como alguma empresa consegue sobreviver. Você ouve, por exemplo, com frequência, que para ser bem-sucedido precisa de um produto ou serviço único, algo que ninguém mais tem. Ou que deve escolher um negócio com o mínimo de concorrência possível, já que é muito melhor ter um mercado inteiro só para você. Meu conselho é exatamente o contrário. Não gosto de ser o primeiro a entrar em um mercado e sempre gosto de ter muitos concorrentes. Sim, quero ser diferente deles, mas quanto mais pessoas estiverem ganhando dinheiro em um setor, melhor eu me sinto em entrar nele. O fato é que existem três critérios que sempre avalio em todo novo negócio que começo. Acredito que eles funcionam para 80% das pessoas que abrem um negócio pela primeira vez.

Número um: quero um conceito que já exista há cem anos ou mais. Tudo bem, talvez menos de cem anos. O importante é que seja um conceito bem estabelecido, algo que todo mundo entenda. Não quero nada novo ou revolucionário. Por quê? Porque não existe nada mais caro do que educar um mercado.

Descobri isso da maneira mais difícil, quando levei meu serviço de mensageiros para Atlanta, no início da década de 1980. Naquele tempo, as empresas locais enviavam suas encomendas colocando uma secretária dentro de um táxi e mandando-a entregar um pacote. As secretárias não queriam nossos serviços — elas gostavam de ficar fora do escritório —, e as empresas não sabiam que precisavam de nós. Tivemos que fazer um mailing, anúncios e desenvolver uma campanha de relações públicas. E estávamos educando as pessoas sobre um serviço de mensageiros, não sobre uma tecnologia nova e revolucionária. Vou lhe dizer que foi muito, mas muito caro mesmo, e sofremos muito. Prefiro estar no maior e mais competitivo mercado do mundo, enfrentando de frente centenas de outras empresas.

É claro que, se você for competir, precisará ser capaz de se diferenciar junto a seus clientes. O que me leva ao segundo critério: quero um setor que seja antiquado. Não estou dizendo necessariamente "ultrapassado". Estou falando de um negócio em que a maioria das empresas esteja fora de compasso com seus clientes. Talvez as necessidades dos clientes tenham mudado e os fornecedores não tenham prestado a devida atenção. Talvez elas estejam defasadas em relação à tecnologia mais moderna. Em qualquer caso, houve uma mudança, e a indústria não acompanhou.

A minha empresa de armazenagem de documentos, CitiStorage, é um bom exemplo disso. Quando comecei a pesquisar o negócio, percebi que, exceto por dois grandes players, a indústria de armazenagem de documentos estava adormecida. Elas tinham galpões antigos, destinados a armazenar o arquivo morto dos clientes. Enquanto isso, o setor tinha se modificado inteiramente. Os imóveis tinham ficado tão caros nas grandes cidades que os clientes estavam procurando manter seus arquivos vivos fora das sedes — quer dizer, os arquivos de que eles ainda precisavam de vez em quando. O negócio de armazenagem de documentos estava se transformando em serviço de recuperação de arquivos e quase ninguém parecia estar percebendo isso. As duas grandes exceções eram a Iron Mountain e a Pierce Leahy, os dois gigantes do setor, que depois se fundiriam. Eles tinham visto a mudança e construíram grandes unidades de recuperação de arquivos no interior do estado. Nesse processo, eles se tornaram a força motriz da indústria.

Vislumbrei uma oportunidade aqui, mas havia algo que eu não conseguia entender. Por que os outros concorrentes tinham dormido? E por que eles continuavam no negócio? Por que não haviam perdido sua base de clientes? A resposta, descobri, era que alguns dos grandes clientes não queriam transferir seus arquivos. Eles não queriam que os documentos ficassem tão longe da cidade. O que aconteceria se eles precisassem de um específico, em uma hora?

Isso me leva ao terceiro critério para um novo e bem-sucedido negócio: um nicho. Eu construiria uma grande e moderna instalação na cidade e me diferenciaria das outras empresas de guarda de documentos com uma unidade desenhada especificamente para a recuperação de arquivos, usando a mais moderna tecnologia. E me diferenciaria dos gigantes por minha localização. Os clientes ficariam perto de seus arquivos.

O fato é que ter um nicho é crucial para qualquer start-up, mas não pela razão que a maioria das pessoas imagina. Isso tem a ver com as altas margens brutas que você tem de receber para ter a certeza de que seu capital inicial durará tempo suficiente para que seu negócio atinja a viabilidade. Se você for o novato no ramo, não poderá competir com base no preço, porque não sobreviverá no negócio. Por outro lado, tem de arranjar clientes. Isso significa lhes proporcionar mais valor pelo mesmo preço.

Mas como oferecer mais valor sem aumentar os custos diretos, ou cortar a margem bruta e dilapidar o capital inicial? A resposta geralmente está no nicho que você escolheu. Percebi, por exemplo, que a mais nova tecnologia de recuperação de arquivos permitia que eu reduzisse meus custos diretos construindo uma instalação com um pé-direito muito mais alto do que meus concorrentes dispunham. Eu podia armazenar mais de 150 mil caixas em 900m², enquanto os outros só conseguiam guardar 40 ou 50 mil caixas no mesmo espaço.

Assim, esses são meus três critérios para dar início a um negócio bem-sucedido: um conceito que exista há mais de cem anos, um setor antiquado e um nicho. Eu sei que tem gente pensando: "Se todo mundo seguisse esses critérios, nem teríamos inventado a roda." É verdade. Minha intenção não é desestimular os gênios visionários que existem por aí. Sou totalmente a favor dos avanços tecnológicos e da criação de novas indústrias. Se você for outro Thomas Edison, Fred Smith ou Bill Gates, esqueça meus critérios e siga em frente. Mude o mundo.

Mas a maioria de nós abre um negócio com objetivos mais modestos. Ficamos felizes em ter nas mãos uma empresa que sobreviva e cresça. Se você for um de nós, siga meu conselho: não tente transformar um conceito revolucionário em um negócio. Em vez disso, encontre um bom e velho conceito.

Comprar ou começar do zero?

Aqui vai outro conceito para se ignorar: você vai se sair melhor comprando um negócio existente que começando um do zero. Muita gente diz que você pode reduzir riscos, poupar dinheiro e atingir os objetivos mais rapidamente se comprar uma empresa que já esteja em atividade. Não acredite nisso. Para a maioria dos empreendedores de primeira viagem — e especialmente aqueles que nunca administraram uma empresa —, as chances de sobrevivência são muito maiores se você construir seu próprio negócio do zero.

Existe uma série de razões para isso. Por um lado, é mais difícil aprender o funcionamento de um negócio se você não estava lá desde o início. Você perde toda a educação de tentativa e erro que ocorre nos primeiros estágios e não entende as relações-chave da empresa. Não sabe o que fazer numa emergência. Comete erros que são muito mais caros do que quando a empresa era pequena e estava lutando para decolar.

Além disso, independentemente da rapidez com que aprenda, você provavelmente descobrirá que os desafios são maiores do que o imaginado ao fazer a compra. Aquisições são traiçoeiras. Você pode fazer toda investigação e análise que quiser e mesmo assim não saberá exatamente no que está se metendo até depois de ter pago o preço — e até chegar a um ponto em que é geralmente muito tarde para voltar atrás. Mesmo empresários experientes cometem erros. Quanto aos compradores sem experiência, eles normalmente estão à mercê dos vendedores, ou do representante do vendedor ou do intermediário do negócio (se houver), todos com um único objetivo em mente: fechar o negócio. E se você não tomar cuidado, pode facilmente comprar gato por lebre.

Foi o que quase aconteceu com Josh, um jovem de 30 e poucos anos que veio me consultar há algum tempo. Ele disse que estava se preparando para adquirir seu primeiro negócio e que precisava de minha ajuda. Ele tinha uma reunião marcada para dali a alguns dias, na qual ele devia assinar alguns papéis e fazer um depósito de US$ 100 mil pelo negócio, 60% dos quais não seriam reembolsados. Seu pai, um empresário canadense, achava que ele estava cometendo um erro, mas disse que Josh poderia ir em frente se ele conseguisse alguém mais experiente que aprovasse o negócio. Josh perguntou se eu poderia dar uma olhada e opinar. Eu aceitei.

A empresa que ele pretendia comprar era uma pequena embaladora de loções de ervas, que por sua vez eram comercializadas por representantes de vendas independentes para lojas especializadas e cadeias varejistas. A atual proprietária comandava o negócio de sua casa. A empresa existia havia uns três ou quatro anos e estava indo bem, ou pelo menos era isso o que aparecia em suas declarações financeiras. Agora ela estava grávida e queria realizar os lucros. O preço pedido era de US$ 250 mil.

A empresa parecia ser exatamente o que Josh estava procurando. Estava dentro do limite de preço, tinha muito potencial de crescimento e, embora ainda fosse relativamente nova, já estava dando um bom lucro. De acordo com as informações financeiras que ele tinha recebido, o negócio tinha gerado um lucro antes do imposto de renda de US$ 40 mil sobre vendas de US$ 201 mil — um retorno de quase 20%. Isso foi uma melhora significativa em relação ao ano anterior, quando a empresa lucrou US$ 17 mil sobre vendas de US$ 175 mil. E no ano anterior, tivera um prejuízo de US$ 10 mil sobre um faturamento de US$ 79 mil.

Portanto, os números estavam se movendo no caminho certo. Josh acreditava que poderia continuar nesse ritmo e conseguir um crescimento substancial sob seu comando — algo com que ele sonhava havia anos. Ele mal podia esperar para começar, e me mandou cópias do material que a vendedora enviara para ele e, alguns dias depois, apareceu em meu escritório com a minuta de um acordo de confidencialidade que ele havia recebido do advogado da vendedora. Ele disse que havia marcado uma reunião para assinar o acordo — e pagar o depósito — na manhã seguinte.

Eu lhe disse que achava que ele deveria ligar para o advogado e cancelar a reunião.

— Do que você está falando? Eles querem andar rápido. Eles têm outro comprador interessado.

Eu falei:

— Josh, você não está preparado para assinar nada. Você pode dizer ao advogado que falará com ele de novo em 48 horas.

O problema é que ele não estava nem perto de ter informação suficiente para responder à pergunta mais básica de qualquer aquisição, a saber: o que você está comprando? Ele *achava* que estava adquirindo uma empresa com uma boa linha de produtos. Mas não havia jeito de se saber o quanto ela realmente era boa — ou se o preço era minimamente justo —, porque ele não tinha qualquer informação sobre o que estava acontecendo no mercado.

Ele não sabia, por exemplo, quais eram os dez maiores clientes e por qual percentual de vendas cada um respondia. Ele desconhecia como seu padrão de compras mudava de um ano para o outro. Os mesmos clientes viviam voltando, ou a empresa tinha que estar sempre captando novos clientes para repor os que não voltavam? Será que um ou dois clientes respondiam por uma quantidade desproporcional das vendas e, se fosse esse o caso, por quê?

E o que estava acontecendo com as representantes de vendas? A empresa lhes pagava, em tese, uma comissão de 15% sobre as vendas. Então por que o total de comissões pagas somava 15% das vendas num ano, 12% do seguinte e 7% no posterior? Será que as representantes estavam abandonando a empresa, deixando que seus clientes fossem "contas da casa", ou haveria alguma outra explicação? Aliás, quantas representantes a empresa tinha? Quantos negócios elas traziam e quanto ganhavam as campeãs de vendas?

E isso era só o começo. Havia outras dúzias de questões para as quais Josh teria de ter uma resposta antes de se comprometer com a empresa. Mas eu não via motivo algum em seguir adiante até que tivéssemos uma discriminação de vendas por cliente e por representante de vendas nos últimos dois ou três anos. Esses números nos mostrariam se a empresa tinha, efetivamente, uma linha de produtos que os clientes estavam a fim de comprar, e as representantes, dispostas a vender. Sem essa informação, não valia a pena Josh perder tempo examinando um possível negócio, muito menos entregar dinheiro.

Josh entrou em contato com a proprietária da empresa, pedindo informações adicionais. Ela respondeu que não daria os nomes dos clientes e das representantes de vendas sem um acordo assinado. Falei para ele:

— Tudo bem. Ela pode chamar os clientes de 1, 2, 3 e 4 e as representantes de vendas de A, B, C e D, mas você precisa ver esses números antes de assinar qualquer coisa.

Também sugeri que ele pedisse ao advogado da vendedora que modificasse o contrato, de modo que o depósito fosse inteiramente reembolsável, a seu critério, em três semanas. Por que não poderia ter ele a liberdade de mudar de ideia por qualquer razão, desde que fosse depressa? O advogado aceitou e refez os contratos, mas, como vimos mais tarde, a mudança seria desnecessária.

Passados alguns dias, Josh recebeu as informações adicionais que havia pedido. Elas mostravam um quadro muito diferente da empresa. Por um lado, somente 15% dos clientes (representando 30% do faturamento) voltavam de um ano para o outro. Em outras palavras, Josh teria de repor 85% dos clientes e 70% das vendas só para se manter no mesmo patamar. Mais ainda, ele precisava fazer tudo isso com uma nova força de vendas: a empresa estava perdendo representantes de vendas a uma base de 50% ao ano.

Era muito difícil ver o que Josh tinha a ganhar comprando a empresa. Os produtos não podiam ser tão bons assim, ou mais clientes estariam fazendo mais pedidos. Um nome na praça? Não podia ser muito forte. Uma força de vendas dedicada? Ele teria que construir uma, de todo jeito. Quanto às fórmulas de que ele precisaria para começar, ele poderia contratar um laboratório para fabricar algumas por muito menos de US$ 250 mil. A verdade é que, se ele realmente quisesse ter uma empresa de loções de ervas, fazia muito mais sentido começar do zero.

No fim das contas, Josh decidiu que já estava farto de loções de ervas. Falou para a vendedora que não estava mais disposto a prosseguir com as negociações. Ele não estava feliz de abandonar o barco, mas não havia como discutir com os números. Na última vez que o vi, ele estava procurando outra empresa para comprar. Não sei se achou — ou se finalmente chegou à conclusão de que se daria melhor procurando um negócio para começar.

Pergunte a Norm

Prezado Norm:
Há um ano, mais ou menos, me mudei para a Flórida, vindo da região Nordeste, onde eu era proprietário de algumas lojas de revelação fotográfica. Na Flórida, comprei um bureau gráfico. Trabalhei 84 horas por semana para aprender o básico do negócio. Agora estou pronto para começar a anunciar, mas receoso de que eu esteja cometendo um grande erro, especialmente na hora de dar um preço a meus produtos. Será que eu deveria contratar um consultor para me orientar?

Prezado Sam:
Eu, certamente, não contrataria. Você tem experiência de administração e seus instintos são melhores que os de qualquer consultor que vá encontrar. Além do mais, você não seguiria — e nem deveria — os conselhos de um consultor se não concordasse com eles. Então, por que pagar a alguém para lhe dar um conselho que não ouvirá se for diferente do que imagina? Em vez disso, eu pesquisaria o setor. Veja quem são seus concorrentes, quanto eles estão cobrando, qual a qualidade do serviço que oferecem etc. E então dê seu lance.
— Norm

O tipo errado de plano de negócios

Depois, ainda existe a confusão permanente sobre planos de negócios, que a maioria das pessoas acha que precisa para levantar recursos. Tudo bem, você precisa de dinheiro para fazer seu negócio andar, e talvez necessite de um plano de negócios para captá-lo. Mas dinheiro não é a *primeira* coisa de que precisa, e você estará cometendo um grande erro caso se concentre em levantá-lo antes de estar pronto para utilizá-lo de maneira inteligente.

Infelizmente, esse é um erro que muita gente comete, a julgar pelos planos de negócios que recebo regularmente. Estou falando de planos de cem páginas, com impressão em quatro cores, em papel de luxo, muito bem apresentados, com fotografias, tabelas, gráficos em forma de pizza, gráficos de linhas e todo tipo de número que você quiser. Quer dizer, esses planos são todos muito bonitos. Só têm um problema: os números não fazem sentido. Nenhum negócio que opere no mundo real pode levar a eles.

Eu me lembro de um plano com aparência extremamente profissional que recebi de um casal que pretendia levantar US$ 50 mil para dar início a um negócio de biscoitos. De acordo com o plano, eles usariam esse dinheiro para levar o faturamento da empresa de zero a US$ 2,9 milhões em apenas dois anos. Observe que é muito difícil atingir essa taxa de crescimento em qualquer tipo de negócio. É quase impossível conseguir isso numa área como a de biscoitos com apenas US$ 50 mil de investimento na empresa. Você ficará sem dinheiro muito antes de atingir sua meta de vendas. E, no entanto, os números estavam todos lá, preto no branco, e fechavam perfeitamente, o que imediatamente despertou minhas suspeitas.

Percebi que o plano havia sido escrito pelo marido, um homem com muito pouca experiência em negócios, utilizando um software sofisticado de elaboração de plano de negócios. Olhando os números mais de perto, entendi como ele chegou a uma projeção tão fora de propósito. De um lado, ele projetou um período de tempo ridiculamente curto para receber suas contas, cerca de vinte dias, enquanto imaginou que poderia esticar seus pagamentos a fornecedores em até sessenta dias. Ele também estimou por baixo a quantidade de equipamentos de que ele precisaria e partiu do princípio de que poderia alugar o que bem entendesse com base apenas em sua assinatura — sem oferecer qualquer garantia adicional. Nenhuma dessas premissas era plausível. Se você as substituísse por outras mais realistas, veria que o casal precisaria de, no mínimo, mais US$ 200 mil em capital externo para ter uma chance mínima de conseguir levar o faturamento da empresa a US$ 2,9 milhões no segundo ano.

Não quero aqui sugerir que esse cara quisesse intencionalmente enganar os outros. Francamente, duvido que ele sequer tenha percebido o que fez. Creio que, como a maioria das pessoas com uma ideia e um desejo imenso de montar seu próprio negócio, ele só estava pensando na quantidade de dinheiro de que precisava para largar tudo e dar início à empresa.

Portanto, como é que se levanta dinheiro? É com um plano de negócios, não é? Ele saiu e comprou o software, que lhe guiou passo a passo pelo processo de redação do plano. Então ele foi ajustando os números até conseguir ter um plano que mostrava o negócio atingindo sua meta depois de dois anos com a quantidade exata de capital que ele achava que poderia levantar.

Tudo muito bonito e arrumadinho, e o documento final não poderia ser mais impressionante. Sou empresário há quase trinta anos e nunca tinha visto um plano como aquele, muito menos produzido um. O que ele continha, no entanto, não era uma receita para uma fábrica bem-sucedida de biscoitos. Era a receita de um desastre.

Acredito plenamente que o primeiro plano de negócios que você deve escrever seja para ninguém mais do que você mesmo, e não precisa de nenhum software especial para criá-lo. É necessário responder a quatro perguntas com a maior honestidade possível: (1) Qual é o conceito? (2) Como você vai vendê-lo? (3) Quanto acha que custará para produzir e entregar o que você está vendendo? (4) O que espera que aconteça quando efetivamente sair e começar a vender? A ideia é mapear da maneira mais clara possível o modo que você acha que o negócio funcionará — o que venderá, quanto cobrará, quem serão seus clientes, como chegará até eles, quanto tempo vai demorar para fechar uma venda, e assim por diante. Você precisa ser completamente franco consigo mesmo. Não deve permitir que suas circunstâncias econômicas atrapalhem seu raciocínio. Deixe de lado, por enquanto, qualquer preocupação que você tenha de ganhar dinheiro para viver ou de levantar o capital inicial. É possível tratar desses assuntos no devido momento. No início, o importante é colocar suas principais premissas no papel.

Por quê? Porque você tem de testar essas premissas *antes* de sair para levantar dinheiro, e não depois. Você precisa identificar o máximo de erros possível, enquanto ainda há chance de corrigi-los.

E, acredite em mim, todo mundo comete erros em seu primeiro plano de negócios. Não importa o quanto você seja inteligente ou cuidadoso. Vão existir falhas graves. Quando comecei meu serviço de mensageiro, por exemplo, achava que poderia receber minhas contas em trinta dias. Descobri da maneira mais difícil que o tempo efetivo de recebimento era de 59 dias. Quando iniciei minha empresa de armazenagem de documentos, achava que poderia cobrar uma taxa de armazenamento mensal de US$ 0,35 por caixa. O fato é que descobrimos que não tínhamos como receber contas grandes a não ser que cobrássemos US$ 0,22 por caixa — quase 40% a menos do que o preço previsto no plano.

O importante é que você precisa se dar um tempo para descobrir esses equívocos. Não que você vá pegar todos eles com antecedência, mas você pode reduzi-los a um mínimo. Como? Pesquisando. Descobrindo quanto tempo as empresas de um setor normalmente dispõem para pagar seus fornecedores e quanto tempo elas demoram para receber dos clientes. Tentando concretizar algumas vendas. Procurando escritórios e móveis baratos. Indo até uma empresa de leasing e vendo que condições você pode conseguir. Fazendo tudo o que puder para ficar o mais preparado possível. Então, e só então, você pode tirar os sinos e os apitos do armário e começar a procurar dinheiro.

A longo prazo, essa pesquisa se revelará o melhor investimento que você pode fazer em seu negócio. Tendo feito o dever de casa, terá muito mais chance de levantar o capital inicial que está procurando. Mais importante que isso, você estará em condições de tomar decisões melhores sobre como gastá-lo. E você aumentará muito a chance de fazê-lo durar até não precisar mais dele — ou seja, até o negócio conseguir se sustentar sobre seu próprio fluxo de caixa. Que é, afinal de contas, o objetivo.

O recurso mais importante

Por mais importante que seja conservar o capital inicial, o perigo de perdê-lo não é o maior risco que os empreendedores enfrentam. Afinal de contas, se você trabalhar duro, pode acabar recuperando tudo. Existe um outro recurso que, se você perder, estará perdido para sempre. Desse ponto de vista, ele é até mais importante — e mais valioso — do que o dinheiro. Seu desperdício pode custar a chance de realizar seu sonho. Estou falando do tempo.

Pergunte a Norm

Prezado Norm:
Estou no processo de abrir uma escola, mas não consigo ninguém para se matricular. Participei de feiras e festivais com meus prospectos. Pus anúncios em jornais e abri a escola para os convidados. Nossos preços são mais baixos que os de nossos concorrentes e não cobramos taxa de matrícula. Mesmo assim, ninguém se matricula. O que mais posso fazer?
Kathy

Prezada Kathy:
Nunca parta do princípio de que um negócio não dará certo só porque você não conseguiu nada com suas tentativas iniciais de marketing. Eu comecei meu serviço de mensageiros com uma mala-direta imensa, oferecendo fazer as primeiras cinco entregas de graça. Não recebi uma única resposta. Fiquei estarrecido, até que um gerente me disse: "Nós fazemos dezenas de entregas por dia. Cinco é a mesma coisa que nada. Que tal as próximas cinquenta?" Portanto, o mercado existia. Eu só estava tentando chegar aos clientes da maneira errada. Em seu caso, o preço não é a maior preocupação dos pais. Se eles mandarão os filhos deles para sua escola, precisam conhecê-la, confiar em você e ter uma boa opinião a seu respeito. Eu tentaria participar de clubes comunitários, grupos sociais, igrejas e sinagogas. Faça um prospecto com testemunhos de pessoas locais que digam o quanto você é fantástica em lidar com crianças. Mais tarde, as festas na escola serão importantes, e o preço também poderá ser, mas primeiro você tem de demonstrar que é de confiança.
— Norm

Deixe-me contar o caso de Rob Levin, que veio me consultar sobre uma revista que ele pretendia lançar. Ele planejava chamá-la de *The New York Enterprise Report* e vendê-la para proprietários e administradores de pequenos negócios na região metropolitana de Nova York, oferecendo entrevistas com empreendedores bem-sucedidos e artigos do tipo "como fazer" escritos por especialistas. Concordei em me encontrar com ele, embora não soubesse bem o porquê. Eu achava que lançar uma revista de negócios era uma ideia realmente muito ruim. O setor, havia anos, atravessava dificuldades, sem algum alívio à vista. Por mais difícil que a vida estivesse para as revistas em atividade, eu sabia que haveria ainda mais dificuldade para uma nova publicação, que estaria competindo não só com as grandes, mas também com os provedores de informações gratuitas na internet. Além do mais, havia maneiras bem mais fáceis e lucrativas de se ganhar a vida.

Mas tenho uma regra de ouro de nunca desencorajar as pessoas de correrem atrás de seus sonhos. O que posso fazer é dizer o que penso sobre a abordagem delas. Muitas vezes, elas estão tentando fazer uma coisa que acredito, baseado em minha experiência prática, que está fadada ao fracasso. Nesse caso, vou sugerir alternativas. E, mais uma vez, aquilo que faz sentido para alguém pode ser a receita de fracasso para outra pessoa. Por isso, começo tentando descobrir o máximo que eu puder sobre a pessoa que estou aconselhando.

No que diz respeito a empreendedores de primeira viagem, Rob Levin era um empresário bastante sofisticado. Depois de sair da faculdade em 1991, ele trabalhou como contador para a Arthur Andersen por quatro anos e depois voltou a estudar para obter seu MBA. Depois disso, foi CFO e CEO de três empresas pequenas, cujo faturamento anual ia de US$ 1 milhão a 25 milhões. Ele havia se separado de seu último empregador um ano antes de me contatar e prestava consultoria enquanto procurava um negócio para começar. Embora ele contasse com US$ 300 mil de recursos próprios para investir e sua esposa tivesse um bom emprego, ele não poderia viver eternamente sem uma entrada regular de dinheiro: sua mulher recentemente havia dado à luz o primeiro filho.

Rob estava convencido de que a revista era sua passagem para o sucesso. Não só ele estava apaixonado pelo projeto, como tudo o mais que ele planejava dependia disso. Ele já havia gasto US$ 75 mil num website que sem a revista jamais seria viável, muito menos lucrativo. Ele até planejava ganhar dinheiro com seminários e grupos de relacionamento, o que seria difícil se ele não tivesse a revista como plataforma. A pergunta era: qual a possibilidade de ele lançar uma publicação como essa e ter êxito?

Não muita, concluí, enquanto analisávamos os números. Como todos os empreendedores que abriam um novo negócio, inclusive eu, Bob era excessivamente otimista em relação ao faturamento que ele seria capaz de gerar e o tempo que levaria para atingi-lo, e, para completar, ele subestimou drasticamente suas despesas. Um número em especial saltava aos olhos. Ele planejava vender assinaturas por mala-direta e estava contando com uma taxa de resposta em torno de 10%. Não entendo muito de mala-direta, mas sei que ninguém consegue uma taxa de resposta de 10% para uma nova revista. Se a mala-direta fosse bem-sucedida, uma taxa de 1% a 2% seria mais adequada. Portanto, demoraria muito mais tempo e custaria muito mais caro do que ele esperava até chegar ao número de assinaturas pagas com que estava contando.

— Essa abordagem não dará certo — falei para ele. — Seu dinheiro acabará antes de você saber se suas ideias são viáveis. Você terá de agir de outra maneira. Já pensou em oferecer a revista de graça?

Pude ver o espanto e a raiva em seu rosto. Foi como se eu o tivesse insultado. Depois, ele me falou que a sugestão quase partiu seu coração. Foi um grande golpe em seu ego.

No entanto, a lógica era bem simples. Rob não teria como sobreviver sem o dinheiro da publicidade, e a primeira pergunta de qualquer anunciante em potencial seria "quantos assinantes você tem?". Ele não conseguiria fechar uma venda até que pudesse dar um número certo ao anunciante. A maneira mais rápida de se chegar a esse número, e de criar uma base de assinantes, era oferecer a revista de graça a membros de organizações de negócios e grupos de comércio. Os anunciantes poderiam até continuar receosos em gastar seus dólares de publicidade numa publicação ainda não testada, mas pelo menos eles teriam uma ideia do número de pessoas que estavam atingindo, e alguns poderiam se ver dispostos a arriscar.

Se insistisse em correr atrás de assinaturas pagas, Rob não teria a menor chance de gerar o faturamento de que precisava. Ele terminaria perdendo uma quantidade enorme e preciosa de tempo, o que o atormentaria, mesmo que ele desistisse antes de gastar todo o dinheiro. Provavelmente, teria de procurar emprego numa empresa e teria um grande prejuízo a recuperar. Demoraria um ano ou mais para que ele voltasse ao nível em que estava antes de deixar seu último emprego. É verdade que ele teria aprendido lições importantes com o fracasso e poderia até ser capaz de levantar dinheiro suficiente para tentar dar mais uma chance à revista mais tarde. Porém, nesse meio-tempo, ele teria desperdiçado três ou quatro anos e terminado onde tinha começado, sem nada para mostrar em contrapartida. Oferecendo a revista de graça, pelo menos teria chance de dar certo.

Mas não era isso o que ele queria ouvir. Estava morto de raiva quando saiu. Tentei lhe oferecer um consolo, observando que mais tarde ele poderia transformar as assinaturas gratuitas em pagas. Tecnicamente, isso era verdade, mas eu sabia dentro de mim que, se ele construísse sua empresa em torno de assinaturas gratuitas, nunca iria cobrar por elas. Do ponto de vista empresarial, não seria necessário. Eu duvidava que ele fosse gastar tempo e dinheiro numa coisa apenas para afagar o ego, sem qualquer utilidade para a empresa.

De todo modo, a decisão tinha de ser dele e exclusivamente dele.

— Você tem de seguir seu feeling porque é seu dinheiro e seu tempo — falei, quando ele saía. — Eu tenho experiência, mas isso não quer dizer que eu esteja certo.

Um dia ou dois mais tarde, ele me ligou e disse que tinha decidido seguir meu conselho. Ele tinha feito umas pesquisas e descoberto que eu estava certo sobre o índice de resposta à mala-direta. Ele não podia brigar com os números. Assim, ele mudaria seus planos, baseando-os em assinaturas gratuitas em vez de pagas. Eu lhe desejei boa sorte. Dois meses depois, ele voltou a me procurar, perguntando se eu permitia que ele me entrevistasse para a matéria de capa do número de lançamento. Claro que aceitei.

No fim das contas, lançar uma revista em Nova York não se revelou uma ideia tão má assim. A *New York Enterprise Magazine* foi um grande sucesso e ainda circula com muita força. É verdade que Rob poderia ter ganho mais dinheiro em um outro tipo de atividade, mas ele está seguindo sua paixão e fazendo o que gosta, o que é muito mais importante do que conseguir o melhor retorno possível sobre o investimento. Por outro lado, Rob admite que não teria chegado tão longe se tivesse se mantido fiel a seu plano original.

— Olhando para trás, fui excessivamente otimista em relação a tudo. Não há a menor dúvida de que meu dinheiro certamente teria acabado. Eu não sabia naquela época, mas sei disso agora. Eu estava olhando tantos anos à frente que não me concentrei no ano seguinte.

O mais importante foi que, ao ajustar seu curso, Rob economizou três anos ou mais de sua vida. Em vez de passar esses anos patinando, ele os usou para estabelecer os fundamentos de um negócio em que ele pode continuar pelo tempo que quiser e que pode levá-lo aonde quer que ele deseje ir.

> ### *Resultado final*
>
> ***Ponto nº 1:*** É bom ter um monte de concorrentes, porque educar o mercado é uma tarefa muito cara.
>
> ***Ponto nº 2:*** Se você for um empreendedor de primeira viagem, geralmente é melhor começar um negócio do que comprar um.
>
> ***Ponto nº 3:*** O primeiro plano de negócios deve ser simples, e você deve escrevê-lo para si mesmo, e não para investidores em potencial.
>
> ***Ponto nº 4:*** Seu tempo é mais valioso do que seu dinheiro. Tenha cuidado para não desperdiçá-lo.

CAPÍTULO QUATRO

Onde está o dinheiro

E agora vamos falar de dinheiro. Para as pessoas que querem dar início a um negócio, não existe nada mais misterioso do que descobrir uma forma de captá-lo. Escuto isso o tempo todo. Muitos desses aspirantes a empreendedores têm ideias boas e sólidas para um negócio que pesquisaram e testaram, mas, por mais que tentem, não conseguem atrair um investidor.

— O que estou fazendo de errado? — perguntam. — Como posso encontrar alguém como você?

Eles não precisam de alguém como eu. O que eles necessitam é de um melhor entendimento sobre investidores.

Deixe-me contar a história de Jordan e Seth, que tinham um start-up que eles achavam que podiam transformar em um grande provedor nacional de serviços de desenvolvimento de internet para empresas de pequeno e médio portes. Os dois investiram US$ 200 mil do próprio dinheiro para dar a partida no negócio, levando um faturamento de US$ 42 mil no primeiro ano para US$ 246 mil no segundo. Nesse ínterim, eles aprenderam muito sobre o mercado e desenvolveram uma estratégia para explorá-lo, usando os contatos que fizeram na outra empresa que eles tinham, uma bem-sucedida gráfica em Manhattan. Eles avaliaram que precisariam de US$ 2 milhões em cinco anos para montar o novo negócio e estavam se preparando para se aproximar de investidores em potencial. Jordan perguntou-me se eu estava disposto a examinar seu plano de negócios e lhes dar alguns conselhos. Eu disse que sim.

O plano de negócios chegou na véspera de nossa reunião. Era um dos mais bonitos que eu já tinha visto — com cerca de 35 páginas e uma capa dura exibindo o nome e a logomarca da empresa. O texto era sucinto e objetivo, dando a quantidade certa do histórico de informações sobre o negócio, o mercado e a estratégia dali para frente. Os números pareciam fazer sentido. Mas algumas coisas me chamaram a atenção. Quando me reuni com Jordan e Seth, perguntei onde eles planejavam obter o dinheiro. Disseram que tinham uma reunião marcada com um capitalista de risco em mais alguns dias. E falei:

— Nenhum capitalista de risco comprará esse plano.

Havia pelo menos três problemas com o plano, da perspectiva de um capitalista de risco. Para começar, não dizia quase nada sobre o quanto os investidores podiam esperar ganhar sobre o dinheiro que estavam investindo, ou qual seria a porta de saída. Essa é uma omissão considerável se você estiver falando com pessoas que só investirão em um negócio que prometa entregar a taxa de retorno específica que eles almejam.

Em segundo lugar, o plano previa o uso de uma parte substancial do investimento para comprar móveis, equipamentos e outros ativos fixos. Qualquer capitalista de risco com certeza perguntaria "por que comprar? Por que não alugar?". Capitalistas de risco gostam de tirar vantagem da alavancagem — dentro de limites razoáveis, é claro. Quanto mais dívidas você usar para financiar seu start-up, maior será o aumento potencial do valor das ações. É como comprar uma casa com a menor entrada possível. Existe um risco maior de se fracassar, mas um prêmio também grande se der certo. Jordan e Seth claramente não conheciam a filosofia de investimento das pessoas a quem pediriam dinheiro. Paulada número dois.

Mas o maior problema com o plano era uma pequena nota na página intitulada "Fontes e utilização dos recursos projetados". Dizia que mais de US$ 200 mil do investimento de US$ 2 milhões seriam destinados ao "pagamento de empréstimos feitos pelos altos funcionários e afins". Não conheço ninguém que faria investimento substancial em um start-up sabendo que os fundadores tencionavam pegar 10% do dinheiro e enfiar no bolso. Os capitalistas de risco com certeza não permitiriam isso. E, provavelmente, considerariam uma boa razão para rejeitar a proposta.

Por outro lado, eles ficariam bem impressionados se Jordan e Seth dissessem: "Olha só, financiamos esse projeto pessoalmente nos últimos dois anos com nosso rico dinheirinho. Agora precisamos do dinheiro de vocês, mas o nosso continuará na empresa pelo menos até vocês recuperarem seu investimento." Isso seria um fator muito significativo em favor deles. Então, o que foi que eles fizeram? Pegaram um grande fator positivo e transformaram em um grande fator negativo. Perguntei se eles tinham outros investidores em potencial além dos capitalistas de risco. Eles disseram que tinham bons contatos com um grupo de médicos.

Eu não sei o que os médicos têm de mais, mas as pessoas que querem captar dinheiro sempre têm acesso a um grupo de médicos. Seria de pensar que os médicos estão prontos para investir qualquer quantidade de dinheiro em qualquer coisa que apareça na frente deles.

— Quanto vocês acham que podem captar com cada médico? — perguntei. Eles disseram que o investimento mínimo era de US$ 250 mil. — Vocês não conhecem essa turma, conhecem? — perguntei. Eles admitiram que não.

Existem muito poucos médicos dispostos a investir US$ 250 mil em um start-up. Profissionais com dinheiro tendem a tratar desses assuntos da mesma maneira que parentes, amigos ou outros investidores amadores. A primeira coisa que eles perguntam é "quanto tenho de investir?". Todo mundo tem um patamar de investimento. Podem ser US$ 10 mil, US$ 20 mil ou US$ 100 mil. Seja lá qual for, você não terá a menor chance se desejar qualquer coisa muito acima disso. Mesmo que as pessoas sejam educadas o suficiente para ouvir sua proposta, elas já estarão perdidas. Elas não levarão a sério investir em seu negócio.

Por isso, é importante descobrir com antecedência o patamar de investimento das pessoas que você está indo procurar, especialmente se não forem gestores de recursos profissionais. Se não puder lhes perguntar diretamente, tente falar com a pessoa de contato ou com contadores e consultores de investimentos que conheçam os hábitos de pessoas parecidas com as que você está tentando se aproximar. Talvez elas invistam em média US$ 25 mil, e, nesse caso, você precisaria de quarenta profissionais assim para levantar US$ 1 milhão. A questão é que, uma vez que se conheça o patamar de investimento deles, você pode ajustar a oferta para que seja possível eles investirem um valor com que se sintam à vontade — ou então você pode achar que nem vale a pena pedir.

Mas você tem de fazer seu dever de casa. Com a maioria dos investidores você só terá um tiro. Se errar, o azar é seu. As pessoas não dizem "volte depois de consertar". Se você procurar alguém e não souber o que está fazendo, é pouco provável que tenha outra chance. Para tirar o máximo de suas oportunidades, você precisa planejar sua estratégia de investimentos da mesma maneira que planeja seu negócio. Você precisa pesquisar o mercado. Necessita descobrir o máximo que puder sobre investidores potenciais — o que eles querem, quais são os critérios e como eles avaliam uma proposta — antes de sequer pedir dinheiro.

Uma parte da pesquisa é fácil. A maioria dos bancos, por exemplo, lhe dirá alegremente quais critérios são utilizados na concessão de empréstimos. Os capitalistas de risco também lhe explicarão sua filosofia se você conduzir bem a abordagem. De outra maneira, você pode se dirigir aos empresários que receberam investimentos desses capitalistas e pedir-lhes alguns conselhos. Mas a melhor pesquisa acontece quando você realmente está pedindo dinheiro. É por isso que peço às pessoas para acrescentarem alguns fracassos nesse processo. Estou falando de incluir umas quatro ou cinco possibilidades muito difíceis em sua lista de investidores e então assumir o compromisso de abordá-los primeiro, sabendo de antemão que provavelmente será rejeitado. Provavelmente, você aprenderá alguma coisa em cada rejeição. E deve planejar aprender o máximo que puder.

Por exemplo, você pode formular um questionário e voltar às pessoas que lhe rejeitaram. Deixe bem claro que desta vez não pedirá dinheiro, que você respeita a decisão deles e que não está pedindo para reconsiderarem. Diga apenas que quer aprender com a experiência e que ficaria muito grato se elas pudessem explicar por que negaram o investimento. Peça-lhes que sejam completamente francos. Foi você? Foi alguma coisa relacionada ao plano de negócios? Foi a quantidade de dinheiro que você pediu?

As informações que você obtiver lhe ajudarão a incrementar seu plano de negócios e melhorar sua apresentação, antes de se dirigir às pessoas que têm mais chance de lhe apoiar. Você terá uma ideia melhor do que elas estão procurando e poderá se assegurar de estar oferecendo o que elas desejam. Não que você deva ser desonesto, mas não há razão em se aproximar delas se os critérios delas não combinarem com suas necessidades.

Isso foi mais ou menos o que eu disse a Jordan e Seth, mas eles tinham suas próprias ideias. Foram em frente e se reuniram com os capitalistas de risco, que rejeitaram a proposta. Algumas semanas mais tarde, recebi uma ligação de Jordan, comunicando que eles tinham resolvido desfazer a parceria. Seth queria continuar procurando investidores que lhes permitissem tirar os US$ 200 mil do negócio. Jordan achou que esse tipo de esforço seria um desperdício de tempo. No final, eles só podiam concordar em se separar. O que demonstra, acredito eu, que algumas lições do mundo dos negócios são mais caras do que outras.

A opção pelos bancos

Conseguir o capital inicial é importante, mas, uma vez que a empresa já esteja em atividade, você precisa desviar sua atenção para construir um outro tipo de relacionamento financeiro — com um banco. A pergunta que surge então é: que tipo de banco?

Essa pergunta estava na cabeça do CEO de uma empresa da lista Inc. 500, que me procurou pedindo aconselhamento sobre a obtenção de uma linha de crédito para financiar a ampliação de sua empresa. Ele planejava dar em garantia suas contas a receber. Seu principal executivo financeiro queria usar um banco, mas o contador recomendou que ele pedisse dinheiro a uma factoring. Ele disse que estava insatisfeito com seu banco atual e queria sair de lá, de qualquer jeito. Haveria alguma razão para que ele não usasse uma factoring para obter a linha de crédito?

Falei a ele que podia pensar em cerca de dez razões. Quantas ele queria ouvir?

Sei o quanto pode ser difícil lidar com bancos. Já tive um curso completo de atritos com eles. É incrível como eles às vezes tratam mal os clientes e as dificuldades você tem de enfrentar para que eles lhe aceitem como cliente, em primeiro lugar. Eles são provavelmente a categoria mais despreparada de vendedores que já vi. Mas toda empresa precisa de um banco, e você deve aproveitar qualquer oportunidade que tiver para estabelecer uma relação com um deles. Esqueça se você não necessita de um empréstimo agora. Na verdade, é até melhor que não precise. Porque vai chegar o dia em que *terá* de pedir um empréstimo, e, quando isso acontecer, não vai querer que uma factoring seja sua única opção.

Por favor, não me compreenda mal. Não tenho nada contra as factorings em si. Elas desempenham um papel importante na economia, emprestando dinheiro a empresas que não o conseguem com outras fontes. E, ao contrário dos bancos, são excelentes vendedoras. É verdade, como elas vão admitir imediatamente, que é mais caro pedir emprestado a elas do que a um banco, mas elas fazem tantas coisas a mais por você (ou isso é o que apregoam): controlam seus recebimentos, checam a situação de crédito de seus clientes, ajudam-lhe a ficar de olho em seus recebíveis. E mais ainda, elas fecham negócio rapidamente e sem dor, em cerca de duas semanas, geralmente sem sequer pedir informações financeiras.

Tudo isso pode parecer muito tentador para uma empresa com pouco dinheiro em caixa e um monte de recebíveis, especialmente se você estiver saindo de uma experiência dolorosa com um banco. Porém, existe um senão. Um empréstimo concedido por uma factoring é diferente de um empréstimo concedido por um banco. (Por *banco* me refiro a um banco comercial tradicional. Para o propósito desse debate, não estou incluindo as divisões de factoring de um banco quando falo de uma factoring apenas.) A diferença principal pode ser resumida numa só palavra: controle.

Quando você pega um empréstimo com uma factoring, abre mão do controle de seus recebíveis. Os pagamentos de seus clientes não vêm mais para você. Eles vão para um cofre no banco do emprestador. Você recebe cópias dos cheques e um registro contábil completo do que acontece com o dinheiro, mas é o credor quem controla o dinheiro. Se ocorrer uma disputa, ou se seu negócio passar por uma dificuldade, o credor estará com todas as cartas na mão. Embora ele certamente prefira que sua empresa dê certo, ele não tem um incentivo especial para lhe ajudar nos momentos difíceis. Afinal de contas, ele não depende de você para pagar o empréstimo. Ele depende de seus clientes. É por isso que as empresas de factoring raramente insistem que você lhes forneça informações financeiras auditadas. É o crédito de seus clientes que conta, e não o seu.

Com um banco, sua posição é totalmente diferente — porque os bancos não estão no mesmo negócio das factorings. Eles não ganham dinheiro administrando recebíveis. O lucro deles vem de realizar bons empréstimos. Um banco permitirá que você pegue um empréstimo dando recebíveis como garantia somente se ele achar que você será capaz de devolver o dinheiro com juros. Ele não quer seus recebíveis. Ele não existe para lidar com isso.

Desse modo, os recebíveis continuam em suas mãos. Você é responsável por administrá-los, monitorá-los e recebê-los. Tudo bem, você precisa fazer relatórios regulares sobre a situação deles e, se as coisas derem errado, o banco sempre pode ficar com eles. Mas, mesmo assim, você tem muito mais campo de manobra e uma chance maior de sobreviver, porque o banco tem interesse real em seu sucesso. Ele se preocupa se você continuará no negócio ou não. Ele quer o dinheiro de volta, e isso só vai acontecer se você continuar existindo.

Não estou sugerindo que a razão principal de se pedir um empréstimo em um banco é se proteger dos riscos negativos. Não é. O que estou dizendo é que, quando você pede dinheiro emprestado, entra num relacionamento, e essa relação só será boa se você entender o que o outro lado deseja. Os bancos vão atrás de bons negócios — e bons empresários — e investem neles, enquanto as empresas de factoring procuram adquirir bons recebíveis. Por isso, é mais difícil conseguir um empréstimo em um banco: você tem de provar que tem bom crédito. E também é por isso que você tem de se esforçar mais depois de conseguir o empréstimo. Tudo bem, as empresas de factoring prestarão certos serviços que um banco não fará por você, mas são coisas que qualquer empresa deveria ser capaz de fazer por si.

E aqui está a verdadeira razão de se pedir um empréstimo num banco, partindo-se do princípio de que você tenha essa opção. O empréstimo lhe dá a oportunidade de demonstrar que você compreende suas responsabilidades como devedor e é capaz de honrá-las como empresário. Ele lhe dá uma chance de construir a relação ao mostrar que você tem condições de manter seu compromisso. Ou seja, ele permite que você estabeleça uma relação de confiança.

Pergunte a Norm

Prezado Norm:
Preciso de seu conselho para encontrar investidores. Se eu não tiver dinheiro para investir em um negócio, com que mais posso contribuir na forma de capital pessoal para atrair investidores? A única ideia que tenho é assinar uma nota promissória.
Dave

Prezado Dave:
Se o "capital suor" não for suficiente para os investidores externos, duvido que uma nota promissória funcione. Provavelmente, você precisará levantar alguns fundos com sua agenda telefônica. Com isso, quero dizer que terá de começar a ligar para as pessoas em sua agenda, incluindo amigos próximos e parentes. Qualquer dinheiro que você levante com eles será visto, pelos investidores externos, como seu. Ao pedir dinheiro a parentes e amigos, você estará arriscando seu futuro relacionamento com eles. E isso conta para os investidores, que gostarão de saber que você está investindo algo sério, além de seu tempo.
— Norm

Como perder um empréstimo

No fim das contas, a confiança mútua é necessária para cimentar uma relação com um banco, mas confiança não é o que muitos empreendedores sentem em seus bancos. Eles vivem sempre com medo de que o banco peça todo o empréstimo de volta, o que pode acontecer a qualquer momento por praticamente qualquer razão. Conheço uma empresa que cometeu um erro na hora de pagar um bônus e foi abandonada pelo banco com o qual ela fazia negócios há cinquenta anos, passando por três gerações de proprietários. Outra foi convidada a sair do banco quando este efetuou uma mudança em sua política e deixou de financiar recebíveis. Outra empresa levou um pé na bunda porque seu maior cliente foi considerado como de alto risco para crédito. A mim, em toda a minha vida, pediram-me duas vezes que devolvesse meus empréstimos, e não desejo que ninguém passe por uma coisa dessas. Dito isto, uma das experiências foi muito melhor do que a outra e me ajudou a compreender o que você pode fazer para se proteger.

A primeira vez em que fui dispensado aconteceu em 1985, quando meu serviço de mensageiro crescia loucamente. O negócio era constituído por 17 empresas diferentes, cada uma tendo um relacionamento próprio com o mesmo banco. Eu achava que tudo ia bem, até que um dia, sem qualquer aviso, recebi 17 cartas informando que eu tinha trinta dias para pagar os empréstimos. Fiquei atordoado e furioso. Chamei o gerente encarregado dos empréstimos e falei:

— O que vocês estão fazendo? Não poderiam pelo menos ter me telefonado, antes de mandar as cartas?

Ele pediu desculpas e, resumindo, pediu que eu desaparecesse. O banco, disse ele, estava deixando de financiar recebíveis e não queria mais fazer negócio comigo. Eu tinha um mês para encontrar um novo empréstimo.

A outra experiência, em 1995, foi muito mais agradável. Mais uma vez, um banco que financiava meus recebíveis estava mudando de política e entrando em novas linhas de negócio. Desta vez, no entanto, o banco veio a mim e explicou o que estava por vir.

— Estamos dividindo nossos clientes em três categorias. Os primeiros são clientes que realmente queremos manter. São boas empresas, que se encaixam em nosso novo plano de negócios. O segundo são aqueles que nunca deveríamos ter aceito. Eles têm trinta dias para sair. O terceiro é outra história. Ele envolve bons clientes como você, que simplesmente não têm mais espaço aqui, devido às novas instruções. Vamos ajudá-los a encontrar outro banco, e não precisa ter pressa. Não há pressão, mas gostaríamos de realizar essa transição em seis meses, se possível.

Esses comentários foram uma revelação. De repente entendi o que tinha acontecido na outra vez: eu tinha caído no grupo dois. Olhando para trás, percebi que provavelmente poderia pertencer ao terceiro grupo se tivesse mantido a calma. Em vez de me estressar, eu simplesmente deveria ter perguntado ao gerente: "Qual é o problema? Não há como resolver isso?" Do jeito que agi, meu comportamento só confirmou a decisão do banco de querer se livrar de mim o mais rápido possível. Muitos empreendedores cometem o mesmo erro.

Nesse sentido, consigo pensar em sete erros que os empresários cometem ao lidar com os bancos, geralmente sem perceber o dano que estão causando ao relacionamento. Evitar esses obstáculos pode poupá-lo de muito sofrimento. É verdade que seu banco ainda pode decidir abandoná-lo algum dia, por razões que estão além de seu controle, mas você terá muito mais chance de estar no grupo três.

Erro nº 1: Enviar as informações financeiras com atraso.
Os bancos também são um negócio e precisam lidar com mais regulamentos do que você. Para assegurar que os bancos sigam as regras, os regula-

dores verificam os registros pelo menos uma vez por ano, e auditores internos os analisam trimestralmente, às vezes até mensalmente. Se você não mandar as informações financeiras na hora certa, seus registros ficarão incompletos, e você criará problemas para seu gerente, que é avaliado pelas contas que monitora. Isso conta pontos contra você.

Erro nº 2: Usar fundos ainda não disponíveis. Para evitar usar o cheque especial e pagar juros, algumas empresas depositam os cheques que recebem e imediatamente começam a gastar os fundos que ainda não estão disponíveis, o que tem o efeito colateral de baixar o saldo dos bancos. A empresa pode até poupar alguns dólares nesse processo, mas ao custo de um mal-estar com o banco, que será privado de uma renda a que tem direito. Mais um golpe contra você.

Erro nº 3: Não dar resposta. Gerentes de banco normalmente têm perguntas a fazer sobre suas informações financeiras, e talvez você não tenha todas as respostas. Algumas pessoas se irritam ou ficam na defensiva quando chamadas a explicar suas finanças. Em vez de pedir a um contador que forneça as informações necessárias, elas tentam fugir da situação, dando respostas confusas que não levam a nada. Quando os auditores chegam, o gerente ouve as mesmas perguntas, não consegue dar uma resposta satisfatória e é advertido por isso. Mais um golpe contra você.

Erro nº 4: Negligenciar o relacionamento. Quando você não precisa de nada de seu banco, é fácil ignorar o gerente. Existem sempre assuntos tão mais importantes para se concentrar. Você pensa: "Por que se preocupar com o banco? Deixa ele para lá." Mas na hora que você precisa de alguma coisa, normalmente já é tarde demais. Se você não construiu um bom relacionamento, a chance maior é de que saia de mãos abanando. Por isso é importante que você se reúna regularmente com seu gerente. Eu e meus sócios fazemos questão de nos reunir com nossos gerentes pelo menos uma vez a cada três meses.

Erro nº 5: Falha em manter o banco devidamente informado. Assim como nós, os gerentes não gostam de surpresas grandes e desagradáveis. Eles entendem que coisas inesperadas acontecem em uma empresa, mas muitos problemas podem ser previstos, e os gerentes gostam de ser avisados com o máximo de antecedência possível. Os gerentes também querem ter uma garantia de que você está no comando de seus negócios. Essa é uma das razões para que eles peçam que você faça uma estimativa anual. Se todo ano suas projeções passarem muito longe do alvo, seu gerente concluirá que você não sabe para onde seu negócio está indo — ou pior, que você está sendo perigosamente otimista.

Erro nº 6: Ignorar as regras. Sempre que um banco lhe empresta dinheiro, ele vem com alguns compromissos, a saber, as cláusulas do contrato de empréstimo. Muita gente não entende esses contratos, ou se esquece deles, ou simplesmente os ignora. Eu conheço um sujeito — vamos chamá-lo de Marvin — que decidiu, com seus sócios, que sua empresa deveria pagar-lhes um bônus de US$ 500 mil, de modo que eles pudessem evitar pagar imposto de renda duas vezes sobre esse dinheiro. (Se eles tivessem tirado esse dinheiro na forma de dividendos, a empresa teria primeiro que declarar esses US$ 500 mil como lucro, pagar o imposto de renda da empresa, além do imposto de renda de pessoa física que ainda seria devido.)*

Infelizmente, eles não levaram em consideração o efeito que este pagamento teria sobre a relação dívida/patrimônio líquido. Ao reduzir o patrimônio da companhia, o bônus fez com que essa relação subisse muito acima dos limites permitidos pelo banco. Quando o gerente disse que a empresa tinha extrapolado essa relação e eles tinham que corrigir esse problema, eles se sentiram afrontados. A empresa era um cliente leal havia décadas. O banco, diziam, não tinha o direito de lhes dizer o que fazer.

---

*No Brasil, atualmente, os dividendos são isentos de imposto de renda. (N. do T.)

Este foi um exemplo de...

Erro nº 7: Discutir quando você está errado. Muitos empresários acham que têm direito ao dinheiro que eles pegam emprestado num banco — especialmente se já forem bons clientes há muito tempo. Eles começam a ver o dinheiro do banco como se fosse deles e ficam furiosos se os bancos o pedem de volta. Mas estes têm o direito de pedi-lo de volta se os devedores violarem as condições do empréstimo. Afinal de contas, os contratos têm sua razão de existir. Um banco também é obrigado a seguir certas regras. Se seus empréstimos não estiverem de acordo com os regulamentos federais, eles podem enfrentar problemas regulatórios sérios.

Nem adianta protestar quando um banco muda sua política de empréstimos, como aconteceu em meu caso. Discutir não trará a antiga política de volta, assim como se sentir afrontado não fará o banco perdoar sua desobediência contratual. Ao contrário, ao virar uma carne de pescoço, você estará dando mais uma razão ao banco para abandoná-lo. Foi exatamente isso o que aconteceu com Marvin e seus sócios.

Entenda que nenhum dos erros que descrevi são, por si só, fatais. Até Marvin poderia ter salvo o relacionamento se tivesse se mantido calmo, agido de maneira sensata e apresentado um plano para colocar a empresa de volta na devida relação. É preciso tempo para se construir um relacionamento, e é preciso tempo para se destruir um. Mas um erro se sobrepõe ao outro. Os danos são cumulativos e geralmente invisíveis. Você pode não saber em que ponto você está até que seja tarde demais. Um dia, chegará uma carta ou o gerente lhe telefonará — então você verá se está no grupo dois ou no três. Talvez você nunca receba essa carta ou esse telefonema, mas, se receber, vamos torcer para que esteja no grupo três. Nos negócios, como em qualquer lugar, é muito melhor lhe indicarem gentilmente a porta de saída que ser tratado sem cerimônias e a pontapés.

Pergunte a Norm

Prezado Norm:
Tenho só 22 anos, mas há muito tempo quero abrir um negócio. Minha paixão são os computadores, e tenho uma ideia com grande possibilidade de crescimento. Preciso apenas de uns US$ 100 mil para dar a partida. Meu sogro tem acesso a uma quantia dessas. O problema é que não faço ideia de como tocar no assunto com ele.
Brandon

Prezado Brandon:
Empreendedores são otimistas por natureza, mas é importante analisar o risco de perdas tanto quanto as possibilidades de crescimento e, sejamos honestos: existe um risco inerente em se pegar dinheiro emprestado com os parentes de seu cônjuge. Portanto, a primeira coisa que você tem de se perguntar é o que aconteceria se você perdesse todo o dinheiro. Se a perda tivesse ramificações pessoais sérias, eu bateria em outra porta. O fracasso de um negócio já é um golpe duro, sem colocar os problemas familiares no meio. Mas se perder todo o dinheiro não for afetar a vida de seus sogros, se a sua família não se despedaçar, então deveria ser fácil abordar seu sogro. Apenas ponha as cartas na mesa. Diga-lhe que você acha que o plano funcionará, porém, se não funcionar, ele pode perder todo o dinheiro que investiu. Pergunte-lhe se está interessado e garanta que, se ele não estiver, não haverá ressentimentos. E lembre-se de que existem outras fontes de capital disponíveis se seus sogros não forem uma boa opção.
— Norm

Seu próprio banco interno

Pode ficar certo de que, às vezes, o crédito fica tão curto que você não consegue um empréstimo, independentemente do que tente fazer. Felizmente, você tem uma alternativa se for dono de um negócio em que possa mandar uma conta a seus clientes depois de entregar o produto ou de prestar o serviço que vendeu. A não ser que já tenha dado seus recebíveis como garantia a alguém, você tem seu próprio banco interno e precisa começar a raciocinar como um banqueiro.

Os recebíveis são, efetivamente, empréstimos que você fez a seus clientes, e é sempre uma boa ideia estar de olho aberto para a qualidade de sua carteira de empréstimos. Isso será especialmente importante quando suas outras fontes de caixa secarem. Você deve se perguntar: está levando mais tempo para receber do que deveria? O prazo médio de recebimento está aumentando e, se for o caso, por quê? Os clientes precisam ser chamados com mais frequência? Alguns estão passando por dificuldades por causa de problemas internos? Se for esse o caso, talvez você precise estabelecer novas condições com eles. Ou as pessoas estão tirando vantagem de você, e nesse caso talvez você tenha de fazer uma pressão adicional — ou talvez até terminar a conta.

É claro que, se esses recebíveis já estiverem servindo como garantia de um empréstimo em um banco ou em uma factoring, imagino que você já tenha uma ideia bastante boa do estado em que eles se encontram. Seu credor, com toda a certeza, está se assegurando de que você está tomando conta deles cuidadosamente. São a garantia do empréstimo que ele concedeu a você. Se esses recebíveis não forem pagos por muito tempo, você deixará de ter o caixa de que necessita para sobreviver. Portanto, precisa de um incentivo para descobrir quem paga em dia e quem não paga, e correr atrás destes últimos. Mas mesmo sem esse tipo de incentivo, todos nós deveríamos monitorar os recebíveis *como se* tivéssemos uma factoring em nosso pescoço. Infelizmente, é muito fácil perder a disciplina quando a empresa está crescendo, especialmente se você tiver um fluxo de caixa forte e dinheiro no banco.

Eu me dei conta desse perigo durante o processo de investigação para compra por que passamos quando pensávamos em vender três empresas em 2006. Depois de olhar nossos recebíveis, um comprador em potencial quis aumentar nossa provisão contra devedores duvidosos de US$ 200 mil para US$ 400 mil, o que reduziria o preço da compra em US$ 2 milhões a 4 milhões.

— O que você está dizendo? — falei. — Nossos recebíveis são bons. Temos todas as caixas e nossos clientes. Eles não podem receber os arquivos de volta se não nos pagarem.

— Pois é, mas seus registros mostram que 40% dos recebíveis têm mais de 120 dias — disse o auditor. — É um número muito alto. A quantidade de gente que pode não pagar deve ser muito maior que a que você previu.

Fiquei estarrecido. Embora tenhamos muitos negócios com hospitais e agências do governo — que pagam devagar, mas são de confiança —, era um número muito mais alto do que eu poderia imaginar. Nós tínhamos um bom sistema instalado para controlar os recebíveis, mas eu não tinha dado a devida atenção. Afinal de contas, não era como se estivéssemos tendo problemas de caixa. Pagávamos nossas contas em dia e tínhamos muito dinheiro de reserva. O fato de que poderíamos ter um problema com os recebíveis nunca passou por minha cabeça. Por isso, controlar os recebimentos não estava na minha lista de prioridades.

Mas a perspectiva de perder de US$ 2 milhões a US$ 4 milhões chamou minha atenção com impressionante rapidez. Assegurei ao comprador que quase todos os recebíveis de 120 dias eram resgatáveis e eu poderia provar o que dizia. Passamos os quatro meses seguintes fazendo exatamente isso.

Começamos fazendo um levantamento de nossos recebíveis, mês a mês, nos últimos três anos — quer dizer, o percentual de recebíveis que estavam em dia, com trinta, sessenta, noventa ou 120 dias de atraso. O que isso revelou foi que esse número de 120 dias aparecia medonhamente em todo o período. O incremento mensal podia ser de apenas 0,5%, mas isso se traduzia numa taxa de 6% ao ano. Nesse ritmo, você podia começar com, digamos, 10% de seus recebíveis na categoria de 120 dias — a quantidade aceitável depende do tipo de negócio em que você está e o tipo de clientes que você tem — e terminar em 28% no final do terceiro ano. Isso foi mais ou menos o que aconteceu com a gente.

Parte do problema, percebemos, era que o departamento de cobrança tinha trabalho demais e pessoal de menos. Assim, contratamos mais uma pessoa, não para ir atrás dos maus pagadores de longa data que já tínhamos, mas para que eles não aumentassem mais no futuro. Esse é o primeiro passo ao se resolver qualquer problema: assegurar-se de que não cometerá os mesmos erros no futuro (ver o capítulo 16). Aí você pode voltar e tratar do que aconteceu no passado. Isto feito, voltamos nossa atenção para recuperar o dinheiro dos clientes que não nos pagavam há mais de quatro meses.

Como não estávamos com aperto de caixa, tivemos a capacidade de evitar dois erros muito comuns cometidos por pessoas que estão desesperadas por dinheiro. Quando precisa receber de qualquer maneira, você normalmente se dirige aos clientes mais prováveis de lhe pagar rapidamente — ou seja, suas melhores contas, as que já pagam em dia.

Você faz alguma pressão para que eles paguem mais cedo, ou pede algum favor, sendo que nada disso ajuda a construir uma boa relação com as pessoas que são mais importantes para o sucesso de sua empresa. O segundo erro é mandar seus contadores fazerem a cobrança. Eles não conhecem os clientes tão bem quanto os outros funcionários, e não têm o relacionamento pessoal que poderiam usar para evitar se indispor indevidamente com pessoas que deveriam ser suas aliadas. Um profissional de vendas, alguém do atendimento ao cliente ou uma pessoa do operacional que interaja regularmente com o cliente talvez tenha um jeito muito melhor de encaminhar o pedido ou seja capaz de oferecer um favor em troca de outro.

Com isso em mente, dividimos as contas atrasadas há 120 dias entre nossos profissionais de vendas, serviço ao cliente e operacional e começamos a contatar os clientes. O que se seguiu foi uma revelação. Algumas pessoas nos culparam por seu próprio descuido em pagar pelos serviços que havíamos prestado. Um cliente falou:

— É claro que vamos pagar, mas por que vocês demoraram tanto a ligar? Vocês não deviam ter deixado chegar a esse ponto. Deviam ter nos avisado bem antes.

O que aconteceu foi que o cliente tinha um problema em seu departamento de contabilidade, que só foi descoberto quando cobramos nosso dinheiro. As pessoas nos culpavam por não alertá-las antes para o problema. Quem vai saber? Talvez elas tivessem razão. Em todo o caso, pedimos desculpas e seguimos em frente.

Com outros clientes, descobrimos que tínhamos de modificar nosso procedimento de cobrança. Um grupo hospitalar, por exemplo, tinha um sistema de ordens de compra com o qual não éramos compatíveis. Sem que soubéssemos, estávamos obrigando o pessoal da contabilidade do grupo a se adaptar a nosso sistema, em vez de fazermos nosso processo de cobrança trabalhar pelo sistema de pagamentos deles. Quando perguntamos de que maneira poderíamos ser pagos com mais rapidez, eles mostraram de que informações precisavam e de que forma. Fizemos as mudanças apropriadas.

Então surgiram os casos em que nossas contas não estavam chegando às pessoas certas. Descobrimos, entre outras coisas, que não estávamos atualizando as informações de contato com a frequência devida. Cadastrávamos a informação inicial e, depois, só voltávamos a checar na hora de renovar o contrato, cinco anos mais tarde. Enquanto isso, poderia ter havido mudanças de pessoal, de departamentos, de procedimentos e até no nome e no endereço da empresa, e nós nem ficaríamos sabendo. Ou talvez nosso pessoal de cobrança soubesse dessas mudanças, mas as pessoas que emitiam as faturas não sabiam, porque — por razões de segurança — não permitíamos que quem mexesse com dinheiro pudesse alterar o sistema. Portanto, elaboramos procedimentos para coordenar a troca de informações e certificar que as faturas fossem para os devidos lugares.

Também nos deparamos com clientes que não queríamos mais. Eram principalmente clientes pequenos, que já tinham falado com nossos cobradores — muitas vezes. Tínhamos de cercá-los constantemente para que pagassem. Levava de seis meses a um ano inteiro para que recebêssemos deles, e eles só pagavam porque precisavam retirar uma caixa.

Esse tipo de cliente literalmente tira dinheiro de seu bolso. Em primeiro lugar, você não pode usar o dinheiro que o cliente lhe deve e prometeu lhe pagar quando você assinou o contrato com ele. Vamos dizer que a conta que esteja em aberto seja de US$ 1 mil. Se ele não pagar em dia, você tem de pedir US$ 1 mil a mais do banco. Digamos que você esteja pagando 9% ao ano de juros. São US$ 90 por ano. Portanto, US$ 1 mil são, na verdade, US$ 910. Enquanto isso, uma pessoa de sua contabilidade gasta meia hora por mês telefonando para esse sujeito e ouvindo desculpas frágeis e promessas falsas. São seis horas por ano. Se você paga esse contador US$ 25 por hora, incluindo os benefícios, esse pagador-tartaruga lhe custa mais US$ 150 ao ano, o que significa que seus US$ 1 mil agora estão em US$ 760.

Veja a consequência disso para sua margem bruta. Normalmente, eu esperaria que uma conta tão pequena tivesse uma margem bruta de pelo menos 40%. Não valeria aceitar um contrato desses por menos, mesmo se o sujeito pagasse em dia. Assim, sobre um preço de US$ 1 mil, você deveria estar ganhando um lucro bruto de pelo menos US$ 400. Mas como ele demora um ano para pagar — e faz com que você gaste US$ 260 em juros e em pessoal que você não precisaria pagar se ele não fosse cliente —, seu lucro bruto é de US$ 140. É uma margem bruta de 14%. Eu não sei quanto a você, mas se tivéssemos muitas contas como essa, já estaríamos fora do negócio! Não preciso nem quero ter esse tipo de cliente, e então fizemos com que eles pagassem ou fossem embora.

No fim de tudo, conseguimos reduzir em mais de 50% a quantidade de recebíveis que estavam atrasados há 120 dias ou mais. Os potenciais compradores mal conseguiram acreditar. Eles insistiram em mandar os auditores de novo, que confirmaram que nós, de fato, cortamos o número naquela quantidade. Não resolvemos o problema imediato, como implementamos novos procedimentos que impedirão que isso volte a acontecer no futuro. E, embora não tenhamos vendido a empresa para aquelas pessoas, temos com elas uma dívida de gratidão por indicar o problema que tínhamos com os recebíveis e nos obrigar a sermos melhores banqueiros.

Resultado final

Ponto nº 1: Antes de pedir dinheiro às pessoas, certifique-se de saber quanto elas estão dispostas a investir e o que vão querer saber.

Ponto nº 2: Comece a construir cedo um relacionamento com um banco comercial e utilize uma factoring somente se você não conseguir o dinheiro que precisa com um banco comercial.

Ponto nº 3: Banqueiros também são empresários. Trate-os como você gostaria que seus clientes lhe tratassem.

Ponto nº 4: Seus recebíveis são empréstimos que você concedeu a seus clientes. Certifique-se de que sua carteira seja de boa qualidade.

CAPÍTULO CINCO

Números mágicos

Aqui vai o melhor conselho que posso dar a qualquer um que esteja abrindo um negócio: desde o primeiro dia, monitore suas vendas mensais e suas margens brutas *à mão*. Não use o computador. Escreva os números em um papel, discriminados por categoria de produto ou tipo de serviço e por cliente, e faça as contas você mesmo, sem usar nada mais sofisticado que uma calculadora.

Foi isso o que insisti que Bobby e Helene Stone fizessem (ver o capítulo 1) e o que eu mesmo faço quando abro um negócio. Você pode se poupar de todos os tipos de sofrimento — e aumentar imensamente suas chances de sucesso — se fizer o mesmo. Afinal de contas, para ter sucesso em qualquer negócio, você tem de pegar o jeito dos números. Precisa sentir a relação entre eles, ver as conexões, vislumbrar quais são especialmente críticos e necessitam ser monitorados com maior atenção. São os números que mandam nos negócios. Eles dizem como você pode ganhar o máximo de dinheiro no menor tempo possível, com o mínimo de esforço — que é, ou deveria ser, a meta de qualquer empreendedor. O que você decidirá fazer com o dinheiro depois que o conseguir é outra questão. Você pode doar tudo, se quiser. Mas primeiro tem de ganhá-lo, e os números lhe dirão como fazer isso da maneira mais eficiente possível, desde que você entenda a língua que eles falam.

Controlar os números à mão é a melhor maneira que conheço para aprender essa língua, pelo menos no que se refere a seu negócio em particular. Você pode passar para um controle por computador depois de ter dominado a situação, mas se deixar que o computador faça o trabalho desde o início, perderá alguma coisa. Você não desenvolve a mesma ligação íntima com os números que obtém quando os monitora manualmente. A propósito, seu negócio talvez nem atinja a viabilidade se você não controlar os números desde cedo.

Veja o caso de Anisa Telwar, que abriu seu negócio — agora chamado Anisa International — em 1992. A empresa ainda lutava para se manter de pé quando ela entrou em contato comigo quatro anos depois. Ela contou que tinha levado seu negócio de acessórios cosméticos de zero a US$ 1,5 milhão de faturamento "...e ainda não tenho nada para mostrar, apesar de todo esse crescimento". Ela acreditava que precisava de um material promocional melhor. Mas eu imaginava que os problemas estivessem em outro lugar. De todo modo, aceitei recebê-la.

Rapidamente, ficou muito claro que Anisa estava perdida. Ela sabia que alguma coisa devia estar errada porque tinha dificuldade em pagar as contas todo mês, mas não conseguia entender por quê. Ela sabia quais eram seus custos, e sabia qual o mark-up habitual que ela jogava no preço dos produtos. Então, como ela podia estar vivendo cronicamente sem caixa? Ela achava que o problema era não ter uma quantidade de vendas suficientes. Mas o problema real era ela não estar colhendo informações simples e fáceis de se obter que lhe diriam o que estava acontecendo com seu negócio.

Isso porque só havia duas explicações possíveis para a situação dela. Uma era que ela não estava tendo um lucro bruto suficiente em vendas para cobrir suas despesas e ainda ter um retorno decente. A outra era que o caixa que ela gerava estava indo para outro lugar que não sua conta bancária. Essa segunda explicação parecia improvável, dada a natureza de seu negócio. Ela era uma embaladora e vendedora de escovas, esponjas, sacolas e brindes na área de cosméticos, que vendia para grandes lojas de departamentos e companhias de cosméticos por todos os Estados Unidos. Anisa recebia os pedidos e os encaminhava aos fabricantes no Leste da Ásia, que então enviavam direto para os clientes. Os fabricantes eram pagos depois dela.

Então eu sabia que o dinheiro dela não podia estar indo para os estoques — ela simplesmente não tinha. E eu duvidava que ela tivesse um grande problema de recebíveis, dada a pressão em que se encontrava para pagar os próprios fornecedores. Minha aposta era de que ela estava fazendo muitas vendas com margens baixas. Mas quais, e por quê? Será que estava cobrando muito pouco por determinados produtos? Estava dando descontos demais para determinados clientes? Eu não podia descobrir por que ela não havia monitorado. Assim, a fiz voltar e escrever as vendas dos últimos três meses, mostrando-me o total de todas as faturas dos clientes e o custo dos produtos vendidos para cada pedido. Uma única olhada na lista me mostrou que ela tinha problemas com a clientela, e tinha perdido dinheiro com alguns pedidos. Com outros, não havia ganho sequer o suficiente para sobreviver.

Depois disso, mandei a ela um formulário e pedi que monitorasse suas vendas e margens brutas por categoria de produto. No final de cada mês, ela deveria escrever todas as vendas, custo dos produtos, lucro bruto e margem bruta (ou seja, o lucro bruto como percentual das vendas) para cada tipo de produto que ela vendia, tanto para aquele mês como para o acumulado no ano. Depois, ela devia calcular o total para toda a empresa. O exercício inteiro demorava menos de meia hora por mês e lhe permitia ver em uma só vez o caixa que ela gerava internamente e de onde ele estava vindo. Enquanto isso, ela continuava a monitorar as vendas e as margens brutas por cliente, numa folha de papel separada.

Os relatórios foram uma revelação. Anisa depois me disse que foi como se a realidade estivesse lhe dando um tapa na cara. Pela primeira vez, ela viu o que era preciso para ganhar dinheiro com o negócio. Antes, ela disse, estivera apenas à mercê do vento. Agora, ela passou a entender como poderia estar no controle. Não que ela estivesse tendo margens baixas em todos os produtos. Ela estava se dando muito bem com alguns produtos e alguns clientes, mas outros arrastavam a média para baixo. Eu lhe disse que, basicamente, havia quatro maneiras de lidar com essa situação: aumentar os preços, reduzir os custos de fabricação, dizer não aos pedidos de margens baixas ou procurar outros produtos que você seja capaz de vender com margens mais altas. Anisa escolheu todas as quatro.

Entenda que meu ponto aqui não é dizer que Anisa estava errada em aceitar vendas com margens baixas desde o início. Quando você está começando um negócio, tem de ser flexível, como já observei anteriormente. Você tem de juntar as peças do negócio como se estivesse montando um quebra-cabeça. No início, essas vendas com margens baixas podem ter ajudado Anisa a estabelecer um relacionamento com os fabricantes — ao lhe proporcionar volume suficiente para que eles fizessem negócio com ela na base do crédito. Como ela logo descobriu, esse crédito foi a chave para sua sobrevivência.

Porém, após perceber como poderia viver desse negócio, ela deveria ter voltado sua atenção imediatamente para a rentabilidade. Contudo, não fez isso porque não tinha a menor ideia do que estava acontecendo. Ela desconhecia as decisões que tinha de tomar, e operava com base no instinto e no achômetro, não em informação. E, para sobreviver, é necessário informação.

Você precisa começar a colher essas informações desde o começo. Especialmente, precisa monitorar as margens brutas. Estas, elevadas, se traduzem em lucros brutos elevados, e o lucro bruto é a maior fonte de caixa de que você precisa para se sustentar e fazer o negócio crescer.

E não cometa o erro de automatizar o processo de monitoramento. Você tem de escrever os números à mão e calcular a percentagem pessoalmente. Se deixar que um computador faça o serviço, os números se tornam abstratos. Eles começam a se misturar e não há quem consiga se concentrar neles. Você não os absorve. Você não os conhece tão bem quanto precisa se realmente quiser controlar seu negócio.

Por favor, não me entenda mal. Não sou anticomputador. Muito pelo contrário, comecei a usar computadores em meu serviço de mensageiros muito antes de qualquer outro naquele setor. Meus negócios sempre utilizaram a melhor tecnologia disponível. Eu mesmo tenho todos os brinquedinhos de computador de primeira linha, sem contar um diploma de contabilidade, e já dei início a vários negócios. Mas sete anos depois de ter começado meu serviço de armazenagem de documentos, ainda me sentava todos os meses para monitorar os números-chave à mão — e, a essa altura o negócio, já faturava milhões de dólares.

Tudo isso é parte do processo de educação, e você não pode passar por cima disso. Pouco me importa se você tem um MBA de Harvard e passou os últimos dez anos na McKinsey. Você continua precisando monitorar os números à mão. Garanto que aprenderá alguma coisa. Anisa certamente aprendeu. Armada com seus novos conhecimentos, ela assumiu as rédeas de seu destino e transformou a Anisa International numa das maiores fornecedoras de escovas cosméticas do país. Em 2006, a Target Corp. chamou a empresa de Vendedora do Ano na categoria de beleza, um prêmio concedido a fornecedores que demonstram excelentes práticas de negócios, design inovador e um alto nível de atendimento ao cliente. Anisa nunca teria chegado a esse ponto se não tivesse uma boa compreensão dos números. Monitorá-los à mão, no começo, certamente ajudou nessa compreensão.

Alavancas de controle

Realmente não posso enfatizar suficientemente a importância de desenvolver um bom feeling em relação aos números. Especialmente, você tem de identificar aqueles que lhe alertarão para problemas potenciais *antes* que eles se tornem mais sérios, de modo que possa tomar as decisões certas a tempo de evitar futuras complicações.

Darei um exemplo tirado de meu serviço de armazenagem de documentos. Na primavera de 2003, estávamos com a corda toda, numa grande espiral de crescimento, quando li o relatório de duas páginas que recebo sobre cada um de meus negócios na segunda-feira de manhã. Entre outras coisas, o relatório da guarda de documentos me diz quantas novas caixas utilizamos na semana anterior. Por vários meses, esse número cresceu constantemente à medida que nossos clientes com sede em Manhattan — principalmente escritórios de advocacia, empresas de contabilidade e hospitais — lutavam para tirar os arquivos de suas sedes depois dos atentados de 11 de setembro. Em um só ano, crescemos 55%. Mas quando olhei para o relatório daquela manhã, fiquei estarrecido ao ver que, na semana anterior, tínhamos utilizado 70% menos caixas novas do que uma semana antes.

Isso me deixou imediatamente paralisado. O número de caixas novas é um de meus números-chave — um indicador confiável de meu nível geral de vendas para aquela semana. Embora as caixas novas representem apenas um elemento de nossas receitas totais, eu já tinha descoberto que nosso faturamento se eleva em proporção direta ao número de caixas novas que passam a ser utilizadas em nosso depósito, em qualquer período. Diga-me em 1º de setembro quantas caixas novas entraram no mês de agosto, e posso lhe dizer qual foi o faturamento geral de agosto com uma margem de erro de 1% a 2% dos números reais. Se o número de caixas novas havia caído tanto quanto o relatório indicava, poderíamos estar diante de uma freada significativa em nossa taxa de crescimento geral.

Isso era uma informação muito importante, e eu não a teria conseguido tão depressa se não tivesse inventado uma fórmula para calcular as vendas totais baseada nas caixas novas. No início, não havia indício algum de que uma fórmula assim existisse. Obtemos receitas de várias fontes, inclusive serviços opcionais, taxas de remoção e projetos especiais, sem contar as taxas de armazenagem das caixas que já possuímos. As novas caixas representam apenas uma pequena parte de nosso faturamento total. Se eu não tivesse esse número-chave, teria de somar as vendas de todas as fontes diferentes para chegar ao total. Na prática, significaria esperar até que tivéssemos as contas do mês.

Mas eu não queria esperar tanto tempo assim, e sabia que não teria de esperar se pudesse encontrar um número que subisse à mesma taxa do faturamento geral. Depois de anos procurando, voltei minha atenção para a contagem de novas caixas, e com o tempo consegui vislumbrar uma fórmula que permitiu que eu estimasse as vendas com uma margem de erro de 1% a 2% do número real. Por que a contagem de novas caixas? Não faço ideia. É mais ou menos como ser capaz de determinar as vendas de uma loja de departamentos contando o número de sapatos vendidos. Porém, por algum motivo, a fórmula funciona.

Acredito que todo negócio tenha números-chave como esse. Um dono de restaurante que conheço é capaz de prever o faturamento da noite pela quantidade de tempo que os clientes têm de esperar por uma mesa às 20h30. Meu amigo Jack Stack, cofundador e CEO da SRC Holdings Corp. e pioneiro da gestão de contas abertas, contou-me sobre um sujeito que trabalha em uma fábrica de equipamentos que consegue calcular o faturamento pelo peso dos equipamentos que foram enviados. Não pelos pedidos. Não pelo número ou tipo de equipamento. Mas pelo peso.

O fato é que os melhores empresários que conheço têm certos números-chave que eles monitoram em um nível diário ou semanal. É uma parte fundamental de administrar uma empresa com sucesso. Os números-chave fornecem a informação financeira de que você precisa para tomar uma ação rapidamente. Os negócios andam com rapidez demais para se esperar as informações mensais, trimestrais ou anuais mandadas pelo contador. Na hora que você as recebe — semanas ou meses depois do fim do período —, já está lidando com as consequências do que quer que tenha acontecido quando não estava de olho. E também já perdeu uma série de boas oportunidades. Você precisa de informação em tempo real, e a única maneira de se ter isso é descobrindo um conjunto de medidas simples que você possa usar para vislumbrar o que está acontecendo com seu negócio a qualquer momento.

É claro que uma dessas medidas estará relacionada às vendas, embora me apresse em acrescentar que ela não deve ser a única. Se tudo o que monitorar for o número de vendas, você pode se ver em sérios apuros. As vendas não fazem o sucesso de uma empresa. Os lucros e o fluxo de caixa é que fazem. Muitas empresas vão parar nas varas de falência porque seus proprietários se concentraram tanto em aumentar as vendas que os lucros e o caixa ficam em segundo plano.

Dito isto, é importante ter um número-chave para as vendas. Saber qual será o número-chave que irá variar de negócio para negócio, e ele raramente salta aos olhos. Geralmente tenho de acompanhar os números por vários anos antes de poder identificar uma única medida que eu possa usar para me dizer rapidamente como estão minhas vendas.

Veja o serviço de destruição de documentos que abri na primavera do ano 2000. Como já comentei antes, obtínhamos receitas de dois tipos de serviços: um deles envolvia o que chamamos de limpeza geral, no qual destruíamos um grande número de documentos sensíveis que um cliente acumulava por muito tempo. O outro era para clientes que produziam rotineiramente material que precise ser destruído regularmente. Nesses casos, colocávamos recipientes lacrados nos escritórios de nossos clientes.

A receita das limpezas gerais era fácil de monitorar, já que fazíamos apenas algumas por mês. O negócio dos recipientes era bem mais ardiloso, por causa dos diferentes tipos de recipientes, os tamanhos diferentes de cada tipo, a frequência variável das coletas etc. Portanto, existia uma série de fatores que determinarão o faturamento geral. Depois de três anos de monitoramento, eu ainda não conseguia identificar o número-chave para as vendas no negócio dos recipientes. Uma possibilidade era o número de novos recipientes. Outro era o total destes em circulação. Ou talvez o número de coletas. Mas aí também poderia ser uma coisa totalmente diferente. Monitorei todos esses números e muitos mais. Finalmente, decidi que o número de recipientes escaneados semanalmente tinha a melhor correlação com o faturamento como um todo. Mas precisou de muito tempo até que tivéssemos experiência suficiente, e recipientes o bastante, para entender a relação entre esses dois números.

Qual a importância de se encontrar esse número? Veja o que aconteceu com meu serviço de armazenagem de documentos depois que vi a queda na contagem de novas caixas. Até aquele ponto, vínhamos contratando pessoal com frequência. Era preciso de muita gente para lidar com todas as caixas que entravam, e tínhamos que recrutar quatro vezes mais pessoas do que precisávamos, porque somente um em cada quatro contratados continuava conosco. Quando percebi a queda no número de caixas novas, fiquei imediatamente preocupado com que nossa taxa de crescimento pudesse estar amainando, o que significava que não teríamos um fluxo de caixa tão grande quanto havíamos previsto. É claro que a queda poderia ter sido uma aberração de uma semana, mas eu não estava disposto a correr esse risco. Se nossa taxa de crescimento anual tivesse caído tanto quanto aquele declínio indicava, já estaríamos com trinta funcionários a mais do que o necessário. Apesar de podermos deixar que as coisas se acomodassem normalmente, eu não queria contratar mais gente no nível que fora planejado. Se as vendas não se recuperassem, poderíamos ser obrigados a demitir pessoal.

Com isso, baseando-me nos números de uma única semana, eu pedi que interrompessem temporariamente as contratações. Falei:

— Quero proteger o emprego de todo mundo. Vamos ver como isso se desenvolve.

Esperamos as vendas se recuperarem, mas a retração continuou. Quando uma semana se transformou em um mês e depois em quatro meses, ficou claro que não estávamos lidando com uma aberração. O mercado havia mudado. Obviamente, os clientes já haviam retirado todos os arquivos que queriam depois dos atentados de 11 de setembro. Embora nosso faturamento continuasse crescendo, a taxa despencou de 55% para cerca de 15% ao ano.

Minha cautela foi recompensada, o que é a melhor coisa de se ter um número-chave. Depois do acontecido, parece que você é um gênio. Minha equipe ficou muito impressionada de eu ter visto a redução em nosso crescimento tão cedo e ter agido tão depressa. Eu apenas disse a eles que estava tudo nos números.

> ### *Pergunte a Norm*
>
> *Prezado Norm:*
>
> *Alcancei um estágio em que preciso passar de dois contadores de meio expediente para um analista em tempo integral. Enquanto me preparo para essa transição, gostaria de saber quais números devo acompanhar numa base diária.*
> *Gary*
>
> *Prezado Gary:*
>
> Cada negócio tem seus próprios números cruciais, e acredito que você já saiba quais são os seus. Como você sabe se está tendo uma semana boa, ou um mês bom? O que acontece quando suas vendas caem? Quanto tempo você demora para receber seus pagamentos? Essas são questões simples, de senso comum. Seu encarregado financeiro deveria estar lhe ajudando a perceber quais números você deve verificar e, então, fornecê-los regularmente. Quando estiver entrevistando seu novo analista, verifique se ele está à altura do cargo. Se você se acha meio fraco com números, não tenha medo de dizer isso. Pergunte o que quiser saber aos candidatos. Se eles não lhe derem respostas que façam sentido, não os contrate.
> — Norm

Pagando pelo crescimento

Deixe-me voltar rapidamente à importância de se monitorar outras coisas que não o faturamento, especialmente o fluxo de caixa. Quer dizer, vendas são muito bonitas, e lucros ainda mais, mas os negócios vivem ou morrem por conta do fluxo de caixa. O lugar onde os empreendedores de primeira viagem tropeçam é em entender que mais vendas quase sempre significam menos fluxo de caixa — e menos fluxo de caixa é sinônimo de problemas.

Como sempre, falo baseado em minha própria experiência. Eu não fazia ideia da relação entre vendas e fluxo de caixa quando abri meu primeiro negócio. Achava que vender era tudo. Se alguém chegasse e me oferecesse uma compra de US$ 1 milhão para um novo cliente, a única pergunta que eu faria era "quando começo?". Eu pegava todas as vendas que podia, o mais rápido possível, e a empresa crescia loucamente. Nosso faturamento foi do zero a US$ 12,8 milhões em cinco anos — rápido o suficiente para nos colocar na lista Inc. 500 de 1984. Tivemos problemas de fluxo de caixa por todo esse caminho, mas minha atenção não estava lá. Eu estava ocupado demais gerando vendas.

A pancada na cabeça veio na forma de um aperto de liquidez que me obrigou a não receber salário por quatro semanas. Elaine ficou muito aborrecida.

— O que você está querendo dizer com não poder pagar seu salário? Pensei que o negócio fosse uma maravilha, que as vendas estavam explodindo. Como você pode estar indo tão bem se não consegue pôr dinheiro em casa por quatro semanas? Explique isso para mim, porque não faz sentido.

A verdade é que eu não podia explicar a ela, porque eu mesmo não entendia — mas percebi que era melhor descobrir o motivo. Acabei descobrindo. Aprendi que você tem de olhar para a frente e descobrir como conseguirá o dinheiro necessário para aumentar suas vendas pela taxa de crescimento que você tem em mente. Se não souber, você corre o risco de ficar encurralado. Estou falando de perder o controle da situação, de seu poder de decisão ser tirado de você, de se ver obrigado a fazer coisas extremas e pouco inteligentes só para sobreviver. Ficar sem salário é o menor dos problemas. Muita gente deixa de recolher o imposto de renda na fonte, o que não só é ilegal, mas também uma tolice. Entre juros e multas, não há dinheiro mais caro no mundo. Enquanto isso, seus credores estão martelando em sua cabeça, porque você não consegue pagar suas contas de maneira ordenada. É um pesadelo.

Então, como se planeja o crescimento? Mais precisamente, como se determina a quantidade de caixa adicional necessária para cobrir as novas vendas? Para começar, você tem de fazer as perguntas certas sobre os novos negócios que estiverem entrando:

1. Qual o volume e por quanto tempo?
2. Qual a margem bruta?
3. Em quanto crescerão as despesas gerais?
4. Quanto tempo você terá de esperar até ser pago?

Se você tiver as respostas para essas quatro perguntas, pode fazer uma estimativa razoável da quantidade de dinheiro extra de que precisará.

Vou dar um exemplo. Vamos dizer que você esteja prevendo que as vendas aumentarão em US$ 100 mil no próximo ano. Você tem uma margem bruta de 30% e espera que ela não mude com os novos negócios, mas acredita que terá de alocar mais US$ 10 mil na conta de despesas gerais — para comissões, contabilidade etc. Você também espera que seu prazo médio de recebimento das contas permaneça estável em, digamos, sessenta dias.

O que você tem de fazer é o seguinte:

Comece descobrindo o custo dos produtos vendidos (CPV) para os novos negócios — a quantidade de dinheiro de que você precisará dispor para produzir ou comprar o que quer que esteja vendendo. Como sua margem bruta é de 30% das vendas líquidas, o CPV é de 70%, ou US$ 70 mil. Some a isso as despesas gerais adicionais que você vai precisar — US$ 10 mil —, e você terá US$ 80 mil de novos gastos para cobrir US$ 100 mil em novos pedidos. Divida o total pelo número de dias do período — nesse caso, 365 dias —, e você descobre que os novos negócios estarão lhe custando US$ 219,18 por dia. Se você, então, multiplicar esse número pelo número de dias que precisa para receber seus pagamentos, terá uma ideia da quantidade de dinheiro extra de que precisa. Para dar uma margem de segurança, sempre aumento o prazo de recebimento em 20%, por isso, nesse exemplo, eu multiplicaria por 72 dias em vez de sessenta. O resultado: 72 dias x US$ 219,18 por dia = US$ 15.781.

Observe que essa é uma fórmula sem sofisticação, para fazer cálculos muito aproximados. Algumas pessoas dirão que ela parte de uma série de premissas um pouco dúbias — por exemplo, que você paga todas as suas contas ao mesmo tempo. Mas previsões são, por definição, inexatas. Você precisa de algumas ferramentas simples para lhe guiar. Esta aqui lhe permite fazer uma estimativa razoável de suas necessidades futuras de caixa e ainda dá uma margem de segurança, o que é sempre uma boa ideia.

E o que você faz com essa informação? Obviamente, você não quer jogar fora negócios bons, com margens altas. Então, corre atrás das maneiras de gerar esse caixa adicional. Talvez você consiga reduzir o prazo médio de recebimento dos clientes que já tem, ou então esticar seu prazo médio de pagamento por uma ou duas semanas. Quem sabe você não possa fazer um contrato com seus novos clientes para receber mais rápido do que o habitual. Ou talvez deva ir até seus principais fornecedores e dizer "olha, tenho ótimas notícias para nós. Acabei de fechar com um cliente que nos trará um bom volume de vendas, mas só vou poder pagar a vocês em sessenta dias, em vez de quarenta. Está tudo bem por vocês?" Muito poucos fornecedores diriam que não.

> ### *Pergunte a Norm*
>
> *Prezado Norm:*
>
> *Sou um profissional do entretenimento e tenista profissional, dono de uma escola de esportes, que ensina tênis em shows musicais nas quadras e clínicas especializadas. Quero fazer a empresa crescer. Tenho paixão e visão de longo prazo para isso, mas não tenho formação de empresário. Será que há tempo para que me transforme num empresário, ou será que devo contratar pessoas que façam o negócio crescer para mim?*
> *David*
>
> Prezado David:
>
> Acredito que você tenha muito mais talento empresarial do que se atribui. Você tem clientes, não tem? É preciso ter talento para vendas e para marketing, e esses são dois dos atributos mais importantes que um empresário pode ter. Tudo bem, você pode não entender de contabilidade, mas isso não significa que não possa aprender os números. E o que você precisa conhecer são os números, não os detalhes contábeis. Meu conselho é ir em frente. Só existe uma maneira de adquirir experiência empresarial: cair no mundo e levar pancada. Você não pode ter êxito sem tentar. Na pior das hipóteses, ganhará um bom aprendizado para seu próximo negócio.
> — Norm

Em última instância, você sempre pode pedir um empréstimo, se não se incomodar em aumentar sua dívida e suas despesas. Ou talvez decida que é melhor ficar sem salário por algumas semanas. Pessoalmente, não precisei pegar esse caminho nos últimos anos e prefiro evitar isso no futuro. Tenho certeza de que minha mulher pensa o mesmo. Ela gosta que eu receba meu salário semanalmente. E, nesse aspecto, eu também. Isso nos dá a sensação de estar no controle. Nos negócios, você não pode estar no controle se não estiver no comando de seu fluxo de caixa. Essa é uma lição que vale a pena aprender o mais rápido possível.

O prêmio principal

No fim das contas, é claro, a grande recompensa de fazer um negócio crescer é o lucro que você tem ao vendê-lo. Infelizmente, muitos donos de negócio perdem esse prêmio — ou uma boa parte dele — porque não entendem os fatores usados nesse cálculo e não mantêm os registros financeiros que lhes permitiriam ter noção de todo o real valor que eles criaram. Porém, isso não impede que tenham ideias muito insufladas de quanto seus negócios valem.

As empresas presentes na lista Inc. 500 das empresas de capital fechado de maior crescimento no país são exemplos clássicos. Examinei algumas das inscrições enviadas. Lembro-me de uma que teve prejuízo sobre vendas de US$ 60 milhões no ano anterior, no entanto, seus donos achavam que ela valia entre US$ 50 milhões e US$ 100 milhões. Evidentemente, eles nunca ouviram falar sobre o que aconteceu com aquelas empresas de internet que não davam lucro, na década de 1990. Outra empresa teve um lucro líquido de menos de US$ 335 mil sobre vendas de US$ 6,5 milhões — o que não explica por que seus proprietários achavam que ela valia entre US$ 100 milhões e US$ 200 milhões. O fato é que eu diria que cerca de metade das empresas que examinei se atribuíram avaliações absurdamente altas. As outras eram apenas extremamente altas.

Posso entender facilmente como os CEOs atuais e antigos das empresas listadas na Inc. 500 têm esse tipo de ideia. Como um grupo, tendemos a ter egos bastante inflados, o que não é de todo mau. Você precisa de um grande ego para fazer um negócio crescer com rapidez suficiente para entrar nessa lista. Mas nossos egos podem nos deixar em apuros ao atribuir um valor em dólar a nossas empresas. Geralmente pegamos a avaliação mais alta de que já ouvimos falar para uma empresa parecida com a nossa — e multiplicamos um pouco mais.

Mas não são apenas as empresas de rápido crescimento que pensam que valem muito mais do que a realidade. Observe um negócio de que tomei conhecimento a partir de meus ex-sócios no serviço de destruição de documentos, Bob e Trace Feinstein. Eles tinham ouvido falar de uma pequena empresa que estava à procura de um comprador. Os proprietários estavam pedindo duas vezes o faturamento, ou cerca de US$ 1,2 milhão. Já que as outras empresas de destruição de documentos estavam sendo vendidas por três vezes o faturamento, Bob e Trace achavam que deveríamos comprar. Na verdade, estavam cometendo o erro mais básico da cartilha.

Você não pode avaliar uma empresa simplesmente olhando suas vendas. Sim, é certo que todo setor tem uma regra geral para se fazer uma avaliação, e que geralmente ela é expressa como um múltiplo do faturamento, mas isso é apenas questão de hábito e de conveniência. A maioria dos compradores está interessada é no fluxo de caixa livre, e o fluxo de caixa livre existe em função dos lucros, não do faturamento.

No fim, a empresa a que Bob e Trace se referiam dava muito pouco lucro. Ela se compunha de um pai e um filho que tinham um caminhão com um triturador. Tudo o que eles queriam era sobreviver, o que faziam triturando quantidades maciças de papel a um preço extremamente baixo — US$ 0,13 o quilo. Eles provavelmente até ganhavam bem, mas o negócio não tinha absolutamente valor algum para uma empresa como a nossa.

Para começar, para nós custaria mais do que US$ 0,13 o quilo só para coletar o papel e assegurar que a trituração fosse feita de uma maneira segura — e nem pense qualquer contribuição para cobrir as despesas gerais. É claro que o pai e o filho *podiam* se dar ao luxo de ignorar as despesas gerais, já que eles não tinham esse tipo de gasto. Eles não tinham qualquer despesa significativa acima e além do custo de prestar o serviço. Por conta disso, eles podiam se dar bem sem ter lucro bruto. Mas nenhum negócio que tenha despesas gerais consegue sobreviver sem lucro bruto. É este que cobre as despesas gerais de administração e proporciona o lucro líquido de que você precisa para fazer a empresa crescer e obter um retorno sobre seu investimento. Nunca consideraríamos comprar uma empresa sem lucro bruto. Não compraríamos sequer a lista de clientes do pai e do filho. Assim que passássemos a cobrar preços mais realistas, as chances daquela clientela continuar conosco seria absolutamente zero.

Então, você vai me perguntar, de onde é que o pai e o filho tiraram a ideia de que o negócio deles valia US$ 1,2 milhão? Da mesma maneira que as pessoas fazem. Quando você ouve falar que uma empresa em seu setor foi vendida por três vezes o valor das vendas (ou qualquer coisa assim), naturalmente imagina que sua empresa deve ter um valor nessa mesma faixa, assim como ficará inclinado a pensar que sua casa vale aproximadamente o mesmo que aquela outra, no fim da rua, que acabou de ser vendida — muito embora não saiba o que tem dentro da casa, ou por que o comprador decidiu comprá-la.

Finalmente consegui me curar dessa tendência conversando com pessoas interessadas em comprar minha empresa e recomendo que outros empresários façam o mesmo. Você precisa começar entendendo o que os compradores potenciais desejam. Isso, é claro, dependerá muito de quem eles são. Algumas empresas fazem aquisições por razões estratégicas, outras porque querem uma fatia maior do mercado, algumas porque veem um potencial para sinergias, e outras porque querem aumentar o patrimônio. Seja lá o que os estiver movendo para fazer um negócio, pode apostar que a primeira coisa que eles vão querer saber são seus lucros antes dos juros, impostos, depreciação e amortização, ou o EBITDA [*Earnings before interest, taxes, depreciation and amortization*]*. Quando você subtrai desse número a quantidade mínima de novos investimentos em capital (IC) para cada ano, passa a ter uma boa ideia de seu fluxo de caixa livre. Isto é, chega à quantidade de caixa que uma empresa gera em um ano, depois de pagar todos seus custos e despesas operacionais e atendendo às exigências mínimas de capital adicional, mas antes de cobrir o que deve em matéria de impostos e juros (que o comprador talvez não tenha de pagar) e antes de deduzir a depreciação e a amortização (que são mecanismos contábeis que refletem o custo e a vida útil de certos ativos).

Partindo-se do princípio de que os compradores possam determinar o EBITDA de sua empresa, outros fatores passam a entrar no jogo. Digo "partindo-se do princípio" porque a maioria das pequenas empresas não têm informações financeiras auditadas e não mantêm registros contábeis suficientemente bons para que se possa fazer sequer uma estimativa razoável do EBITDA. Sem essas informações, você provavelmente não será capaz de vender sua empresa para um comprador sofisticado e com certeza não conseguirá o melhor preço que poderia receber por ela.

Vamos supor, no entanto, que sua empresa tenha um lindo e sólido EBITDA e você tenha como provar isso. O jogo ainda não está ganho. Os compradores vão perguntar de onde saiu esse EBITDA. Você tem uma

---

*Em português, às vezes se usa a sigla LAJIDA, embora EBITDA ainda seja mais comum. (*N. do T.*)

clientela grande e diversificada? Eles têm contratos de longo prazo com você? Seus preços estão alinhados com o mercado?

Conheço um sujeito em um setor onde as empresas são vendidas por três ou quatro vezes o faturamento. Ele gostaria de vender sua empresa e não pode entender como ninguém quer comprar. O problema é que ele tem dois grandes clientes que respondem por mais de 50% das vendas e estão pagando preços exorbitantes. Isso pode acontecer. Pode ser que uma conta tenha crescido ao longo dos anos e o cliente não esteja obtendo os descontos que poderia obter. Ou talvez a pessoa que supervisione essa conta seja incompetente, ou não esteja fazendo um bom trabalho. Seja lá qual for a razão, no curto prazo, você ganha dinheiro como um criminoso, mas, a longo prazo, terá problemas. Assim que um dos clientes acordar, você perderá a conta. Se essa conta representar uma porcentagem alta de suas vendas, essa perda será devastadora. Compradores inteligentes notarão esse perigo e farão o desconto apropriado — ou talvez venham a decidir que não vale a pena comprar a empresa.

Mas vamos dizer que você tenha uma empresa bem administrada. O que é capaz de conseguir por ela talvez venha a ser cinco ou dez vezes o EBITDA. (Estou excluindo aquelas com "conceitos de internet", ou pelo menos com potencial de ganhos explosivos, que são avaliadas de acordo com um conjunto de regras próprias.) O múltiplo exato depende de vários fatores, como as taxas de juros. Quando elas sobem e o dinheiro fica mais caro, os múltiplos tendem a cair. Se elas baixam, os múltiplos normalmente crescem. Ele também pode ser afetado pelo número de boas empresas disponíveis, bem como outros fatores relacionados a sua empresa em particular. A capacidade ociosa, por exemplo, pode aumentar o preço. Mas no fim das contas, este se situará entre cinco a dez vezes o EBITDA, independentemente do setor em que você atue.

Por quê? Porque os compradores compram o potencial de ganhar dinheiro no futuro. Quanto mais dinheiro eles puderem ganhar, mais eles estarão dispostos a pagar. Por outro lado, quanto maior o risco de que o fluxo de caixa seja cortado prematuramente, menos eles estarão dispostos a pagar. Porém, por mais óbvio que isso possa parecer, essa não é a maneira pela qual as pessoas em seu setor falarão sobre quanto um comprador pagou por sua empresa depois de ela ser vendida. Aliás, provavelmente também não é o que você falará do preço pelo qual vendeu. Em vez disso, você converterá esse valor num múltiplo do faturamento ou algum outro conceito básico que todo mundo entende. Na indústria de guarda de documentos, por exemplo, é frequente ouvirmos que alguém vendeu uma empresa por tantos e tantos dólares por caixa. Isso pode ser verdade, literalmente, se o comprador comprou somente a clientela e as caixas que vieram com esses clientes, mas se toda a empresa foi vendida, essa regra básica é apenas um resumo muito breve. Infelizmente, isso transmite a pessoas como aquele pai e aquele filho que trituravam papéis uma ideia equivocada sobre o valor do negócio deles.

Isso tudo quer dizer que o pai e o filho nunca conseguirão vender seu negócio? Não necessariamente. Duvido que qualquer ser humano racional vá pagar US$ 1,2 milhão por ele, mas ele poderia ter algum valor para o tipo certo de comprador, a saber, uma pessoa parecida com eles. A primeira pergunta é: esse negócio gera caixa suficiente para alguém ganhar a vida e ainda sobrar dinheiro para pagar o pai e o filho mensalmente por, digamos, cinco ou seis anos? A segunda pergunta seria: essa proposta seria melhor para o comprador do que começar um negócio do zero? Eu não posso responder isso, mas espero que o pai e o filho possam, antes que façam planos de se aposentar com o dinheiro que esperavam receber da venda do negócio.

Resultado final

Ponto nº 1: Sempre que você abrir um novo negócio, monitore à mão as vendas mensais e a margem bruta até estar bem familiarizado com elas.

Ponto nº 2: Encontre o número-chave que lhe mostra como seu negócio está se saindo em tempo real, antes de receber o relatório de vendas.

Ponto nº 3: Mais vendas normalmente significam menos fluxo de caixa. Descubra sua futura necessidade de caixa enquanto ainda há tempo para cuidar desse problema.

Ponto nº 4: Entenda o EBITDA e use um múltiplo dele — não das vendas — como a medida do valor de seu negócio.

CAPÍTULO SEIS

A arte de negociar

Antes de irmos em frente, eu gostaria de dedicar um momento para falar sobre negociação, que é — como tenho certeza que você percebe — um talento fundamental nos negócios. Aliás, boa parte de fazer negócios é negociar. Do dia em que você começa a pensar em abrir uma empresa até o momento em que vende tudo e embolsa o dinheiro, está se envolvendo em uma negociação depois da outra. Você pode dar outro nome a isso — "levantar capital", "vender", "alugar um imóvel", "fazer um seguro", "instalar uma rede telefônica", o que for —, mas está negociando a cada passo do caminho e pagará um preço alto se não reconhecer esse processo como ele é. Por quê? Porque você estará sendo inflexível. Se concentrará demais no que precisa e não ouvirá o que a outra parte tem a dizer. Como resultado, perderá oportunidades de conseguir acordos melhores.

Posso dar um exemplo bastante típico que surgiu quando tivemos alguns atrasos inesperados na construção de um de nossos depósitos. Ficou claro que o depósito não ficaria pronto a tempo de acomodar as novas caixas que pretendíamos armazenar ali. Tínhamos de encontrar espaço extra imediatamente e não podia ser um qualquer. Precisávamos de uma espécie particular de depósito, com um pé-direito muito alto; deveria estar localizado a poucas quadras de minhas instalações e tínhamos de ter o direito de nos instalar rapidamente.

Eu sabia que existiam poucos lugares capazes de atender às duas primeiras condições. Por isso, estava em uma posição muito adversa para negociar. Qualquer um que atendesse a todas as três condições poderia me colocar contra a parede. Se só estivesse pensando em encontrar um espaço, eu poderia me ver tentado a ficar à mercê de um corretor. Mas também estava a fim de conseguir o melhor contrato possível, o que eliminava essa abordagem. Se quisesse conseguir o espaço *e* um bom contrato, teria de negociar.

A negociação começou com uma ligação minha para o corretor. Essa é uma regra geral: você começa a negociar quando tem a sua primeira interação com alguém. Falei sobre minhas especificações e disse que estava disposto a pagar o preço normal de US$ 55 por m². Ele disse que existiam poucos espaços disponíveis em minha região, qualquer que fosse o preço. Eu falei:

— Bem, também estou procurando em outras regiões. Veja o que você pode conseguir. Eu gostaria de ficar por aqui, mas se os preços e as condições forem absurdas, vou para outro lugar.

Isso era, pelo menos em parte, um blefe. Ir para outro lugar era a última coisa que pretendia fazer. Sim, até consideraria isso se o preço e as condições fossem completamente estapafúrdias e, por isso, também examinava alguns negócios em outras partes da cidade, caso fosse necessário. Mas não queria que o corretor soubesse exatamente o quanto era importante encontrar o imóvel em minha região. Numa negociação, você tem de deixar a outra parte tentando adivinhar quais são suas verdadeiras necessidades e prioridades, ou pode não conseguir o que quer. E se conseguir o que quer, pode se ver obrigado a aceitar termos pouco atraentes.

O corretor me telefonou alguns dias depois. Disse que tinha um lugar que atendia aos meus requisitos. Por que eu não ia dar uma olhada? Eu fui. Era perfeito.

— Parece bom — falei ao corretor — Qual é o preço?
— O proprietário quer US$ 71,5 por m² e um contrato de cinco anos.
— Ridículo. Não pago mais que US$ 52,25.

Mais uma vez, estava blefando. Teria pago aquele preço se fosse preciso, de tão urgente que era a minha necessidade. Mas agora havia mais um fator a ser levado em consideração. Nosso segundo depósito estaria pronto em mais alguns meses. Se assinasse um contrato de cinco anos, correria o risco de ficar com capacidade ociosa demais. Então, por que me concentrei no dinheiro, em vez de nas condições? Era uma questão de estratégia: comece negociando por um assunto secundário, entendendo que, no fim do processo, você provavelmente vai deixar que a outra parte fique com a maior parcela do que ela quer no assunto em questão. Sua concessão em um primeiro ponto de negociação dará um maior poder de barganha quando levar seu assunto principal à mesa.

Nas semanas seguintes, negociamos o preço com o corretor servindo de mediador. Afinal, o proprietário desceu o preço para US$ 63,80 o m², e o corretor me disse que ele não ia descer mais, já que tinha dois outros inquilinos pagando aquele preço. Eu falei:

— Muito bem, mas existem outros assuntos que quero discutir. Talvez nós dois devamos sentar e conversar.

Uma reunião frente a frente entre as duas pessoas com poder de decisão é sempre um ponto crucial no processo de negociação, e a maioria das pessoas o desperdiça ao jogar toda sua atenção no que elas querem. Uma negociação é uma via de mão dupla. Para conseguir o que você quer, é preciso descobrir, primeiro, o que a outra parte quer. E só há uma maneira de se conseguir isso: ouvindo. Eu me certifico de estar sempre ouvindo, seguindo duas outras regras de negociação que tenho. Primeira: não entre em uma negociação com opiniões preconcebidas. Com isso eu quero dizer que não faço qualquer pressuposição sobre o que o outro lado está pensando. Certas ou erradas, suas pressuposições ocuparão sua mente e farão com que você deixe de ouvir o que está sendo dito.

A segunda regra é: sempre parta do princípio que todas as outras pessoas na sala são mais inteligentes que você. Se ficar com a ideia de que pode ludibriar os outros, você deixa de prestar atenção neles. Por isso, sempre trago um bloquinho amarelo para as sessões de negociação. Na quarta ou quinta página, escrevo a palavra *burro* três vezes. Sempre que me pego pensando como sou fabuloso, abro o bloquinho nessa página, me dou um tapa silencioso e volto a ouvir.

O proprietário não seguia minhas regras. Aliás, ele nem veio para negociar. Entrou e disparou a falar sobre o preço. Disse que sequer consideraria algo abaixo de US$ 63,80 por m² de espaço. Era sua última oferta. Ele já tinha outros dois clientes pagando US$ 63,80 e avisou que não diminuiria o preço. E ponto final. Além disso, falou que queria um contrato de cinco anos.

Ouvi e escutei exatamente o que ele estava dizendo. O preço não era negociável — mas poderia discutir o contrato de cinco anos.

Isso era tudo o que precisava. Falei:

— Veja bem, acho que US$ 63,80 é muito, mas vamos deixar isso de lado por um momento. Vamos falar das condições do aluguel. Não posso assumir um compromisso de cinco anos. Existem incertezas demais no meu negócio neste instante.

Expliquei a situação, e ele falou:

— OK, mas quero os US$ 63,80.

— Muito bem, se isso é o que quer receber, acho que posso aceitar, desde que você me dê uma porta de saída desse contrato em algum momento.

No final, ele aceitou me dar uma opção de rescindir o contrato depois de sete meses, e aceitei pagar a ele US$ 63,80 por m². Foi um bom negócio. Nós dois saímos com o que mais queríamos.

Porém, o proprietário poderia ter se saído ainda melhor se tivesse chegado à reunião com outra postura. Ele deveria ter se preparado para escutar. Deveria ter me obrigado a falar primeiro, ter começado dizendo "muito prazer, Sr. Brodsky. Estou vendo que o senhor conversou com nosso corretor, que lhe falou das condições do contrato. O Sr. está pronto para assinar?"

Eu teria dito que achava o preço um absurdo. Ele teria insistido que não poderia me cobrar menos que de seus outros locatários. Aí eu teria posto à mesa a questão dos cinco anos de contrato e, neste ponto, ele poderia ter cortado a discussão dizendo "será que vamos ter de discutir cada linha do contrato? Primeiro, você quer falar do preço. Depois, discutir as condições. Depois vai querer falar do aquecimento e do ar-condicionado. Ou já temos um entendimento ou não temos!"

E teria me colocado na defensiva. Teria destruído meu blefe. Eu ainda poderia ter negociado uma opção de rescisão, mas teria de pagar por ela. Em vez disso, ele me deu de graça — e o que consegui foi, na prática, um contrato de curto prazo pelo mesmo preço que os locatários de longo prazo estavam pagando.

A vantagem para o proprietário, imagino, foi que ele tinha nas mãos um cliente feliz. E mais ainda, minha situação posteriormente mudou, e acabamos ficando todos os cinco anos do contrato e mais alguns. Quinze anos depois, continuávamos no mesmo lugar e alugávamos duas vezes mais espaço que no início. Então, acabou sendo um bom acordo para todos.

Pergunte a Norm

Prezado Norm:
Sempre ouvi dizer que existe um ponto numa negociação onde o próximo a falar acaba perdendo. Estou tentando conseguir um contrato que quero muito. Fiz uma proposta e meu contato a enviou para sua área financeira. Ele deveria ter oferecido uma contraproposta. Já telefonei duas vezes, e ainda não tem uma informação para me dar. Sei que ele acha que a nossa empresa pode fazê-lo poupar custos que depois poderá repassar aos clientes. Ele estava planejando passar a informação sobre custos a um de seus clientes em uma reunião que deve acontecer em breve. Devo telefonar para ele antes da reunião ou esperar que ele tome o próximo passo?
Daniel

Prezado Daniel:
Se eu seguisse essa regra de não falar primeiro, haveria silêncio total em muitas de minhas negociações. Não acho que você deva se preocupar com perder o negócio mais do que com conseguir o cliente — senão agora, mais tarde. A pergunta é: por que seu contato não tem respondido suas ligações? Algumas pessoas se sentem constrangidas em dar más notícias. Facilite as coisas para ele, ou nunca vai saber qual foi o problema. Se eu fosse você, esperaria o prazo passar e então deixaria um correio de voz dizendo: "Sei que a reunião foi ontem, e só quero que você saiba que continuamos interessados em trabalhar com você no futuro, mesmo que a resposta nesse caso seja não. Então, por favor, ligue para mim."
— Norm

Mania de detetive

Não quero sugerir aqui que uma negociação bem-sucedida é só uma questão de estratégia. Afinal de contas, como escolher a estratégia correta? A experiência tem seu valor, assim como o instinto, mas o mais importante, creio eu, são aqueles hábitos mentais que citei na introdução — especialmente o hábito de questionar o que se vê na superfície, examinando os elementos fundamentais, cavando para descobrir o que realmente está acontecendo. Esse hábito permitiu que fizesse a melhor compra da minha vida.

Meu negócio, como você deve saber, se localiza no lado Brooklyn do East River, logo em frente a Midtown de Manhattan. Nossos primeiros depósitos ocupavam a maior parte do quarteirão. Naquele mesmo lado havia 50.700 m² de terreno vazio, de frente para o mar. Por muitos anos, quis comprar o terreno junto ao meu (cerca de 15.600 m²) e ali construir um novo depósito, mas ele não estava disponível. Então, de repente, no outono de 1999, todos os 50.700 m² foram postos à venda, justamente quando estava prestes a comprar alguns terrenos a uns 3 quilômetros dali. Imediatamente mandei suspender por um tempo a outra negociação e comecei a examinar a possibilidade de comprar o terreno ao lado do meu.

A julgar pelas aparências, não tinha a menor chance. O terreno, embora relativamente barato para os padrões de Manhattan, estava muito fora de meu limite de preço. E mais ainda, estávamos fadados a encontrar concorrentes. Eu sabia que muita gente estaria interessada na oportunidade de comprar um terreno de frente para o mar, onde o zoneamento permitia atividade comercial, localizado no coração da cidade e com uma vista panorâmica dos arranha-céus de Manhattan. Se houvesse um leilão violento, eu perderia.

Mas isto era, como disse, só a aparência. Será que um leilão violento era inevitável? Não necessariamente. A maioria das pessoas sempre parte do princípio de que o dinheiro é sempre o fator-chave numa venda. O fato é que muitas outras questões entram em cena, e algumas delas podem ser mais importantes que dinheiro. Só o vendedor pode dizer com certeza quais são os fatores decisivos.

Mas também os vendedores relutam em partilhar informações — pela mesma razão que eu não queria que o locador do depósito soubesse de minhas verdadeiras prioridades. É sempre melhor deixar o outro lado adivinhando. Além disso, nesse caso, o vendedor era um banco com sede na Holanda que tinha um escritório em Iowa. Um corretor de imóveis intermediava a transação. Eu sabia que o corretor queria vender o terreno pelo maior preço possível, mas o que será que o banco queria? Talvez a resposta mais óbvia — um monte de dinheiro — não fosse a correta.

Felizmente, eu tinha em minha equipe duas pessoas, Ben e Sam, que tinham experiência nesses assuntos (ver o capítulo 15). Ben localizou o gerente do banco responsável pela propriedade e lhe comunicou que estávamos interessados.

— Assim como todos os outros — ele respondeu. — Entre na fila.

— Mas nossa oferta é verdadeira.

— Eu tenho um monte de ofertas verdadeiras de empresas maiores que a de vocês — disse o gerente. — Onde está o financiamento? Já estou farto de não conseguir fechar esse negócio.

Soubemos que o banco fez uma hipoteca do terreno para um sujeito que deu um calote no final dos anos 1980. Os advogados do banco tentaram retomar o imóvel, mas o comprador os bloqueou por vários anos através de várias manobras legais. Depois de finalmente tomar posse do terreno, o banco assinou um contrato para vendê-lo para uma empreiteira, sujeito a certas condições. Quando estas não foram atendidas, a compra foi desfeita.

— E não quero passar por isso outra vez — disse o gerente.

Embora o gerente não tenha dado um preço, já estava claro que o tamanho da oferta não era a principal questão em sua mente. O banco já tinha tido um contrato para vender o terreno por muito dinheiro e se deu mal. Pensei no que o gerente havia dito. O que ele realmente queria, decidi, era um contrato que fosse absolutamente garantido e que fosse fechado rapidamente, de preferência antes do dia 31 de dezembro, quando seus chefes somariam os números daquele ano e veriam o quanto ele tinha trabalhado bem. Minha estimativa era que poderíamos obter aquele terreno com um desconto de 20% sobre o valor de mercado se comunicássemos nossa vontade de satisfazer o que achava que eram as maiores preocupações do gerente.

Por *comunicássemos*, eu não digo "falássemos". O gerente não ia acreditar em meras palavras. Precisaríamos de um financiamento sólido como uma pedra e teríamos que depositar pelo menos 10% da oferta. Além do mais, para demonstrar nosso compromisso, teríamos de aceitar que uma parcela significativa do depósito não fosse reembolsável.

Sam e eu contatamos a companhia de investimentos que conhecíamos em Washington, D.C., Allied Capital. O que queríamos era uma carta de intenção para o valor total da oferta. Pedi que os investidores participassem também como sócios. Compraríamos juntos o terreno. Ficaria com o terreno junto ao meu para ser o novo depósito; então venderíamos os outros 37.800 m², e os investidores ficariam com essa receita. Eu ficaria com o terreno que queria, e eles teriam um lucro substancial. Os investidores concordaram, desde que eu atendesse a duas condições: eu teria de fornecer a parte não reembolsável do depósito, e eu precisaria encontrar mais um sócio que se comprometesse a comprar uma parte do terreno remanescente.

Achar esse sócio acabou sendo mais fácil do que esperava. Chamei um amigo, dono de um negócio na vizinhança. Seu terreno tinha sido, pelo novo zoneamento, considerado área residencial, o que aumentava muito seu valor. E ele disse:

— Ah, claro, compro uma parte do terreno em um segundo. Vou ter de vender minha propriedade de qualquer maneira e gostaria de ficar na mesma região.

Assim, todas as peças estavam em seus lugares. Poderíamos fazer uma oferta e fechar o negócio rapidamente. Contanto que os documentos fossem válidos, não teríamos de atender nenhuma outra condição. Outros interessados provavelmente insistiriam em fazer um estudo de impacto ambiental e uma avaliação, mas eu sabia que um estudo ambiental já havia sido realizado recentemente e tinha uma cópia. Quanto à avaliação, já tinha uma sobre o meu terreno, logo ao lado. Por que precisaria de outra?

Em outubro, eu e meus sócios apresentamos nossa oferta e pedimos ao banco que estipulasse suas condições. No dia seguinte, chegou um compromisso de compra e venda, com data de validade de trinta dias. Recebemos instruções para assinar e devolver com um depósito de 10%, totalmente não reembolsável. Tais condições eram inaceitáveis, mas elas confirmaram minha avaliação quanto às prioridades do banco. Mais ainda, já estávamos preparados. Oferecemos fechar negócio em sessenta dias e insistimos para que somente um quarto dos 10% do depósito fosse não reembolsável. Depois de uma semana, ou algo assim, para os últimos ajustes, o compromisso foi assinado. Sessenta dias depois, éramos os donos do terreno.

Tenho certeza de que os outros interessados ficaram surpresos. Pelo menos um deles — uma importante companhia elétrica — tinha oferecido 20% a mais do que nós, e suspeito que outros tenham feito ofertas ainda mais altas. Imediatamente depois de fecharmos o negócio, algumas pessoas começaram a se aproximar de nós querendo comprar a parte não utilizada da propriedade por duas vezes o valor que havíamos pago pelo terreno inteiro.

Até o advogado do banco ficou espantado com o nosso sucesso.

— Como é que vocês conseguiram fechar negócio? — ele perguntou. Nós apenas sorrimos.

Depois de fechada a venda, o amigo que trouxe ficou com seus 25%, e acabamos construindo nossos depósitos em nossos 25%. O resto, acabamos vendendo para o Trust for Public Land, para que pudesse ser transformado em um parque estadual.

Don't worry, be a little unhappy*

Num mundo ideal, todas as negociações terminariam como as que citei até aqui — com os dois lados felizes de terem conseguido seus objetivos mais importantes. Mas o mundo não é perfeito, nem todas as negociações são amigáveis. Veja a disputa em que entrei, há algum tempo, com um de nossos fornecedores, uma empresa que fazia remessas de longa distância para meu serviço de entregas. Nós costumávamos pagar esse fornecedor em trinta dias, mas — em virtude de seus procedimentos de cobrança e do contrato com o banco dele — eles demoravam até cinquenta dias para receber o dinheiro. O sujeito que nos atendia na empresa de remessas dizia que tínhamos de pagar mais rápido. Respondemos que não era nossa culpa se ele demorava tanto para receber. Se ele quisesse receber mais cedo, deveria acelerar o procedimento de cobrança e mudar

---

*Não se preocupe, seja um pouquinho infeliz. Foi mantido o título em inglês, que remete à música "Don't Worry, Be Happy." [Não se preocupe, seja feliz]. (*N. do T.*)

de banco. Ficamos nesse vai e vem por algum tempo. Então, o sujeito disse que seguraria uma de nossas remessas até que pagássemos US$ 6.700 que ele dizia estarem atrasados.

Fiquei furioso. Por favor, entenda que eu já trabalhava com esse pessoal havia muito tempo. Sempre fui um bom cliente. Mandei para eles muitos trabalhos. Agora, em vez de negociar um acordo razoável para nossa situação, eles estavam tomando minha remessa como refém, obrigando-me a escolher entre pagar o resgate ou ameaçar nossa relação com um cliente. Não era justo. Quando tentei reclamar com o dono da empresa de remessas, ele não retornava minhas ligações. Então perguntei a minha equipe quanto devíamos à empresa. Disseram que era cerca de US$ 13 mil.

Tudo bem, pode pagar os US$ 6.700 e liberar a remessa. Mas depois, não pague um centavo a mais. Eles que nos processem por isso! Nós nunca, mas nunca mais, vamos fazer negócio com essas pessoas, outra vez.

Infelizmente, esse tipo de disputa acontece o tempo todo no mundo dos negócios. São parte do jogo. Um cliente, um fornecedor, um empregado, um concorrente, um sócio — volta e meia alguém dispara um golpe baixo que lhe atinge num lugar onde realmente dói, e você fica com raiva. Então, o que se faz? Chama-se um advogado, é óbvio. Foi o que eu fiz durante os primeiros vinte anos da minha vida de empresário. Não pensava duas vezes antes de processar as pessoas que houvessem me passado para trás, ou as obrigava a me processar. Um acordo não estava no meu vocabulário. Se você passasse dos limites, era o fim. Você passava a ser meu inimigo. Eu estava pronto para partir para os tribunais, não importa o quanto isso me custasse.

Foi preciso a experiência de passar por uma falência para que eu ganhasse um pouco de bom senso. Quando pedi concordata para me proteger de meus credores, houve uma série de audiências para saber se meu banco teria o direito de retomar todos os empréstimos. Eu tinha descumprido o contrato, e agora o banco queria cair fora. Minha única esperança estava no código de falências. De acordo com o capítulo 11, eu podia fazer uma petição ao juiz para que meu acerto com o banco continuasse como antes, com o efeito de obrigá-lo a continuar me emprestando dinheiro. Com cerca de seiscentos empregos em jogo, eu achava que tinha uma boa causa em mãos — tão boa que nem pensei em tentar negociar um acordo com o banco. Tinha certeza de que iria ganhar.

A juíza não pensava assim. No final da primeira manhã de debates, anunciou que estava inclinada a decidir a favor do banco. Fiquei chocado. E em pânico. Eu estava prestes a perder a minha empresa. Do lado de fora, no saguão, me dirigi aos advogados do banco e ofereci um acordo. Eles nem quiseram escutar. Disseram:

— Você ouviu o que a juíza disse.

Naquela tarde, houve mais debates — e a juíza nos surpreendeu de novo.

— Nesse momento, me sinto inclinada a atender a petição do autor — ela falou, enquanto se preparava para dar aquele dia por encerrado. — Vamos continuar a audiência pela manhã.

Na saída, os advogados do banco disseram que haviam reconsiderado e estavam prontos para conversar, mas agora era eu quem não tinha pressa de fazer um acordo.

O dia seguinte foi uma performance idêntica. Finalmente me toquei de que a juíza estava nos mandando uma mensagem: ela queria que nós mesmos negociássemos um acordo. Durante um dos intervalos, meu advogado e eu nos sentamos com os advogados do banco e moldamos um acordo que nenhum dos lados gostou muito, mas que éramos capazes de aceitar. De volta à sala de audiências, informamos à juíza que havia um acordo. Ela olhou para mim e falou:

— Sr. Brodsky, agora o senhor está entendendo, não é?

Falei:

Pergunte a Norm

Prezado Norm:

Há oito meses estou tentando negociar um contrato de licenciamento com uma empresa que quer produzir um brinquedo que inventei. O processo tem sido dolorosamente lento. Mando uma proposta e a empresa pede para mudar. Eu aceito. A empresa então pede novas modificações. Aceito de novo. Em um dado momento, minha pessoa de contato insistiu em levar o contrato para um advogado — que simplesmente rasgou tudo. Então, começamos tudo de novo. Depois de vários meses assim, recebi um fax exigindo uma nova série de mudanças. Eu não podia acreditar. Estou começando a pensar que a outra parte não está se comportando com seriedade. Sempre que chegamos perto de assinar, inventam mais coisas para mudar. Em que momento eu devo desistir e partir para outro fabricante?
John

Prezado John:

Você não devia estar surpreso com o que está acontecendo. Os bons negociadores sempre tentam conseguir os melhores contratos dando o máximo de mordidas na maçã que a outra parte permitir. O seu problema é que está deixando a outra parte ditar as regras. Você devia ter insistido desde o início em separar os assuntos de negócio das questões legais e não permitir que os advogados levantassem questões empresariais depois que estas já tivessem sido resolvidas. Eu recomendaria que você falasse com seu contato algo tipo "Desculpe, mas dessa vez eu fui tão longe quanto pude. Continuo pensando que sua empresa é a melhor para meu produto, mas vocês não me deixam outra alternativa senão procurar outro lugar. Talvez venha a descobrir que não estou sendo realista. Se for assim, eu volto." Se o sujeito disser que você não poderá voltar, provavelmente ele não queria mesmo assinar contrato algum.

— Norm

— Entendi o que a senhora estava fazendo, mas não o porquê.

— Então deixe-me explicar. O melhor acordo do mundo acontece quando todo mundo vai embora um pouquinho infeliz. O senhor não vai sair com tudo o que queria, e o banco também não. Eu poderia lhes dizer o que fazer, mas não seria melhor se os senhores mesmos se acertassem?

Para mim, foi uma revelação — provavelmente porque ela falou isso em uma época da minha vida em que estava preparado para ouvir. De qualquer forma, suas palavras mudaram inteiramente minha maneira de resolver impasses. Antes daquele dia, em setembro de 1988, devo ter me envolvido em uns quarenta processos, muitos deles passando por todas as etapas até o julgamento. Desde então, nunca mais tive uma briga que fosse parar no tribunal.

Coisas boas acontecem quando você aceita a ideia de sair de uma briga um pouco infeliz. Você deixa de permitir que suas emoções ditem suas decisões de negócio, e não fica refém da raiva, ou da vingança. Você procura as soluções, em vez dos problemas. Começa a pensar em resultados com os quais pode conviver, em vez de ganhar tudo o que quer. Nesse processo, você poupa um bocado de dinheiro. E não estou falando só de honorários de advogado. Mais caro que isso é o tempo que você passa pensando num processo, tendo reuniões sobre ele, se preocupando com ele — sem falar em ser interrogado e ficar sentado numa sala de audiências. Quando se examina os números, quase nunca vale a pena pagar um advogado para resolver um conflito.

O que me leva de volta à discussão que tive com a empresa de remessas de longa distância. Os fornecedores disseram que eu lhes devia mais US$ 6.500. Eu disse que, ao segurar nossa remessa, eles descumpriram nosso contrato e macularam o relacionamento que tínhamos com um cliente, eu não teria de pagar nada a eles. Cada lado precisaria gastar pelo menos US$ 10 mil para levar o caso a juízo. Quando a poeira assentasse, até o vencedor teria esvaziado o bolso em alguns milhares de dólares. Enquanto isso, teríamos de passar por meses de recriminações e inúmeras distrações daquilo que deveríamos estar fazendo, ou seja, fazer os nossos respectivos negócios crescerem.

No início, o dono da empresa de remessas não entendeu. Ele contratou um advogado que ameaçou me levar a juízo. Liguei para o advogado e lhe fiz uma oferta do tipo "pegar ou largar" de acertar tudo por US$ 3.500. Eu sabia que estava no controle da situação. Afinal de contas, sempre podia pagar os US$ 6.500 sem incorrer em qualquer despesa adicional. Enquanto isso, a empresa de remessas perdeu um bom cliente e já estava tendo de pagar um advogado. Acabamos nos acertando por US$ 3.500 — com cada parte saindo um pouquinho infeliz.

Resultado final

Ponto nº 1: Escutar é a parte mais importante de qualquer negociação. Tenha certeza de estar escutando o que realmente está sendo dito.

Ponto nº 2: Entre sem preconceitos e sempre parta do princípio de que o outro lado é mais inteligente que você.

Ponto nº 3: Desenvolva o hábito de questionar o que você vê na superfície e escave um pouco para saber o que realmente está acontecendo.

Ponto nº 4: Numa negociação difícil, o melhor acordo é aquele que deixa os dois lados um pouquinho infeliz.

CAPÍTULO SETE

Tudo começa com uma venda

Como falei na introdução, meu pai tinha várias expressões que englobavam sua filosofia de negócios e que moldaram a minha. Todas eram muito interessantes, mas havia uma em especial que se tornou minha favorita absoluta e exerceu maior impacto em minha abordagem empresarial: "Se você não pedir, não vai conseguir." Aí está o segredo para se tornar um bom vendedor.

Deixe-me contar uma história. Há alguns anos, minha mulher, Elaine, e eu comparecemos a um grande jantar cujo convidado de honra era o então vice-presidente Al Gore. No salão do banquete deviam estar pelo menos duas mil pessoas, a maioria das quais deve ter vindo na expectativa de se encontrar com Al Gore. Nós também, mas estávamos sentados numa mesa muito na lateral, separados do vice-presidente por algumas centenas de convidados e um contingente de seguranças e agentes do Serviço Secreto. Depois que terminamos o prato principal, me levantei da mesa.

— Aonde você vai? — perguntou Elaine.

— Falar com o vice-presidente — respondi.

Por favor, entenda que não havia nenhuma razão objetiva para acreditar que eu conseguiria sequer ser capaz de me aproximar do homem. Ele não tinha porque perder seu tempo comigo mais do que com as outras

1.999 pessoas, e o Serviço Secreto não estava deixando ninguém passar. Mas não pensei nas chances de dar certo. Se tivesse pensado, provavelmente nem teria tentado. Só estava seguindo os preceitos de meu pai: se você não pedir, não vai conseguir.

Eu me encaminhei até a mesa do vice-presidente. Um segurança me parou.

— Não pode entrar.

— Al é meu amigo. Só quero dar um oi. — Nesse instante, o vice-presidente olhou para mim. Acenei e ele acenou de volta. — Está vendo? Ele está acenando para mim. — O guarda se virou, viu Gore acenando e me deixou passar.

Sentei-me ao lado do vice-presidente e comecei a conversar com ele. Nessa hora, Elaine e meu amigo Erwin chegaram aonde estava o segurança. Eu disse:

— Senhor vice-presidente, aquela ali é minha esposa e um grande amigo nosso. O senhor se incomodaria se eles também pudessem entrar?

Ele chamou o segurança.

— Aqueles dois também estão OK. — E então todos nós conversamos com o vice-presidente por alguns minutos, depois nos despedimos e fomos embora. Enquanto isso, havia dezenas de outros casais fazendo fila para falar com ele, mas o segurança não deixava ninguém entrar.

Faço esse tipo de coisa o tempo todo. Muita gente acha que é preciso ter nervos de aço, mas eles não entram na questão. Você só precisa que sejam de aço se tiver medo de uma rejeição. Eu não tenho medos nem expectativas em situações como essa. Minha atitude é: vou tentar e ver o que acontece. Se conseguir o que desejo, ótimo. Se não, tudo bem, posso rir e sair sorrindo. O segredo é uma atitude, uma filosofia que se resume na frase "se você não pedir, não vai conseguir". Demorou muito até que eu entendesse exatamente o que essa frase significa. Com o tempo, percebi que tudo girava ao redor de perder o medo de pedir. Você percebe que nunca vai conseguir coisa alguma se não pedir, portanto não custa nada tentar. No processo, você aceita o fato de que será rejeitado muitas vezes. A surpresa é que isso acontece com bem menos frequência do que poderia imaginar.

Então desenvolvi certos hábitos que provaram ser valiosos quando finalmente virei empresário. Entre outras coisas, o ditado de meu pai me ajudou a ser um vendedor bastante bom, já que não tinha medo de receber um *não* como resposta. Você sempre ouve falar que os vendedores têm de superar seu medo de rejeição, mas a ideia de rejeição nem passava em minha cabeça. Mesmo quando fazia ligações telefônicas a esmo, nunca pensava que estava sendo rejeitado ao não conseguir efetuar uma venda. Eu só pensava "isso não funcionou; vou ter de tentar outra coisa." Um *não* não era mais que uma oportunidade que não aconteceu. Não levava para o lado pessoal e não me aborrecia com isso.

Isso é uma grande vantagem no mundo empresarial. Aprendi que, com uma mentalidade dessas, você pode conseguir mais vendas e melhores contratos porque não para de perguntar. Você não se limita. Sim, você é educado, ouve com atenção, tenta não ofender os outros sendo abertamente agressivo. Por outro lado, você não recua. Está disposto a continuar até que o outro lado peça para parar — que é a única maneira de ter certeza de que se foi longe o suficiente. Mais ainda, você não se intimida em pedir a ajuda de outras pessoas para construir o seu negócio. Não hesita em ir a amigos, sócios, fornecedores, quem quer que seja, e pedir referências e indicações. É claro que você tem a responsabilidade de fazer o mesmo por eles, portanto é preciso ter um pouco de cautela. Não se recomenda pessoas para um cliente, a menos que se tenha a confiança de que farão um bom trabalho. Mas possuo grande confiança em muitos de meus colegas, e eles sempre cumpriram o que lhes foi pedido.

Meus três maiores clientes vieram de uma pessoa com a qual troquei algumas indicações.

Mas na verdade é a meu pai que tenho de agradecer. Foi ele quem incutiu em mim os hábitos e lições que me permitiram prosperar no mundo dos negócios.

Qual é realmente seu negócio?

É claro que há um pouquinho mais em relação às vendas do que simplesmente pedir para alguém comprar, por mais importante que isso seja. Também há a necessidade de descobrir exatamente o que se está vendendo, e as pessoas poderiam querer comprar. Isso significa descobrir qual é realmente seu negócio, o que nem sempre está aparentemente claro.

Meu amigo Mike um dia me contou uma história que ilustra perfeitamente esta questão. Ele cresceu na costa de Long Island, onde seu pai era dono de um restaurante especializado em peixes. Os peixes vinham de uma empresa cujo dono se chamava Fred, e fornecia para inúmeros restaurantes na região. Um dia, Mike conversava com Fred sobre o negócio dele.

— Quer saber por que eu sou tão bem-sucedido? — perguntou Fred.

— Porque você vende para muitos restaurantes.

— Não — replicou Fred. — É porque eu sei qual é realmente meu negócio.

— O negócio de peixes.

— Não exatamente. Na verdade, presto serviços bancários. Concedo empréstimos aos restaurantes na forma de peixes. Você sabe, um restaurante é um negócio sazonal. Como qualquer bom banqueiro, sei quando meus clientes estão com o caixa apertado, e sei quando têm muito trabalho. Não cobro deles durante os períodos de lentidão e recebo depois de eles terem tido uma bela semana. Eles me pagam não só pelos peixes, mas também pelo crédito que concedo a eles. Incluo esse custo de crédito em meu preço.

Por menos convencional que seja a perspectiva que Fred tenha de seu negócio, essa experiência não é a única. Empresas frequentemente se tornam bem-sucedidas por razões que não são óbvias ao primeiro olhar, e empreendedores inteligentes compreendem isso. Eles sabem que têm de pensar diferente sobre seus negócios para poder se diferenciar da concorrência. É parte do processo que se passa para definir seu nicho. Uma vez que você define qual é realmente seu negócio, pode usar esse conhecimento para construir uma sólida base de clientes, mesmo nos mercados mais competitivos.

Minha empresa de armazenagem de documentos é um bom exemplo. Quando a comecei, em 1991, pensava que era uma típica prestadora de serviço. Como já descrevi anteriormente, minha estratégia foi oferecer preços competitivos e atrair clientes oferecendo grandes serviços, tecnologia de ponta e fácil acesso a nosso depósito. Naquela época, existiam poucas empresas de armazenagem de documentos que podiam oferecer esses três benefícios.

Achava que tinha uma oferta capaz de detonar a concorrência, mas tudo não passou de um estalinho. Logo descobrimos que nossa tecnologia e localização não eram tão importantes para os clientes quanto eu pensava. Eles se preocupavam mesmo era com ter uma caixa de volta quando quisessem. Onde a mantínhamos e como a monitorávamos eram uma preocupação nossa, e não deles. E quanto aos serviços, quem não promete um excelente serviço? Mas até que você esteja na arena por algum tempo, não pode oferecer testemunhos de pessoas ou qualquer prova de que seu serviço é diferente do de algum concorrente.

Então, não estávamos conseguindo atrair as pessoas com as três alavancas com que contávamos. E como se não bastasse isso, descobrimos que a maioria de nossos clientes em potencial já tinha assinado contratos de longo prazo, e estes incluíam uma cláusula de praxe em que os clientes teriam de pagar uma taxa de remoção para cada caixa que fosse tirada definitivamente do depósito da empresa. O fato é que os clientes tinham aceitado, desde o início, pagar um resgate substancial se algum dia quisessem mudar de fornecedor. Tinha grande confiança no nosso serviço, mas esses obstáculos eram enormes. Não conseguiríamos fazer com que clientes em potencial considerassem nossa proposta, a menos que pudéssemos lhes oferecer uma porta de saída para seus contratos e um preço significativamente mais baixo.

Veja bem, normalmente não gosto de competir baseado em preço. É um jogo perigoso. Para começar, um preço muito baixo pode conotar pouca qualidade. As pessoas se perguntam se você consegue realmente prestar os benefícios que está prometendo e, se conseguir, por quanto tempo. A concorrência vai usar seu preço contra você, dizendo que é um irresponsável que não sobreviverá. E o fato é que você pode mesmo não sobreviver se as margens brutas forem pequenas demais. Na hora que perceber isso, pode ser tarde demais. Se os clientes vieram até você apenas porque seu serviço é barato, eles também serão capazes de lhe abandonar quando você subir o preço.

Por outro lado, não tenho dúvidas em oferecer um preço mais baixo que o da concorrência se meus custos também forem menores. Não que eu nunca vá competir considerando estritamente preço — também vendo a qualidade de meus serviços –, mas não me importo em usar um preço mais baixo para entrar no mercado, desde que eu tenha a margem bruta que preciso para ser bem-sucedido. Nesse caso, como é que eu poderia ter margens brutas melhores que as dos meus concorrentes no negócio de armazenagem de documentos? Percebi que deveria olhar de uma maneira diferente para meu negócio. Tinha de me perguntar "qual é realmente meu negócio?".

A resposta me veio quase do nada: imóveis. Estávamos apenas guardando documentos. Estávamos alugando espaço em nosso depósito para armazenar caixas. E como você consegue mais receitas de aluguel de um edifício? Colocando nele mais espaços para alugar. Se pudéssemos acomodar mais caixas por m² que nossos concorrentes, poderíamos cobrar menos por caixa e, ainda assim, ter uma margem bruta maior. Então achamos um depósito com pé-direito altíssimo e colocamos mobiliário que nos permitia utilizar completamente o espaço.

Enquanto isso, eu tentava raciocinar como um profissional do ramo imobiliário. Perguntei-me o que faria se tivesse um prédio novinho de salas comerciais num mercado estagnado. Como poderia atrair locatários? Por um lado, poderia fazer algumas concessões nos aluguéis. Se os locatários assinassem contratos de cinco anos, poderia lhes dar seis meses de graça. Ou imagine que um locatário em potencial ainda tivesse um ano para cumprir em outro prédio. Eu poderia pagar a rescisão do outro contrato ou oferecer ao locatário um ano inteiro de graça em minhas instalações. E o que aconteceria se o locatário tivesse um bom crédito, mas estivesse com o caixa apertado? Eu poderia concordar em construir o espaço e aumentar o aluguel para cobrir os custos da construção.

Percebi que todas essas eram táticas que podia usar no serviço de armazenagem de documentos. Eu podia tratar as taxas de remoção como custos de construção. Se um cliente quisesse se transferir para nós, eu poderia redigir um contrato em que cobriríamos as taxas de remoção da outra empresa de armazenamento e cobraríamos a diferença depois, na forma de taxas mais altas por caixa. Começamos a aplicar essas técnicas e o negócio cresceu loucamente. Nossos concorrentes ficaram furiosos. Eles diziam aos clientes:

— O Brodsky enlouqueceu. Não vai conseguir sobreviver. Em menos de dois anos, quebra.

Minha resposta era trazer os clientes a meu depósito e dizer:

— Vocês provavelmente estão se perguntando como podemos oferecer preços mais baixos que os outros. — Eles assentiam. — Bem, deem uma olhada na altura desse pé-direito. Nós armazenamos mais de 150 mil caixas para cada 910 m² de área. Nossos concorrentes só conseguem armazenar 40 mil a 50 mil. Nosso depósito tem uma capacidade três ou quatro vezes maior que a deles. Então, na verdade, estou cobrando um preço mais alto de vocês.

Os clientes riam e pediam um desconto. Então, eu ria e dizia:

— Não, isso é o que temos de cobrar, porque também prestamos muitos outros serviços... — e continuava dali.

Pensar de maneira diferente em nosso negócio se revelou a chave de nosso sucesso. Assim como Fred, o distribuidor de peixes, prosperamos porque descobrimos qual era realmente nosso negócio. Menos de dez anos depois, éramos uma das maiores empresas independentes de armazenagem de documentos nos Estados Unidos. É claro que o sucesso também traz problemas. Muitos dos concorrentes acabaram adotando a mesma abordagem — construindo depósitos maiores, pagando antecipadamente as taxas de remoção. Tínhamos nosso pequeno nicho, definido pela maneira pela qual víamos o negócio, e agora não tínhamos mais. Nós e a concorrência estávamos competindo no ramo imobiliário.

Pergunte a Norm

Prezado Norm:

Meu sócio Jon e eu temos, há dois anos, uma empresa de tecnologia. O problema é que nenhum de nós é um homem de vendas. Jon é engenheiro e eu sou analista de sistemas. Prefiro passar por uma cirurgia dentária sem novocaína a sair a campo para vender. Portanto, precisamos de um vendedor, mas tenho medo de encontrar alguém que possa destruir a empresa. Oferecemos um ano de "satisfação garantida ou seu dinheiro de volta". Se terminarmos tendo de devolver muito dinheiro, vamos acabar quebrando. Com nossas reputações em jogo, não podemos nos dar ao luxo de jogar dinheiro fora. Como podemos ter certeza de contratar o tipo certo de vendedor?
Eric

Prezado Eric:

Você precisa começar reconhecendo o fato de que é, de fato, o melhor vendedor de seu produto. Você o conhece melhor que qualquer outra pessoa e tem paixão pelo negócio. Provavelmente, você tem dificuldade de fazer o contato inicial com seus clientes em potencial. Tudo bem. Contrate alguém que faça isso por você. Procure uma pessoa simpática que seja boa em fazer ligações de telemarketing, que faça uma triagem e identifique possíveis compradores — e que possa lidar com a parte mais dura das vendas, que é a rejeição. Deixe que essa pessoa lhe traga os prospects pré-qualificados e que estão prontos para comprar. Você cuidará do fechamento. Deste modo, poderá controlar as expectativas deles.

— Norm

Um nicho no tempo

Aquele tipo de situação não é incomum. Os nichos vêm e vão, e — ao contrário do que normalmente se pensa — a maioria das empresas não começa num nicho. Você geralmente descobre seu nicho *depois* que já abriu seu negócio, e não antes. E, de fato, não é incomum se descobrir que o negócio em que se está envolvido não é aquele em que se acreditava estar entrando — porque nunca se sabe realmente como é ganhar dinheiro em qualquer negócio até ter efetivamente tentado. Estou falando de arregaçar as mangas, entrar no mercado e começar a vender. Quando se começa a fazer isso, coisas engraçadas começam a acontecer. Você enfrenta obstáculos inesperados, tropeça em oportunidades surpreendentes. Pode-se descobrir que o plano original era tão fora de propósito que será necessária uma abordagem inteiramente nova.

Isso é bem parecido com o que aconteceu comigo em minha primeira empresa, a Perfect Courier. Quando a inaugurei, em 1979, pensava que estava entrando num serviço de mensageiros. Era uma indústria altamente competitiva naquela época, com cerca de trezentas a quatrocentas empresas de mensageiros só na cidade de Nova York. Logo descobri que a única maneira que eu tinha para fazer uma venda era entrando com um preço baixo. O problema é que nós não teríamos como sobreviver competindo com preço e, de todo modo, não queria estar num negócio de margens baixas. Percebi que teria de achar outro caminho ou cair fora.

Então, certo dia, eu estava divulgando nosso serviço de mensageiros em uma grande agência de publicidade chamada Scali McCabe Sloves, que não estava sendo muito receptiva.

— Nós estamos realmente felizes com os profissionais que utilizamos. O que vocês podem fazer por nós que eles não podem?

— Que tipo de problema vocês enfrentam?

— O único problema que temos é o departamento de contabilidade. A cobrança é um pesadelo.

— Por quê?

— Nós penamos para ver que entregas pertencem a quais clientes.

Como muitas firmas de serviços profissionais, a Scali McCabe lançava o custo de uma coleta ou entrega na conta do cliente em cujo nome ela havia sido feita. Sempre que as pessoas da agência chamavam um mensageiro, elas deviam entregar ao expedidor um código de conta para incluir na nota da entrega. Então, a empresa de mensageiros juntava todas as notas e as anexava na conta que mandava semanalmente à agência. Ficava a cargo do departamento de contabilidade da agência separá-las e preparar a conta total de cada cliente.

Pedi para falar com as pessoas do departamento de contabilidade, que ficaram maravilhadas de poderem me contar tudo sobre o sistema e as dores de cabeça que ele causava. Eu disse:

— Vejam, podemos resolver esse problema para vocês. Temos um computador IBM-32 novinho. Deem-me cinquenta notas de entrega, de qualquer tipo, e mostrarei o que somos capazes de fazer.

Todas as afirmações eram verdadeiras. Realmente tínhamos adquirido um computador IBM-32. Mas se conseguiríamos usá-lo para fazer os repasses adequados, eu não tinha a menor ideia. Lembre-se de que isso foi antes da revolução dos microcomputadores. Não tínhamos como sair e comprar um software pronto. Quando queríamos que o IBM-32 desempenhasse uma função específica, os programas tinham de ser desenvolvidos especialmente para nós. Os programadores que consultei sobre esse assunto em particular não tinham certeza de que poderiam produzir o que precisávamos. Entretanto, eu estava determinado em encontrar uma solução. Dei as cinquenta notas para a melhor datilógrafa de nosso escritório e disse para ela criar uma fatura com aquilo, com as comandas individuais agrupadas de acordo com os códigos de contabilidade da agência. Acho que fizemos umas vinte versões até acertarmos o que queríamos. Então fui mostrá-la ao pessoal da contabilidade da Scali McCabe. Eles adoraram.

— É fantástico, mas você poderia mudar umas coisinhas?

— Podemos fazer o que vocês quiserem.

O pessoal da contabilidade ficou elétrico. Eles foram ao gerente que me dispensou e disseram que queriam que a agência nos contratasse, desde que fizéssemos as mudanças que eles pediam e, é claro, que o nosso serviço fosse bom. O gerente mandou me chamar.

— Escute, sinto que tenho uma obrigação com o pessoal que sempre usamos. Não quero me livrar deles sem lhes dar uma oportunidade de fazer a mesma coisa que vocês estão prometendo. Posso mostrar a eles essa fatura de amostra que vocês prepararam para nós?

— Claro — falei. — Perfeitamente.

Alguns dias depois, ele me chamou.

— Eles dizem que você não pode fazer isso. Consideram impossível.

— Podemos fazer. Só precisamos de um tempinho para programar o computador.

— Quanto tempo?

— Três semanas.

— Muito bem, você tem três semanas. Depois faremos uma experiência de uma semana. No final desta, decidiremos quem fica com a conta da agência.

Agora tínhamos de programar o computador, e os programadores não estavam fazendo promessa alguma. Nosso plano reserva era produzir as faturas em uma máquina de escrever, o que seria extremamente caro. Felizmente, não precisamos tomar esse caminho. O programa funcionou, o teste foi muito bom e acabamos ganhando a conta, aumentando nossas vendas de US$ 10 mil para US$ 35 mil mensais.

E isso foi só o começo. O novo sistema de faturamento logo passou a ser o chamariz — nossa "competência central", como se diz. Por algum tempo, foi a principal coisa que tínhamos que os concorrentes não podiam oferecer e, no momento em que eles conseguiram, já estávamos no mercado e éramos conhecidos por proporcionar esse serviço. Na verdade, foi isso o que definiu o negócio. Isso definiu quem eram nossos clientes, como deveríamos vender, que despesas extras nós proporcionávamos etc.

Tecnicamente, ainda éramos uma empresa de mensageiros, mas só no sentido de que entregávamos coisas e cobrávamos de acordo com o número de entregas que fazíamos. O que vendíamos — e nossos clientes compravam — era nossa capacidade de resolver seus problemas de alocação de despesas. Sem sequer percebermos, havíamos passado de um serviço de entregas para um serviço de processamento de informação e subimos os degraus desse negócio até a lista Inc. 500 por três anos consecutivos.

Esse é mais um exemplo da importância de ser flexível quando se está começando. É igualmente importante se manter flexível depois que você já ergueu sua empresa. Nenhum nicho dura para sempre. Se for um nicho lucrativo, ele atrairá concorrentes, mais cedo ou mais tarde. Outras empresas começarão a imitar o que você faz. Quanto mais lucrativo for o nicho, mais cedo isso vai acontecer. Quando acontecer, você perderá a vantagem que determinava o nicho, ou seja, a capacidade de oferecer uma coisa que os outros fornecedores não possuem. Nesse ponto, você terá de encontrar outro nicho — a não ser que, então, o seu negócio esteja suficientemente bem estabelecido para operar sem um nicho específico. E como isso acontece? Construindo uma excelente reputação.

Pergunte a Norm

Prezado Norm:
O que devo fazer com um concorrente sem ética? Recentemente abri uma empresa na área de serviços que foi muito bem-sucedida, mas nosso êxito atraiu a atenção de uma empresa grande e muito bem estabelecida na cidade, que está nos difamando com material promocional que critica nossos serviços e nosso profissionalismo. Essa gente já jogou sujo antes. Eu gosto de pensar que um dia suas práticas vão acabar se voltando contra eles, mas isso ainda não aconteceu e temo que tenham tanto dinheiro que possam durar mais do que nós. Algum conselho?
Rob

Prezado Rob:
Sim. Não perca o foco. Proporcione um excelente serviço a preços competitivos e desenvolva a reputação de ser o concorrente mais elegante da cidade. Dê a seus clientes em potencial o nome de clientes para quem eles podem ligar e conferir sua reputação. Acima de tudo, não fale mal do concorrente, mesmo que ele esteja falando mal de você. Seus clientes terão uma imagem negativa de você se fizer isso. Essa é uma regra em minhas empresas. Se alguém me pergunta sobre um concorrente que considero antiético, a única coisa que digo é "eu não acredito que eles proporcionem o tipo de serviço que você deseja". E as pessoas entendem a mensagem. Se seu concorrente não se endireitar, ele vai ser um perdedor no longo prazo.
— Norm

O seu bom nome

Então a que, exatamente, me refiro quando falo de *reputação*? Estou falando do que as pessoas pensam da maneira pela qual você faz negócios, como elas avaliam seu caráter como empresário. Você joga limpo? É dono de uma empresa limpa e honesta? Trata bem seus empregados? Você sai por aí falando mal das outras empresas do setor, ou fala delas com respeito? Todos esses são fatores que ajudam a formar sua reputação de empresário, que, por sua vez, afeta sua capacidade de contratar pessoas, atrair clientes, conseguir financiamento, assinar contratos e tudo o mais que envolve a construção de uma empresa de sucesso.

Há muito tempo acredito que uma boa reputação é o ativo mais valioso que você pode ter num negócio. O curioso é o papel que seus concorrentes desempenham em criar sua reputação. A opinião deles, acredito eu, conta mais que a opinião de qualquer outro grupo de pessoas — por causa da credibilidade que eles têm dentro do setor e com os clientes em potencial. Os concorrentes dispõem de uma perspectiva única sobre você e sua empresa. Enfrentam as mesmas pressões e têm de fazer as mesmas escolhas. Se desfruta o respeito de seus concorrentes, é porque provavelmente merece. Se eles acharem que você é um vagabundo, então você terá problemas.

Portanto, é importante agir de uma maneira que lhe faça ganhar o respeito deles. Não que você não deva competir tão agressivamente quanto possível, mas você tem de obedecer as regras. Que regras? Eu tenho três:

1. Nunca fale mal de um concorrente. Quando disputo uma conta, sempre pergunto que outros fornecedores o cliente em potencial está considerando. A maioria dos prospects diz os nomes das mesmas duas ou três empresas de armazenagem de documentos, nossos maiores concorrentes.

— Todas são boas empresas — digo —, e você vai ficar satisfeito se escolher qualquer uma de nós. É claro que acho que você vai ficar ainda mais satisfeito se trabalhar conosco.

Então falo de nossos pontos fortes, tomando o cuidado de não falar nada de negativo sobre as outras empresas. Evidentemente, às vezes acontece de o cliente incluir na lista uma empresa sobre a qual não tenho uma boa opinião. Nesse caso, eu simplesmente digo:

— Bem, não acho que essa seja realmente nossa concorrente, mas com as outras nós concorremos sempre e são boas. Só acho que somos melhores, e os motivos são os seguintes...

2. Não seja mau perdedor. É sempre duro quando um concorrente ganha um cliente seu, especialmente se a conta for grande. Você fica com raiva, não há como evitar. Mas você tem de se lembrar de que nunca se sabe o que o futuro reserva. As pessoas com quem você lida na tal conta podem não concordar com a decisão de mudar de fornecedor; se eles forem trabalhar em outro lugar, podem lhe trazer um novo cliente. Até o cliente que você acaba de perder pode voltar outro dia, desde que se mantenha a calma. De qualquer modo, você só vai se machucar se demonstrar sua raiva. Independentemente de quão irritado me sinta por dentro, faço de tudo para tratar nossos clientes tão bem na hora que eles nos deixam quanto na hora em que chegam. Quero que eles se lembrem de nós como pessoas elegantes o tempo todo e quero que nossos competidores saibam disso.

3. Sempre acomode as coisas. Há momentos em que temos de lidar direto com nossos concorrentes — por exemplo, quando um cliente está deixando nosso depósito. Essa é uma oportunidade de mandar uma mensagem à concorrência. Mesmo que alguém esteja tirando uma conta grande, procuramos ser o mais gentil possível. Atendemos aos horários da outra empresa e tratamos do processo do jeito que o concorrente quiser. Também acomodamos as coisas quando fazemos a transferência de um novo cliente das instalações de um concorrente para as nossas. Dizemos aos motoristas que tenham paciência se os deixarem esperando, como muitas vezes acontece. Podem levar o dia inteiro, se necessário. Não queremos provocar nenhuma briga nem discussões e não esfregamos sal na ferida dos concorrentes.

Agora tenho certeza de que algumas pessoas vão perguntar "qual é a recompensa de seguir essas regras?". Admito que muitas vezes é difícil de se quantificar, mas volta e meia tenho uma confirmação direta da importância de ter o respeito de nossos concorrentes. Há alguns anos, por exemplo, atendi a ligação de um advogado que representava um cliente não identificado no ramo de armazenagem de documentos. O cliente pediu que ele descobrisse se eu estava interessado em adquirir seus clientes.

— Como é que eles chegaram ao meu nome? — perguntei.

— Para dizer a verdade, não sei — respondeu o advogado.

Insisti em me reunir com o advogado, que ainda assim não queria divulgar a identidade do cliente. Ele me disse, no entanto, que lhe haviam dito que o negócio envolvia umas 200 mil caixas. Naquela época, eu tinha cerca de um milhão de caixas em meu depósito, portanto 200 mil era um número interessante. Disse ao advogado que nossas conversas poderiam continuar.

Nos dois meses seguintes, o advogado e eu negociamos os termos de um possível contrato — quanto minha empresa pagaria por caixa, quando passaríamos a ser responsáveis pelas contas etc. Embora o advogado continuasse sem dar o nome do cliente, pelo tamanho médio das contas e o método de cobrança, ele podia dizer que não era um de nossos principais concorrentes. Provavelmente, era alguma empresa mais velha de mudanças e armazenamento. Também soube que cinco compradores em potencial foram contatados inicialmente. Durante as negociações, o vendedor baixou o número para três e depois para duas empresas. Finalmente, o advogado me telefonou e disse que nós havíamos sido escolhidos para assinar o contrato, mas antes o vendedor queria se reunir comigo.

O vendedor se chamava Jack, e sua família era dona de dois ou três negócios de mudança e armazenamento em Manhattan. Nós já tínhamos tirado alguns clientes dele no passado e ele gostara da maneira pela qual fizéramos as transferências. Ele também pegou referências sobre nós com outras pessoas do setor — nossos concorrentes. Foi assim que fomos parar na primeira lista de adquirentes em potencial. Sobrevivemos ao próximo corte porque éramos mais flexíveis que nosso principal concorrente. Jack protegia muito seus clientes, muitos dos quais faziam negócios com a empresa desde quando o pai dele a administrava. Ele pôs um monte de condições para a venda, às quais não vimos qualquer problema em aceitar. Nosso concorrente gigante não mudaria as próprias regras para se acertar com Jack e, portanto, foi excluído da lista.

No final, a escolha ficou entre nós e uma empresa com a qual sempre competimos. Ganhamos esse round por causa de nossa saúde financeira. Acontece que o negócio era muito maior do que nos foi dito — não 200 mil caixas, e, sim, mais de um milhão, quase todas em contas muito pequenas, meu tipo favorito. Jack achava que tínhamos bolsos mais cheios que a outra empresa e optou por nós.

Portanto, em uma única tacada, dobramos o tamanho de nosso negócio, acrescentando o melhor tipo de base de clientes que se pode encontrar. A saúde financeira teve seu papel, assim como a flexibilidade, mas nós nem estaríamos na disputa se não jogássemos limpo e tivéssemos o respeito de nossos concorrentes. Às vezes, realmente compensa ser bonzinho.

Resultado final

Ponto nº 1: O segredo de uma venda bem-sucedida está em não ter medo de pedir. Se você não pedir, não vai conseguir.

Ponto nº 2: Você provavelmente só vai descobrir o nicho de sua empresa *depois* de abrir o negócio.

Ponto nº 3: Nenhum nicho dura para sempre. Você talvez tenha de descobrir outros com o passar do tempo.

Ponto nº 4: Sua reputação é seu ativo empresarial mais valioso, e seus concorrentes desempenham um papel crítico em formá-la.

CAPÍTULO OITO

Vendas boas, vendas ruins e aquelas que escapam

Por mais que eu concorde inteiramente com o velho ditado de que "nada acontece sem uma venda", isso não quer dizer que todas as vendas sejam iguais. Algumas vendas são muito melhores que outras — um conceito que os vendedores têm muita dificuldade de aceitar. Isso acontece em parte porque eles têm mentalidade de vendedor. Foram condicionados a pensar que qualquer venda é uma boa venda e, quanto maior o volume, melhor. O fato é que o tamanho da venda é muito menos importante que a quantidade de lucro bruto que você ganhará nela. Muitas vendas com margens baixas podem lhe tirar do negócio.

Pelo mesmo motivo, muitos empreendedores acreditam que devem focar em assinar contratos com clientes grandes. Lembro-me de um e-mail que recebi de um rapaz que abria seu primeiro negócio, uma empresa de marketing e publicidade. Disse que tinha tudo o que precisava para começar — dinheiro, contatos, experiência no negócio, um escritório bem equipado etc. Só tinha um problema: ele não tinha certeza sobre que tipo de clientes deveria atrair. "Não quero me aborrecer com clientes pequenos", escreveu, "mas os clientes grandes me parecem fora de alcance. O que você acha?" Meu conselho foi que ele esquecesse os aborrecimentos. Começar um negócio do zero nunca é monótono. Em vez de afastar as pequenas contas, ele deveria assinar com quantas pudesse lidar e cobrar alto. A longo prazo, se daria muito melhor com um monte de clientes pequenos do que com um ou dois grandes.

Clientes pequenos são a plataforma de um negócio sólido, estável e lucrativo — especialmente no setor de serviços. Nada me agradaria mais que ser dono de uma empresa de serviços com 10 mil clientes, cada um contribuindo com US$ 5 mil anuais em vendas. Esse seria meu ideal. Não que exista algo errado em ter clientes grandes. Mais cedo ou mais tarde, precisamos deles para crescer. Mas você nunca deveria menosprezar seus clientes pequenos ou achar que eles é que precisam de você. Quanto mais clientes pequenos tiver, mais feliz estará. Por quê? Eu posso lhe dar três razões.

Primeiro, você normalmente obtém margens brutas melhores com os clientes pequenos porque eles pagam mais pelos seus serviços. Eles não têm outra escolha. Simplesmente não possuem o poder de negociação dos clientes maiores. Em consequência, os clientes pequenos pagam o preço integral. Não estou falando de explorar ninguém. Em meu setor de armazenagem de documentos, por exemplo, a maioria das empresas tem um preço de tabela. É o preço por caixa que elas cobram de qualquer cliente que esteja armazenando até, digamos, quinhentas caixas. Um cliente que armazene 10 mil caixas pagará uma taxa muito mais baixa. Nunca permitiria que o preço diminuísse tanto a ponto de solapar a margem bruta, mas tenho que oferecer algum tipo de desconto, porque estamos competindo com outros fornecedores pelo mesmo negócio. Com clientes pequenos, posso me dar ao luxo de insistir no preço de tabela, o que ajuda a fortalecer nossas margens.

Em segundo lugar, os clientes pequenos dão estabilidade ao negócio. Se você tratar bem deles, ficarão com você para sempre. Isso acontece, em parte, porque eles são leais e, em parte, porque — como a maioria de nós — são avessos às mudanças. Também é verdade, no entanto, que eles têm muito menos chance de ser seduzidos pela concorrência, até porque a maioria das empresas não sai procurando clientes pequenos. Quando eu estava no serviço de mensageiros, por exemplo, todo mundo sabia onde procurar as grandes contas — escritórios de advocacia, agências de publicidade, e assim por diante — e todo mundo ia atrás delas. Levava quase o mesmo tempo, esforço e dinheiro para arranjar um desses clientes que localizar e assinar um contrato com o sujeito que só precisa de cinco serviços de mensageiro por semana. Mais ainda, eram necessários uns duzentos pequenos clientes para proporcionar o mesmo volume de negócios que um grande cliente. Portanto, os vendedores da concorrência ignoravam as pequenas contas. Quando conquistávamos uma, o cliente raramente nos abandonava.

Em terceiro lugar, uma grande base de clientes deixa seu negócio menos vulnerável à perda de um único cliente. É por isso que, quando se pede um empréstimo, o banco solicita uma lista de todos os clientes que respondem por mais de 10% de seu faturamento, assim como o percentual de vendas que cada um representa. Caso se tenha mais de 30% de faturamento dependendo de um único cliente, tem-se um problema. Para começar, você terá de estar sempre à disposição desse cliente. Se estiver de férias e o cliente quiser marcar uma reunião com você, terá de largar tudo e voltar. Se tiver um contrato com esse cliente, você sua em bicas sempre que tiver de renová-lo. A verdade é que você não está no controle de seu negócio. O grande cliente pode perfeitamente ditar o preço e as condições, e você não poderá oferecer muita resistência. É como ter um chefe, o que provavelmente não era o que você tinha em mente quando decidiu abrir um negócio, em primeiro lugar.

É claro que talvez você não possa se dar ao luxo de começar com uma base de pequenos clientes. Muita gente começa um negócio com base no fluxo de caixa do faturamento que advém de um ou dois grandes clientes, e não há nada essencialmente errado com isso. Mas você precisa imediatamente expandir e diversificar sua base de clientes com as contas pequenas ou rapidamente se tornará escravo das grandes.

Qual deve ser a meta? Não acho que qualquer empresa possa ser considerada segura até que seu maior cliente não represente mais que 10% do faturamento — e mesmo assim não pararia aí. Por mais que ame os meus grandes clientes, ainda me sinto vulnerável nas mãos deles, por isso continuo a somar o máximo de novos clientes que puder, especialmente se forem pequenos. Não é fácil. Pela mesma razão que os pequenos clientes dão estabilidade a seu negócio, eles são difíceis — e caros — de se achar. Você não pode pedir a sua equipe de vendas que dedique todo o tempo procurando por eles. Em vez disso, eu costumava instruir nossa equipe a dar uma passadinha no escritório de três ou quatro pequenas contas toda vez que fossem tentar pegar uma conta grande. Se todas as contas ficassem no mesmo prédio, as visitas adicionais normalmente durariam uma hora ou coisa parecida e os resultados se acumulariam com o tempo.

Às vezes, você pode ter sorte. Foi o que aconteceu com a aquisição que descrevi no final do último capítulo. Quase todas as contas eram pequenas — literalmente milhares e milhares delas. Perguntei a Jack, o proprietário, como ele conseguia conquistar tantos clientes pequenos sem clientes grandes para proporcionar o fluxo de caixa.

— Bem, costumávamos ter clientes grandes — ele me disse –, mas os perdemos para pessoas como você. Tudo que sobrou foi nossa base de clientes pequenos. É claro que levamos sessenta anos para construir essa base, portanto ela é substancial.

Sinceramente, acho que a base de clientes de Jack é melhor que a minha. Quando perdi uma conta de 40 mil caixas, isso doeu muito. Ele teria de perder umas duzentas contas para experimentar a mesma dor. Felizmente, eu não precisaria passar os sessenta anos seguintes tentando me igualar a sua posição. Em cerca de 24 meses, terminamos de transferir todas as suas contas — umas 400 mil — para nossas instalações.

Quando o preço está errado

Infelizmente, a maioria das contas não cai em seu colo com a facilidade que essas caíram no meu. Na verdade, fazer uma venda com uma boa margem bruta quase nunca é fácil e, algumas vezes, parece impossível. Passamos por um período no final dos anos 1990 em que vender era a coisa mais difícil que eu podia imaginar. Não era suficiente oferecer um preço baixo, porque todo mundo estava cobrando preço baixo. Claro, havia alguns bolsões de *overpricing*, mas, no geral, a gordura tinha sido queimada em todo o sistema, e os clientes sabiam. Eles sabiam que não poupariam muito se comprassem exclusivamente com base em preço. Portanto, para conseguir o negócio, você tinha de oferecer algo que fosse mais valioso para eles do que um desconto. Tinha de se sobrepor à lealdade dos clientes, que era incrivelmente alta. Os clientes já diziam de cara, quando você se reunia com eles pela primeira vez para pedir o negócio, que estavam satisfeitos com o atual fornecedor e provavelmente não mudariam. Quando isso acontece, não é suficiente dizer por que seu produto ou serviço é melhor. Você precisa mostrar isso a eles.

Numa ocasião, por exemplo, consegui uma chance de fazer uma apresentação de nosso serviço de armazenagem de documentos para uma grande empresa de contabilidade de Nova York. Um amigo me ajudou a marcar uma reunião com o sócio encarregado das compras da empresa. Eu já sabia, quando me encaminhei para lá, que vender meus serviços seria difícil. O sócio tinha uma relação íntima com sua atual empresa de armazenagem e nem tentou esconder. Disse:

— Tenho de ser honesto com você. Faço negócios com essa empresa há muitos anos e gosto deles.

Disse também que planejava mostrar a eles qualquer proposta que fizéssemos. Eu acreditava que eles nem precisariam cobrir a nossa oferta para continuar com o negócio. Só teriam de apoiar. Na verdade, ele estava nos usando para conseguir um contrato melhor com a outra empresa. Isso era tudo o que ele realmente queria.

E o que eu queria, é óbvio, era um contrato. Para ter ao menos uma chance de ganhá-lo, teria de mostrar ao sócio como poderia ajudar a empresa dele a cortar custos. Sugeri que me deixasse passar um tempinho no arquivo da empresa, estudando como eles administravam os arquivos.

— A administração de arquivos não é seu negócio — falei —, é meu. Acho que sei um pouco mais desse assunto que você, e posso lhe dar algumas sugestões de como melhorar o sistema.

Ele achou isso uma grande ideia e pediu ao gerente administrativo que me levasse até a sala de arquivos.

O que eu procurava? Duas coisas: cortes de custos internos e cortes de custos externos. Queria encontrar maneiras pelas quais a empresa poderia poupar dinheiro, não só mudando como ela operava internamente, mas também reduzindo os gastos que tinha nos serviços externos. Logo que cheguei lá, não tive nenhum problema em ver oportunidades nos dois campos. A empresa tinha um sistema basicamente manual de monitorar seus documentos. Não havia espaço suficiente na sala de arquivos para alguém jogar o conteúdo deles direto num computador. Em vez disso, os arquivistas escreviam a informação numa ficha, mandavam as caixas para a armazenagem e cuidavam do computador depois. Eles estavam com um ano de atraso e usavam o computador principalmente como backup.

O sistema era extremamente ineficaz, exigia gente demais, desperdiçava toneladas de tempo e resultava em muitos erros custosos. Também levava a empresa a gastar mais dinheiro que o necessário com serviços de busca nos arquivos. Como havia muitas caixas na sala, por exemplo, a empresa precisava constantemente passar algumas caixas para o fundo, para abrir espaço para as caixas novas que entravam. Como resultado, ela acabava tendo de pedir — e pagar — cinco entregas numa semana, quando só precisaria de uma.

Passei umas duas horas no arquivo. Mais tarde, liguei para o sócio. Concordamos em ter uma segunda reunião, com três pessoas da minha empresa e sete da dele. A reunião começou às 17h e durou quase cinco horas. Contei para as pessoas da firma tudo que tinha visto e lhes dei inúmeras sugestões de corte de custos, muitas das quais eles poderiam implementar imediatamente. Também me ofereci para ajudá-los a encontrar o software de que precisavam para fazer um upgrade no sistema de rastreamento por computador, usando os contatos que eu tinha estabelecido em meus outros negócios.

Entenda o que eu estava fazendo nesse momento: primeiro, estava ensinando o sócio e sua equipe sobre meu negócio; estava mostrando a eles como poupar dinheiro sendo consumidores inteligentes de serviços de armazenagem de documentos. Quanto mais eu falava, mais perguntas me faziam. Era como se nunca tivessem realmente entendido o que estavam pagando.

Segundo, eu estava mostrando a eles o que eles *não* estavam recebendo do atual fornecedor — sem dizer uma única palavra negativa. Como já disse antes, nunca falo mal de meus concorrentes a meus clientes. Acredito que, quando você faz isso, acaba se desgastando. E, ainda assim, você precisa mostrar por que é melhor e por que o cliente se beneficiará utilizando seus serviços e não os do concorrente. Então, tive o cuidado de mostrar um número de cortes de custos externos em potencial que eu sabia que a empresa de contabilidade não conseguiria obter de seu atual fornecedor. O concorrente não tinha a tecnologia adequada. Nós tínhamos.

Terceiro e mais importante, eu estava gerando confiança. Como? Oferecendo nossas ideias e nossa expertise de graça. Indo em frente sem ter nenhuma garantia. Investindo quantidade significativa de nosso tempo e esforço em ajudar a empresa a cortar custos, sem promessa de termos lucro. O fato é que eu estava dizendo que o sócio deveria entregar a conta para nós porque poderia contar conosco para cuidar do maior interesse de sua empresa. Estava mostrando que podíamos não só ajudá-lo a poupar dinheiro, mas que também nos *preocupávamos* com que ele economizasse, que éramos dignos de confiança. Eu estava lhe dando a melhor razão do mundo para se mudar de fornecedor: tranquilidade.

Isso é exatamente o que você tem de fazer para competir com sucesso em um ambiente de extrema lealdade do cliente. Você tem de provar que merece a lealdade de seu cliente, mais do que seus concorrentes merecem. Acredite em mim quando digo que esse é um processo longo, caro e difícil, e nem sempre você realiza a venda. Felizmente, naquele caso em particular, realizamos, mas ainda demorou oito meses. Durante todo esse tempo, continuamos a oferecer nossos conselhos à empresa e passamos horas e horas negociando as cláusulas específicas de um eventual contrato. Enquanto isso, a empresa também negociava com nosso concorrente. No final, nossa paciência foi recompensada, e ganhamos a conta, para meu grande alívio.

É claro que provavelmente não teríamos ganhado se eu não tivesse me envolvido tanto em realizar essa venda. Não estou me gabando. O fato é que você precisa conhecer seu negócio extremamente bem para ser capaz de vender desse jeito. E quem é que conhece melhor o negócio do que a pessoa que o construiu do zero? Em outras palavras, o conhecimento do empreendedor é uma significativa vantagem competitiva. Uso meus conhecimentos sempre que posso.

Pergunte a Norm

Prezado Norm:

Sou dono de uma empresa que há três anos produz feiras de empregos e esse tempo inteiro foi como uma montanha-russa. Os negócios são muito bons por três ou quatro meses durante a primavera e, depois, por mais uns dois ou três meses no outono. Fora disso, não acontece nada. Nosso fluxo de caixa vai a zero. E, enquanto isso, ainda temos de pagar os empregados. Tentamos atrair clientes oferecendo descontos para a baixa temporada, mas de nada adiantou. O aperto de caixa é tão grave que temos de passar boa parte dos meses bons nos recuperando. Esse problema está minando meu negócio e minha estabilidade emocional.
Kent

Prezado Kent:
Em primeiro lugar, descontos de baixa temporada não adiantam e podem minar a parte lucrativa do seu negócio. Em vez disso, você deveria arranjar maneiras de se diversificar. Há outros tipos de evento que você pode produzir nos meses ruins? Que tal prestar consultoria nesses períodos? Você tem de ser criativo, mas a diversificação normalmente é a melhor solução para as flutuações sazonais. Enquanto isso, ataque os problemas de fluxo de caixa diretamente. Será que você consegue negociar o pagamento de seu aluguel durante os meses em que tem mais dinheiro no banco? Você pode receber com mais rapidez quando o caixa estiver apertado? Tente também explicar o problema a seus empregados e peça-lhes sugestões. Eles podem muito bem aparecer com ideias que você nunca teria imaginado.
— Norm

Escute e lucre

Por incrível que pareça, uma das melhores maneiras de se aumentar as vendas é também a mais óbvia, embora você vá se surpreender com quão poucas pessoas a utilizam. Estou falando de simplesmente ouvir os clientes. Hoje em dia isso é tão raro que você pode ter uma vantagem competitiva só de escutar os outros.

Vou dar um exemplo. Um dia eu estava mostrando nosso depósito a duas pessoas de um grande escritório de advocacia de Nova York, na expectativa de ganhar aquela conta. Não chegamos a ir longe antes que uma delas, a gerente administrativa, dissesse:

— A propósito, gostaríamos de manter nossas caixas em ordem numérica. Se tirar uma do lugar, queremos que ela seja posta exatamente no mesmo lugar.

Bem, normalmente, não arquivamos as caixas em uma ordem específica. Nosso sistema de código de barras permite-nos encontrar as caixas instantaneamente, não importa onde estejam armazenadas. Mas sempre tento dar a meus clientes aquilo que eles pedem, e essa cliente específica tinha acabado de dizer o que queria. Respondi:

— Perfeitamente. Sem problemas.

Ela olhou para a outra pessoa, e depois de novo para mim.

— Você não vai dizer que sou maluca?

— Você não pediu minha opinião. Você me disse o que queria, e tenho certeza de que tem suas razões.

Ela começou a rir.

— Bem, em todos os outros lugares que fomos, eles tentaram nos dissuadir. Você foi a primeira pessoa que simplesmente disse "sim".

Ganhamos a conta.

Ao contar essa história, não quero dar a entender que escutar os clientes é fácil. Ao contrário, é a parte mais difícil do processo de vendas. Todo tipo de assunto estranho aparece no caminho. De um lado, você geralmente acredita que sabe o que é melhor para o cliente, e às vezes você até pode estar certo. Entendo perfeitamente, por exemplo, por que nossos concorrentes tentaram dissuadir o escritório de advocacia de armazenar as caixas em ordem numérica. Do ponto de vista de armazenagem, trata-se de uma prática ineficaz. Você não ganha nada a não ser transtornos, sem qualquer benefício aparente, e o cliente acaba pagando mais caro pelo serviço. As outras empresas poderiam muito bem estar pensando que estavam oferecendo uma alternativa melhor ao escritório. Só havia um problema: não era isso que o cliente queria.

E, quando se está vendendo, todo seu foco deve estar em descobrir o que seus clientes querem e então, se possível, proporcionar isso a eles. Afinal de contas, você não sabe realmente o que é melhor para eles. Como poderia? Em qualquer situação, existem inúmeros fatores que se desconhece completamente. Não estou dizendo que não se deva ajudar os clientes a encontrar uma maneira melhor de lidar com suas necessidades, mas deve-se tomar cuidado. É muito fácil confundir suas necessidades com as deles, especialmente quando se está tentando realizar uma venda.

O orgulho também se intromete ao se ouvir os clientes. Como vendedor, é natural que você queira enfatizar as melhores coisas de seu negócio, e por que não? Você se orgulha delas, e com razão. Quer que as pessoas conheçam os serviços especiais que você oferece, ou sua nova e quentíssima linha de produtos, ou o sistema de informática com tecnologia de ponta em que você acabou de gastar mais de US$ 100 mil. E então, o que acontece? Você exagera. Não escuta seus clientes quando eles dizem que seu sistema de computador não tem utilidade para eles. Você *acha* que devia ser importante para eles. Sabe que, se fossem mais inteligentes, *seria* importante para eles. Aí você continua a alardear os benefícios e não percebe que os olhos deles já perderam a atenção. Você os perdeu.

E também, é claro, existe o ego. Conduzo meus clientes em visitas, e alguns deles olham para todas as caixas em meus depósitos e dizem:

— Caramba, você não tem medo de acontecer um incêndio aqui?

O fato é que não tenho medo de incêndios e poderia muito bem responder:

— Estamos protegidos. Não nos preocupamos com isso.

Mas isso seria meu ego falando. Quando um cliente faz uma pergunta dessas, é porque *ele* tem medo de um incêndio. Por que ele tem medo não é assunto meu. A questão é que tenho de respeitar o medo dele, e não minimizá-lo. Por isso, minha resposta é:

— Certamente já pensamos no perigo de um incêndio, e deixe-me mostrar nossas providências.

Algumas pessoas dirão que estou sendo pouco inteligente. Prefiro dizer que estou sendo altruísta. Estou deixando meu ego de lado e respondendo à preocupação de um cliente.

E esse é meu objetivo como vendedor. Não me preocupo em realizar vendas. Preocupo-me em fazer os clientes se sentirem ouvidos, entendidos e respondidos. Quero que eles saiam com um sentimento caloroso e agradável. Se saírem, a venda será uma consequência.

Você não pode fazer os clientes se sentirem calorosos e agradáveis se não os escuta, se não deixar de lado seus preconceitos e suas pressuposições, sua agenda, suas opiniões e escutar o que eles realmente estão dizendo. Fazer isso não é algo que venha naturalmente. Requer prática e disciplina. Eu, por exemplo, sento-me em silêncio por alguns minutos antes de levar os clientes num tour às nossas instalações e tento fazer da minha mente uma tela em branco. Repito várias vezes as palavras "sem preconceitos, sem preconceitos". Limpo quaisquer pensamentos que possa ter e que possam impedir que eu ouça ou observe os clientes. Sim, falarei do nosso produto, enfatizarei o que considero serem as características e benefícios mais importantes, mas não empurrarei nada para cima das pessoas. Descobrirei o que elas querem. Procurarei pelas pistas verbais e não verbais. Escutarei o que elas dizem e o que não dizem, e lhes responderei de acordo.

E isso funciona. Vejo, ouço, escuto e descubro algumas coisas inesperadas. Às vezes alguém faz um comentário sobre um assunto que tenho uma opinião bem forte, e fico me dizendo "não tome partido, não tome partido". É preciso esforço para não se distrair. A parte da venda, por outro lado, fica bem mais fácil quando se ouve cuidadosamente o que as pessoas estão dizendo. Você só se vira para elas e diz o que elas querem ouvir. Não que você deva ludibriar os outros. A informação tem de ser verdadeira e precisa, mas pode-se enfatizar a parte em que elas estão mais interessadas. Você não precisa criar um discurso de venda. Seus clientes vão lhe dizer o que falar.

A armadilha da capacidade

Espero que você entenda que *não* estou sugerindo que você dê a seus clientes o que quer que eles peçam. Às vezes eles pedem coisas que você não pode, ou não deve, atender, como por exemplo um preço significativamente abaixo do que é preciso cobrar para se obter um lucro razoável. A maioria dos empresários é suficientemente inteligente para perceber que não pode conceder descontos tão grandes assim sem cair em sérios apuros. No entanto, existe uma forma de redução de preço da qual até empresários experientes acabam virando vítimas. Eu já a vi quebrar indústrias inteiras e levar à lona empresas bem estabelecidas, sem contar inúmeros start-ups.

> ### *Pergunte ao Norm*
>
> *Prezado Norm:*
> *Sou uma designer de moda iniciante e finalmente consegui alinhar todo mundo que eu queria. Entrei em contato com uma cadeia local de roupas masculinas e convenci o encarregado de compras a dar uma olhada. Mandei para ele gravatas, amostras de tecido, fotos, tudo. Dois meses atrás, ele me assegurou que ia fazer um pedido. Desde então, tenho ligado para ele várias vezes, e ele sempre me diz que vai fazer um pedido por fax, e isso nunca acontece. Começo a ter dúvidas sobre fazer negócio com alguém cuja palavra não significa nada. Devo insistir?*
> *Pam*
>
> *Prezada Pam:*
> *Eu mandaria para ele uma conta pelas gravatas com um recado espirituoso. Escreva alguma coisa tipo "Tenho certeza de que você gostou tanto de minhas gravatas que provavelmente as está usando, mas como microempresária, preciso receber pelos meus serviços. Se por qualquer razão você não estiver satisfeito com minhas gravatas, pode devolvê-las. Senão, por favor mande um cheque."*
> *— Norm*

Estou me referindo à prática de vender capacidade ociosa com desconto, de modo a se assegurar de que ela não será desperdiçada. Essa capacidade ociosa pode existir na forma de um depósito vazio, de uma máquina que só é usada esporadicamente, ou até mesmo no tempo de, digamos, um consultor. Quando chega uma oportunidade de vender essa capacidade ociosa a um preço reduzido, a maioria das pessoas acha difícil recusar. Só pensam no dinheiro que ganharão sobre alguma coisa que de outra maneira seria desperdiçada. Ignoram os problemas que vão criar se cobrarem um valor significativamente menor do que vale aquele serviço.

Chamo a isso de "armadilha da capacidade". Por que uma armadilha? Porque, à primeira vista, parece que você está tomando uma decisão absolutamente correta, do ponto de vista empresarial. Mas você está se colocando a caminho da falência.

Vamos pegar o exemplo clássico do cara que aluga um caminhão, contrata alguns trabalhadores e entra no negócio de fretes. Ele cobra o preço padrão — digamos, US$ 45 por hora — e consegue arranjar três dias de serviço por semana. Então, vem um período de seca. Ele não consegue arranjar mais ninguém que compre seu serviço por aquele preço. Finalmente, aparece um cliente que oferece fretar o caminhão pelos outros dois dias a US$ 25 a hora. O sujeito pensa "Por que não? Tenho de pagar o leasing do caminhão de qualquer maneira. Posso até ganhar uns trocados. Tudo que não quero é que ele continue parado." Ele aceita a oferta, que traz US$ 400 a mais por semana em faturamento. O sujeito está satisfeito. Conseguiu que o seu caminhão ficasse permanentemente ocupado. Não está deixando nenhuma capacidade ociosa. O que poderia haver de errado nisso?

Muitas coisas. Para começar, ele, sem dúvida alguma, está ganhando menos dinheiro com a venda do que imagina. Porque está focando num só fator: capacidade — ele precisa pagar o leasing do caminhão. Enquanto isso, ignora todos os custos que incorrem pelo uso da capacidade — combustível, desgaste do veículo, talvez mão de obra. Talvez ele se dê muito melhor deixando o caminhão ficar ocioso esses dois dias, mas não quer saber disso, porque só está olhando o faturamento, e não o lucro. É uma falha bastante comum, especialmente entre pessoas que abrem um negócio. Infelizmente, às vezes ela é fatal.

Mas vamos supor que esse sujeito tenha levado em consideração seus custos operacionais e descoberto que pode tirar algum lucro desse serviço. Ainda assim continua sendo uma má ideia fretar o caminhão a um preço baixo. Eu diria que quase sempre é uma má ideia cortar preços somente para não ter capacidade ociosa — por quatro motivos.

Primeiro, porque há o custo de capital. Sempre que se faz uma venda, se está, de fato, emprestando dinheiro a um consumidor, pelo menos até que se seja pago. É como fazer um investimento no formato de um crédito. Você tem de se certificar de que está tendo um bom retorno sobre o investimento — de que está usando seu capital para gerar lucro suficiente para continuar no negócio. É um erro qualquer negócio desperdiçar capital em vendas com margens baixas. Pode ser o suicídio para um negócio novo, que por definição tem capital limitado, e nunca conseguirá passar da fase de start-up se esse capital acabar.

Segundo, existe o custo de oportunidade. Quando você enche sua capacidade com vendas de margens baixas, você não deixa espaço para as vendas de margens altas. O que o fretador fará se encontrar outro cliente disposto a pagar o preço integral? Será que ele vai continuar procurando um cliente que pague o preço integral?

Enquanto isso, ao cortar o preço, ele acabou de lançar mais um concorrente no mercado: ele mesmo. Essa é a terceira razão para não se correr atrás das vendas de margens baixas, e se baseia numa regra geral do mundo dos negócios — a saber: os preços sempre procuram o seu nível mais baixo. Quando você cobra dois preços por rigorosamente o mesmo serviço, está competindo contra si próprio, e é apenas uma questão de tempo até ganhar o concorrente de preço mais baixo. Os clientes não são burros. Mais cedo ou mais tarde, eles descobrirão que você aceita vender por um preço menor. Quando perceberem isso, você terá muita dificuldade em conseguir que qualquer um deles volte a pagar mais.

Além do mais, a essa altura, você provavelmente já terá perdido os primeiros clientes de preço integral — que é o quarto e mais importante argumento contra baixar os preços para suprir toda a capacidade. A prática vai espantar exatamente aqueles clientes de que você precisa para ter sucesso, talvez até sobreviver. Eles ficarão furiosos quando souberem que você está cobrando menos de outras pessoas exatamente pelo mesmo serviço. Pensarão que passaram o tempo todo sendo explorados. Daí em diante, pode esquecer. Pouco importa o preço que ofereça a eles. Estes estão perdidos.

O exemplo do caminhão é um caso claro de armadilha da capacidade, mas você também tem de tomar cuidado com ela em situações de leilão. Lembro-me de um grande contrato municipal que foi disputado num leilão. Eu realmente o queria, mas o perdi para uma nova empresa de armazenagem de documentos que ofereceu uma taxa mensal de US$ 0,13 por caixa, cerca de 40% abaixo do meu lance. Só pude rir. A esse preço, eu não queria aquele negócio. E francamente, não vejo como alguém mais poderia querer. Duas semanas mais tarde, o sujeito que ganhou o contrato — vamos chamá-lo de Jerry — veio me ver. O dono da empresa é meu amigo e pediu que eu desse ao rapaz algumas dicas. Logo percebi que Jerry estava perplexo com a maneira pela qual correu o leilão.

— Fiquei surpreso de você não ter feito um lance menor.

— Eu nunca daria um lance igual ao seu. Não há maneira de se justificar US$ 0,13 por caixa. Você perderá dinheiro com esse negócio.

— Não é verdade.

— Ah, não? Então, deixe eu lhe mostrar uma coisa.

Nós nos sentamos, e peguei papel e caneta. Perguntei ao Jerry qual era altura de seu depósito e então calculei o número de caixas que cabiam do chão até o teto. Como já sabíamos o número de caixas envolvido e o tamanho de cada caixa, era possível calcular qual a superfície que as caixas iriam ocupar. Também conhecíamos a receita total mensal advinda dessas caixas. Dividindo a receita pela superfície, chegamos à conclusão de que Jerry estaria recebendo uma receita mensal de aluguel de US$ 72,60 por m² para armazenar as caixas.

— Você poderia alugar esse armazém para uma outra pessoa por US$ 88 a US$ 99 o m², e ela ainda pagaria os impostos, o aquecimento e a iluminação. Com este contrato, você não só fatura menos que isso, como ainda tem de bancar pessoalmente todas essas despesas.

— Ai, meu Deus — disse Jerry —, eu nunca tinha pensado dessa forma.

É claro que sei que algumas pessoas vão dizer que Jerry fez o certo. Afinal de contas, seu depósito estava vazio na ocasião. Ele já estava pagando os impostos, o aquecimento e a iluminação, assim como inúmeras outras despesas. Mesmo a US$ 0,13 por caixa, o contrato municipal o ajudaria a cobrir essas despesas. Então por que não deveria ele agarrar o que conseguisse? Ter alguma coisa na mão é sempre melhor que nada, certo?

A resposta é: errado. Quero dizer, que sentido faz Jerry se dar ao trabalho de ter todas as despesas de um serviço de armazenagem de documentos se seria muito melhor para ele alugar o espaço? O fato é que se deve sempre se fazer perguntas ao descobrir que você poderia ganhar mais dinheiro usando seu capital de outra maneira. A menos que você tenha um plano claro para aumentar seu retorno dentro de um cronograma específico, você provavelmente está fazendo alguma coisa errada.

É certo que toda a regra tem suas exceções, e esta não é diferente. Tenho de admitir que vender capacidade ociosa com desconto de vez em quando faz sentido, desde que atendidas duas condições. Primeiro, você e o seu cliente precisam acertar desde o início a duração do desconto e o que acontecerá quando esse prazo acabar. Segundo, você tem de ser capaz de explicar o negócio a outros clientes que questionarem essa prática. Eles precisam acreditar que você foi justo. Em certo momento, por exemplo, usei uma parte da minha capacidade ociosa para pegar uma conta de 200 mil caixas de meu maior concorrente. O cliente descobriu que estava pagando um preço acima do mercado graças a uma série de aumentos automáticos de preço e começou a procurar outro fornecedor. Propusemos um contrato de dez anos, com os dois primeiros tendo um grande desconto. Podíamos fazer uma oferta dessas porque dispúnhamos temporariamente de uma quantidade bem grande de espaço extra em um de nossos depósitos. No terceiro ano do contrato — quando o cliente começou a pagar o preço normal —, terminamos a construção de um novo depósito. Então substituímos o empréstimo que tomamos para a construção por uma hipoteca, e o incremento nas receitas daquela conta cobria os pagamentos mensais dela.

Por isso, o cliente já sabia de antemão exatamente qual era o contrato. E se os outros clientes me perguntassem, eu sempre podia dizer que nós demos descontos a todos eles no início. Eu podia até oferecer o mesmo contrato que havíamos dado a nosso novo cliente — desde que eles estivessem dispostos a assinar um novo contrato de dez anos por 200 mil caixas.

No entanto, essa é uma situação incomum. Em geral, é má ideia dar descontos para cobrir capacidade ociosa, o que não é igual a dizer que você nunca deve oferecer um desconto a seus clientes. Volume, por exemplo, é uma razão que todo mundo entende. Ou você pode oferecer um desconto para um cliente que aceita certas condições especiais. Melhor ainda, mantenha seu preço, mas ofereça algo mais, um serviço que agregue valor. O que mudará de cliente para cliente, dependendo das necessidades deles. Mesmo que lhe custe alguma coisa proporcionar esse serviço, pelo menos você está fazendo bom uso de seu dinheiro. Está ganhando um cliente que paga o preço integral. Não está cortando seus preços habituais. E não fez nada para irritar seus clientes atuais. O pior que pode acontecer é eles quererem o mesmo serviço. E isso é algo positivo, não negativo. Se você ficar conhecido por esse serviço que agrega valor, os clientes virão até você por causa dele, e você descobrirá que pode cobrar mais para oferecê-lo.

Mas talvez você não tenha tanta sorte assim. Você pode estar sentado diante de um caminhão vazio e ocioso e chegar um cliente que não está interessado em um serviço que agregue valor, num desconto por volume, ou seja lá no que for. Ele só quer fretar o caminhão por US$ 25, em vez dos habituais US$ 45. Nesse caso, você volta à primeira regra do mundo dos negócios: você não pode fazer negócio com todo mundo. Existem pessoas que querem mais pelo que pagam do que você pode proporcionar, e nenhuma negociação vai mudar o que eles pensam. Só existe uma palavra que você pode usar para lidar com eles, e você tem de usá-la, por mais difícil que isso seja quando o cliente está a sua frente e há uma venda em jogo. A palavra é *não*.

Resultado final

Ponto nº 1: Você está em melhor situação com uma base de muitos clientes pequenos do que com poucos grandes.

Ponto nº 2: Mostrar é mais eficaz que falar quando chega a hora de ganhar novos clientes. Deixe que eles experimentem o que você tem a oferecer.

Ponto nº 3: Escutar é uma arte esquecida. Você pode ganhar vantagem competitiva simplesmente escutando cuidadosamente o que seus prospects e clientes estão dizendo.

Ponto nº 4: Quase sempre é má ideia reduzir preços só para cobrir capacidade ociosa. Você só vai minar a parte mais lucrativa do negócio.

CAPÍTULO NOVE

Clientes para sempre

Existe uma regra básica no mundo dos negócios que é muito fácil de esquecer, especialmente quando se está competindo com outras empresas pelo mesmo cliente: ganhar não é só fechar a venda. Você ganha quando fecha uma venda e ao mesmo tempo constrói a fundação para um bom relacionamento que permite que você mantenha seu cliente por muitos e muitos anos.

O nome desse jogo é retenção de clientes. Fazer um negócio crescer é muito mais difícil se você tiver de substituir constantemente os clientes que perder. Afinal de contas, o que você prefere — fechar cinquenta vendas em um ano e manter 100% dos clientes ou fechar cem vendas por ano e reter 50%? Fico com a primeira opção todos os dias da semana. Sim, você fechará mais vendas durante o ano e terminará com o mesmo número de clientes, mas, se você perder uma conta em cada duas que conseguir, precisará do dobro de tempo, dinheiro e energia para obtê-las que precisaria se fizesse apenas metade das vendas, mas conseguisse segurar todos os clientes com que assinasse.

Passei por isso com meu serviço de mensageiros, o Perfect Courier. Perdíamos regularmente 25% de nossos clientes todo ano, principalmente porque atuávamos em uma indústria altamente competitiva, sem barreiras à entrada e quase nada para impedir nossos clientes de trocar de fornecedor, se pudessem economizar uns poucos dólares. Eu acordava todo dia de manhã e me perguntava "Que cliente perderei hoje?". As pessoas mudavam de fornecedor só para economizar centavos. Às vezes, perdíamos contas para competidores que sabíamos que não iam durar seis meses com o preço que estavam oferecendo. O cliente dizia:

— Voltaremos quando eles falirem.

E mesmo assim conseguimos chegar à lista Inc. 500 por três anos seguidos. Conseguimos, em parte, por bolar mecanismos que ligariam os clientes a nossos serviços — como, por exemplo, as faturas que mostravam a quantidade de dinheiro que eles poderiam repassar a cada um de seus clientes. Como éramos uma das pouquíssimas empresas de mensageiros que dispunham de computador naquela época, éramos os únicos com a capacidade de produzir essas faturas. No entanto, mesmo com esse tipo de artifício, continuávamos começando todos os anos tendo de substituir um quarto de nossas vendas só para empatar, ainda mais entrar para a lista da Inc. 500.

Então como é que você pode se assegurar de que conseguirá manter a maioria de *seus* clientes? Obviamente, ajuda muito estar numa indústria com muitas barreiras à entrada e inúmeros obstáculos para se trocar de fornecedor, como é o caso de meu serviço de armazenagem de documentos. Mas, principalmente, é uma questão de construir relacionamentos sólidos. Nenhum cliente gosta do processo de mudar de fornecedor. É doloroso. Toma tempo e dinheiro que poderiam ser gastos de outras maneiras. As pessoas responsáveis pela mudança precisam fazer com que o restante da empresa "compre" a mudança. É preciso se reunir com os novos fornecedores, negociar novos contratos. Por que elas haveriam de passar por isso? Geralmente é porque se aborreceram com o fornecedor atual.

Dito isto, também é verdade que os clientes não tratam todos os fornecedores da mesma maneira. Todo mundo erra de vez em quando, mas nem todo mundo perde uma conta por causa de seus erros. Em alguns casos, os clientes dizem: "É uma boa empresa. Vamos lhes dar outra chance." Em outros, dizem: "Esse pessoal não sabe fazer nada direito. Vamos encontrar alguém que saiba." Qual a diferença? Quase sempre isso tem a ver com o relacionamento que o fornecedor cultivou com o cliente.

Esse relacionamento começa não quando o cliente assina o contrato, mas quando ocorre o contato inicial, muito antes de qualquer negócio ser fechado. Você precisa saber de antemão o que será necessário para manter o cliente feliz depois da venda. Por exemplo, quero saber quanto tempo o cliente demora para pagar suas contas. Se não perguntar isso logo, estará fadado a ter problemas. Você pode achar que o cliente pagará em trinta dias. A contabilidade deles pode achar que tem noventa dias para pagar. Se você telefona para eles no 45º dia e descobre que ainda vai demorar 45 dias para receber o pagamento, isso não lhe deixará feliz. Você pressiona o pessoal do cliente, e então é que eles se irritam. A partir daí, o relacionamento passa a ir de mal a pior.

E a culpa é de quem? Digo que a culpa é sua por não ter perguntado antes sobre a política de pagamentos do cliente. Se você já soubesse qual era, poderia ter embutido os custos de carregamento em sua proposta, aceito as condições de pagamento, ou simplesmente não ter aceito o negócio. Com qualquer opção que tivesse sido escolhida, você se pouparia do sentimento amargo causado por um mal-entendido que poderia ter sido evitado.

Mas além de descobrir o que precisa saber para não azedar sem querer uma futura relação, também é importante utilizar o período anterior à venda para construir a confiança que permitirá que você mantenha o cliente no longo prazo. Isso significa fazer absolutamente tudo para mostrar sua intenção de fazer o que for necessário para assegurar que o cliente vai ficar feliz depois de assinado o contrato.

Houve uma ocasião, por exemplo, em que nos vimos competindo pelo negócio de um escritório de advocacia de porte médio e — como sempre — convidamos seus representantes a nos visitar, ver nosso depósito, se reunir com a equipe e avaliar nossa capacidade. Fizemos com ele o tour padrão. Depois, dissemos para o gerente de arquivos da firma que gostaríamos de visitar o escritório deles em Manhattan. Ele ficou surpreso. Ninguém antes tinha feito esse pedido.

— Por quê? — ele perguntou.

— Primeiro, porque quero ver quanto tempo demora subir e descer pelos elevadores. Também quero ver o tipo de prédio. E quero ver como você faz seu trabalho. Talvez eu possa lhe dar algumas sugestões.

— E se não ficarmos com vocês?

— Nesse caso, teremos passado o dia com pessoas agradáveis.

Aconteceu que fomos o único concorrente que se deu ao trabalho de visitar o escritório. Quando as ofertas começaram, a maioria das outras empresas de armazenamento de documentos foram rapidamente eliminadas. Dos três finalistas, éramos o mais caro. O gerente de arquivos entrou em contato com nosso profissional de vendas e disse:

— Queremos ficar com vocês, mas existem algumas coisas em seu pacote que não podemos aceitar. Vocês podem ficar com a nossa conta, desde que estejam dispostos a fazer algumas mudanças.

— Por que vocês querem ficar com a gente? — perguntou o vendedor.

— Ninguém mais veio ver o escritório — disse o gerente de arquivos. — Ninguém mais fez as perguntas que vocês fizeram. São os únicos que entendem a maneira pela qual funcionamos.

Tivemos de fazer algumas concessões, mas conseguimos a conta, e tivemos a oportunidade de ganhá-la por uma razão: havíamos criado um relacionamento.

Pergunte a Norm

Prezado Norm:

Sou proprietária de uma pequena empresa que confecciona bolsas e está enfrentando uma enorme competição. Meu negócio estava indo muito bem até um ano atrás, quando as vendas começaram a declinar. Recebi elogios excelentes nas principais revistas de moda e consegui colocar meus produtos em algumas das melhores lojas do país, com boas vendas. No ano passado, decidi assumir essa parte das vendas, porque achava que podia ser a melhor porta-voz de meu produto. Meu objetivo principal é construir uma marca sólida. Como é que posso passar para o próximo nível?
Nancy

Prezada Nancy:

Cuidar pessoalmente das próprias vendas não é a maneira de se construir uma marca. Você precisa criar uma certa mística ao redor da pessoa cujo nome está no produto. Você não consegue fazer isso se passa seu tempo fazendo triagem das indicações, telefonando para vender e vendo portas se fecharem. Para construir uma marca, aumentar suas vendas e fazer a empresa crescer, você precisa delegar responsabilidades para outras pessoas. Admito que isso pode ser difícil, especialmente se você acha que pode fazer esse tipo de trabalho melhor que os outros. Eu fui o primeiro expedidor de meu serviço de entregas, e sempre achei que era o melhor de todos. Mas se eu ainda estivesse enviando entregas, minha empresa hoje seria muito pequena.

— Norm

Construindo a lealdade

Que fique bem claro: você não pode parar de construir a relação depois de assinado o contrato. As relações com o cliente — como qualquer relacionamento — se atrofiam, a não ser que sejam constantemente alimentadas. Existem muitas maneiras de se fazer isso. Uma delas é ensinar aos clientes sobre o seu negócio. Eles querem cortar custos, e você se encontra numa posição única de mostrar-lhes onde podem economizar. Afinal de contas, você conhece seu negócio mais que eles. Sabe onde eles perdem — ou desperdiçam — dinheiro. Sabe onde eles podem cortar custos se agirem um pouquinho diferente. Em resumo, você pode ajudá-los a ser compradores e consumidores inteligentes.

No setor de armazenagem de documentos, por exemplo, uma das primeiras coisas que descobrimos é que a maioria das pessoas guarda seus arquivos para sempre. Os clientes dão as caixas para a empresa e se esquecem delas. Geralmente, não há razão para manter os arquivos depois de alguns anos, mas ninguém aparece para verificar quais podem ser destruídos. Enquanto isso, as taxas de armazenagem vão se acumulando.

Vimos uma chance de ajudar nossos clientes, ao desenvolver um sistema em que atribuímos uma data de destruição em nosso computador para cada caixa que recebemos. Quando chega esse dia, notificamos o cliente, que nos diz se devemos destruir os arquivos ou continuar mantendo a caixa. Nesse processo, economizamos para nossos clientes cerca de 40% dos custos de armazenagem.

Entenda que o resultado disso é que ficamos com menos caixas para armazenar. Assim, nosso faturamento é um pouco menor do que seria de outra maneira. Mas somos recompensados por mostrar a nossos clientes como eles podem poupar dinheiro. Eles nos pagam ao continuar conosco, mesmo que consigam um preço um pouco menor em outra empresa. No longo prazo, essa lealdade vale muito mais para o negócio do que as caixas a mais.

Outro modo de construir um relacionamento é fazer questão de tratar os clientes antigos como novos prospects. Esse é um desafio maior do que se possa imaginar. Existe uma tendência natural de tratar os clientes de maneira diferente depois que eles já estão com sua empresa por alguns anos. Você faz de tudo por eles quando está tentando ganhar o contrato, mas depois que consegue a conta, sua atitude começa a mudar. Quando chega a hora de renegociar o contrato, já criou um conjunto inteiramente novo de expectativas. Não está mais concentrado em fechar o negócio. Agora está pensando em fazer um negócio melhor. Esse é um jeito muito fácil de se perder uma conta. Deixa todas as portas abertas para os concorrentes que olham para o cliente da mesma forma que você olhava quando estava começando.

Assim, faço tudo que posso para tratar nossos clientes antigos com o mesmo cuidado que tivemos com eles na primeira vez em que entraram pela nossa porta. É uma promessa que faço a eles quando fecho a venda, e é uma maneira de pensar que tento incutir em minha equipe. Quero que nos perguntemos constantemente como podemos melhorar nossos serviços, o que podemos fazer para facilitar a vida do cliente. Por exemplo, num dado momento, desenvolvemos um novo programa de computador que permitia que os clientes digitassem um número e pudessem ver qualquer coisa que quisessem sobre a conta: os arquivos que tinham em depósito, a situação das caixas, o que fosse. Fazer isso levou tempo, e tivemos de cobrar US$ 1,50 por consulta. Eu preferia não ter de fazer busca alguma. Havia modos muito mais lucrativos de usar nossos recursos. Mas utilizando o serviço online, os clientes economizavam tempo, dinheiro e problemas, e nos ajudavam a reduzir os custos, o que torna viável a manutenção de nossos preços.

O toque do cliente

Em tudo isso, é importante lembrar o papel crítico que você, o empreendedor do negócio, desempenha em criar e manter as relações com os consumidores. Infelizmente, quanto mais bem-sucedida for sua empresa, maior ela é e mais difícil será desempenhar esse papel. Você tem cada vez menos oportunidades de interagir com seus clientes. Não pode gastar tanto tempo com eles como podia em seus primeiros dias. Existem sempre assuntos mais urgentes para dar atenção — problemas a resolver, financiamentos a se conseguir, pessoas a se contratar, contratos a assinar, e por aí vai. Depende-se cada vez mais dos empregados para lidar com a relação diária com os clientes, enquanto você mesmo fica cada vez mais distante deles. Esse é um processo que pode solapar até a empresa mais nova e promissora — a menos que alguém faça um esforço consciente para impedir que isso aconteça.

Deixe-me contar sobre uma experiência que vivi num voo de Nova York para a Califórnia. Como sempre, eu viajava pela JetBlue. Entrei no avião com os outros passageiros e a porta se fechou. Enquanto nos sentávamos, apertávamos o cinto e dávamos uma olhada no televisor a nossa frente, um homem de meia-idade com o cabelo levemente grisalho estava na frente do avião. Vestia o mesmo paletó que todos os comissários da JetBlue usam, com o nome gravado.

— Olá — falou —, meu nome é Dave Neeleman e sou o CEO da JetBlue. Estou aqui para servi-los esta noite e desejo falar com vocês antes de aterrissarmos.

Assim, tão logo chegamos à altitude de cruzeiro, ele e os outros comissários começaram a subir o corredor com as cestas de aperitivos que a JetBlue oferece aos passageiros a caminho de seus destinos. Evidentemente, se os passageiros do fundo da aeronave tivessem de esperar até Neelemen servi-los, iriam morrer de fome. Começando da primeira fila, ele foi aos poucos percorrendo o avião, parando para conversar com qualquer pessoa que quisesse falar com ele, respondendo a todas as perguntas. Eu estava na 11ª fila, e ele precisou de mais de uma hora para chegar até mim.

— Bela companhia a sua — falei. — Como é que você tem ideias tão boas, como essas televisões?

— Tiro a maioria das ideias de voos como esse — disse Neelemen. — Os clientes me dizem o que querem.

— Ah, escutar o cliente. Que ideia inovadora!

Ele riu.

Depois de conversar comigo e as pessoas na minha fila por cerca de vinte minutos, Neeleman pediu licença e passou para a fila seguinte. Voltei a ver televisão. Os outros comissários continuaram seus afazeres. Quando chegaram em mim, perguntei se eles já tinham trabalhado antes com o CEO deles.

— Ah, sim — disse um deles. — Encontramos com ele o tempo todo.

— E qual sua opinião sobre ele?

— Ele é muito gentil. É como aparenta.

Sentado ali, não pude deixar de pensar na capacidade empresarial de Neeleman, sem falar em sua devoção à empresa. Afinal de contas, ele não precisava passar cinco horas e meia atendendo os clientes. Tenho certeza de que ele trabalhou o dia inteiro antes de pôr os pés no avião. Também estou certo de que ele teria outras maneiras de utilizar seu tempo de modo produtivo.

Mas então veja o que ele consegue com essas conversas — só para começar, um monte de ideias maravilhosas. Ele disse ao homem do outro lado do corredor que em breve iria implementar uma delas: Wi-Fi nas salas de embarque, e que estava trabalhando para proporcionar mais outra, conexão à internet nos voos.

Em segundo lugar, ao se manter em contato, ele toma o pulso do mercado em tempo real. Sabe de cara o que está acontecendo e pode ver as tendências antes dos concorrentes. Essa é uma das maiores vantagens de se ter contato direto com o consumidor. Os mercados mudam. As tecnologias mudam. Os clientes querem e precisam de mudanças. Se você tiver o dedo no pulso do mercado, estará um passo à frente da concorrência. Se não tiver, corre o risco de ficar às cegas.

Enquanto isso, Neeleman também moldava a cultura da empresa. Os empregados o viam trabalhando com o público, fazendo de tudo para ajudar um cliente, e faziam o mesmo. Ouviam-no falando dos planos para acrescentar novos serviços e espalhavam isso. Acima de tudo, eles sabiam que Neeleman não estava atrás de uma mesa, em algum lugar, contando suas opções de ações. Estava fazendo hora extra, na companhia de seus funcionários. Podiam ter certeza de que ele entendia o que estava acontecendo na linha de frente, porque havia estado lá. Pertencia ao time deles — e vice-versa, não só em palavras, mas em ações. E o resultado? Um nível incomum de confiança, respeito e boa vontade por todo lado.

A experiência toda teve um efeito muito interessante em mim como empresário. Há muito tempo acredito no tipo de liderança e serviço que Neeleman personifica, mas nem sempre cobro isso de meus próprios fornecedores. Até tentei inventar algumas desculpas para eles. Depois de voar com Neeleman, essas desculpas me pareceram fracas. Quer dizer, lá estava, recebendo atenção pessoal e de primeira classe do CEO da companhia que me vendeu um bilhete de US$ 154. Não deveria eu esperar a mesma coisa de fornecedores a quem pagava dezenas de milhares de dólares? E assim, acabei rompendo com meu corretor de seguros, com a empresa de contabilidade e com nosso banco. Quando não entenderam o porque, sugeri que viajassem pela JetBlue.

Pergunte a Norm

Prezado Norm:
Um de meus vendedores pediu demissão recentemente e abriu uma empresa própria que compete com a minha. Depois, soube que ele tinha um negócio próprio enquanto trabalhava para mim. O que devo fazer?
Vennie

Prezada Vennie:
Não faça nada. Continue ajudando sua empresa a crescer e deixe o cara para lá. Não permita que esse incidente o desvie do foco do que realmente é importante para seu negócio. As pessoas desperdiçam muito tempo e energia com ex-empregados que viram concorrentes. Quando eles me abandonam para concorrerem comigo, eu lhes desejo boa sorte e mando uma plantinha. É um cacto. Esse cara deve pertencer ao passado, no que diz respeito a você. Se ele for uma pessoa antiética, o tempo vai lhe ensinar uma lição.
— Norm

Resultado final

Ponto nº 1: A retenção de clientes é a chave para o crescimento, e você mantém seus clientes criando relações sólidas com eles.

Ponto nº 2: Uma maneira de ter boas relações com os clientes é ajudando-os a se tornar compradores inteligentes e ensinando sobre seu negócio.

Ponto nº 3: Assuma o compromisso de tratar seus clientes antigos como novos prospects. Ou você começará a desvalorizá-los.

Ponto nº 4: Você perderá contato com seus clientes quando a empresa crescer, a não ser que separe um tempo em sua agenda para interagir pessoalmente com eles.

CAPÍTULO DEZ

Como perder clientes

Tenho um joguinho divertido. Mantenho um registro do número de casos de mau atendimento ao consumidor de que ouço falar, ou acontecem comigo, em um período de seis meses. Utilizo isso para aferir o nível geral do serviço ao consumidor no lugar que vivo. Esse nível já subiu e desceu ao longo dos anos, mas — onde quer que ele se encontre — sempre me espanto com o número de prestadores de serviço que pensam que um cliente só existe para ajudá-los a manter um padrão de vida confortável.

Veja o exemplo do dentista a que fui quando precisei reconstituir meus dentes. Seu consultório — na Park Avenue, em Manhattan — era a coisa mais espetacular que já vi. O banheiro era todo em mármore preto reluzente e cromado. Em minha primeira visita, tive meu próprio "espaço de higiene pessoal", onde pude manter uma escova de dente especial num pequeno armário com chave. O dentista realizou um exame completo e fez radiografia da minha boca de todos os ângulos imagináveis. Então ele me mandou voltar semanas mais tarde para saber como seriam os procedimentos.

O dentista preparou uma apresentação muito bem elaborada. Enquanto eu estava na sala dele, ele começou a me explicar com riqueza de detalhes o que ia fazer, como e por quê. Eu o interrompi.

— Tudo bem, acredito em você. Mas quanto tudo isso vai custar?

— Ao todo? Cerca de US$ 45 mil.

Meu queixo quase caiu no chão.

— Bem, doutor, me deram uma lista com os quatro melhores dentistas da cidade e o senhor era o primeiro da lista. Mas esse preço é inacreditável.

— O senhor se importaria de me mostrar a lista? — Apresentei-lhe a lista. Ele sorriu, enquanto passava os olhos.

— Esse aqui foi meu aluno. E esse outro trabalhou para mim. Eu mesmo o treinei.

— E ele é bom?

— É muito bom, mas fica em Rockville Centre, em Long Island. Provavelmente, ele faria o serviço lá por um preço menor, mas você iria perder tudo isso aqui. — Mencionava o ambiente.

Levantei-me da cadeira e disse:

— Muito obrigado, doutor.

— Aonde você vai?

— Vou fazer uma visita ao dentista de Long Island e ver quanto ele cobra. Mas devo lhe confessar uma coisa. Seu discurso de venda é muito ruim, dizendo que o que estou pagando é seu consultório na Park Avenue.

Saí dali e marquei uma consulta com o dentista em Rockville Centre, que cobrou a metade do preço do da Park Avenue. Eu disse que tinha vindo por sugestão deste último. Ele não acreditou, e eu contei a história toda. Ele riu e perguntou quanto o cara da Park Avenue havia cobrado.

— Direi, mas só depois que você terminar o trabalho.

— Por quê?

— Bem, porque você provavelmente vai querer aumentar o preço, e não quero que você saiba já.

Ele riu a valer, mas não disse que eu estava errado.

Pergunte a Norm

Prezado Norm:

Somos uma fábrica que fatura US$ 40 milhões e distribuímos nossos produtos por meio de 250 revendedores independentes nos Estados Unidos e na Europa. Como podemos usar a internet para vender produtos aos consumidores sem irritar os revendedores que nos são leais?
Chris

Prezado Chris:

Duvido que seus revendedores se irritem, contanto que você venda pelo mesmo preço que eles cobram e lhes pague uma comissão sobre qualquer venda na região deles. Aliás, eles provavelmente lhe incentivarão. O problema é se estiver pensando em vender os produtos por um preço mais baixo. Seria necessária a permissão dos revendedores para isso, e você pode ter de concordar em pagar a comissão normal que eles ganham pelas vendas no território deles. Em todo o caso, a chave aqui é comunicação. Começaria mandando um questionário aos revendedores. Diga-lhes que está querendo dar a eles a oportunidade de ganhar muito mais dinheiro ganhando comissão sobre vendas pela internet. Explique como o sistema vai funcionar e pergunte o que eles acham. Enquanto você se comunicar adequadamente, tudo deve se resolver bem. Se não se comunicar, terá problemas de qualquer jeito.
— Norm

Aumentando o preço

Para ser sincero, o preço sempre influi nas relações com os clientes, e não há caminho mais fácil para perdê-los do que aparecer com um aumento grande e inesperado. Ninguém quer fazer isso, mas, se não aumentar seu preço gradativamente ao longo do tempo, você pode acordar um dia de manhã e descobrir que não tem outra saída.

Minha mulher, Elaine, passou por um bom exemplo disso. Por muitos anos, ela frequentou um cabeleireiro perto de casa. Começou a ir lá porque a localização era conveniente e já estava farta dos lugares da moda na região. O preço não era um fator importante, embora não fosse nada mal que Judy, a proprietária do salão, cobrasse substancialmente menos que os outros salões pelos mesmos serviços. Elaine aproveitava os preços baixos indo ao salão duas vezes por semana, em vez de uma.

Então, um belo dia, Judy subitamente anunciou um grande aumento de preços, valendo imediatamente. Um corte básico aumentou 25%, assim como o preço de uma escova. O preço de uma tintura deu um salto de 85%. Os aumentos foram um choque para as clientes. Algumas ficaram tão irritadas que disseram que não voltariam mais. Até Elaine se aborreceu. Ela perguntou a Judy por que tinha feito aquilo. Por que um aumento tão grande? E por que tudo de uma vez?

— Não tive escolha — disse Judy. — Há dez anos que não aumentamos o preço, e dou aumento a minha equipe todo ano sem ter nenhuma receita adicional. Agora estou numa situação em que não posso continuar sem um aumento significativo. Sem isso, não pago as minhas contas, e o lugar não sobrevive.

Sou solidário a ela. Nunca é fácil aumentar o preço. Se os aumentos forem altos, faça-os por sua conta e risco. Simplesmente não existe maneira de se fazer isso sem irritar os clientes e colocar em perigo suas relações mais importantes. Havendo resistência, muita gente se vê tentada a deixar os aumentos de preço totalmente de lado, ou pelo menos adiá-los ao máximo possível. Caso faça qualquer uma das duas coisas, estará cometendo um grande erro. Está certo que você pode não sentir a dor por algum tempo. Se o faturamento estiver subindo, você provavelmente poderá levar para casa a mesma quantia em dinheiro de um ano para o outro. Consequentemente, pode ser que não sinta os riscos que estará correndo. No curto prazo, achará que tudo está indo bem.

Mas o fato é que duas coisas estão acontecendo. Primeiro, suas margens brutas estão diminuindo — porque seus custos estão subindo. Alguns custos sempre sobem. É aquilo que chamo de "despesas assustadoras". Alguns tipos de despesas têm vida própria. Se não ficar de olho nelas como uma águia, sobem sozinhas. Podem subir mesmo que você fique de olho nelas. Na maioria dos pequenos negócios, pode contar que haverá aumento na folha de pagamento todos os anos. Também pode esperar subidas nas despesas com segurança social, e não estou falando só de seguro saúde. O preço da energia e dos suprimentos também têm uma tendência a subir ao longo do tempo. Tudo bem, algumas coisas ficaram mais baratas — como os serviços telefônicos comuns —, e computadores mais velozes permitem que as pessoas trabalhem com uma eficiência cada vez maior. No entanto, o custo médio para cada dólar de faturamento vai subir anualmente. Eles podem subir somente 2% ao ano, mas vá multiplicando inflação em cima de inflação por cinco ou dez anos e, mais cedo ou mais tarde, seu lucro acabará — a não ser, é claro, que aumente o preço.

Mesmo que você não deixe o problema ir tão longe, estará causando um prejuízo a seu negócio de outras maneiras se não aumentar os preços regularmente. De um lado, está erodindo gradualmente o valor percebido de seus serviços ou produtos. Goste-se ou não disso, há uma tendência natural de se ligar qualidade a preço. Não estou querendo dizer que você deva cobrar o mesmo preço dos fornecedores mais caros, mas, se a defasagem entre seu preço e o deles for grande demais, os clientes vão começar a lhe ver como a alternativa mais barata do mercado.

Ao mesmo tempo, você estará erodindo o valor *real* de seu negócio como um todo. Essa é uma questão que a maioria dos pequenos empresários não percebe. Eles só veem a empresa como uma fonte de renda. Esquecem-se de que ela também é um grande ativo, e, como todo ativo, tem de ser mantido. Isso quer dizer, entre outras coisas, assegurar-se de que a firma tenha boas margens de lucro — tão boas ou melhores que as do resto do setor. Se você deixar suas margens caírem, vai encontrar problemas na hora de tentar vendê-la. Na verdade, pode até nem ser capaz de vendê-la.

É mais ou menos como vender uma casa. Se o lugar precisa de um teto novo, os compradores exigirão o devido desconto no preço, ou procurarão uma casa que não tenha esse problema. No mesmo sentido, compradores de empresas querem ficar longe de negócios com margens pequenas, especialmente se elas forem pequenas porque os preços são baixos demais. Quem vai querer comprar uma empresa e imediatamente ter de aumentar os preços? Mesmo na melhor das circunstâncias, é difícil manter a mesma base de clientes durante uma troca de comando. E isso é quase impossível quando ainda se tem de começar tomando uma atitude que vai gerar irritação em seus clientes.

Por isso acredito que, como uma questão de boa técnica empresarial, as empresas devem aumentar seus preços regularmente. Os aumentos não precisam ser grandes. Às vezes, nem podem ser. Muitas vezes tive de lutar por um aumento, mas sempre insistia em fazê-lo pelo menos um pouquinho. Se a Judy tivesse aumentado os preços um ou dois dólares por ano no curso de uma década, teria preços competitivos no final do período, e ninguém reclamaria. No entanto, ela se viu forçada a tomar o tipo de ação que com toda certeza deixaria a sua clientela furiosa.

Pergunte a Norm

Prezado Norm:

Tenho uma pequena empresa que ensina pessoas a escrever. Trabalho em minha própria casa, na forma de uma pessoa física equiparada a jurídica, e utilizo prestadores de serviço independentes. Uma mulher que faz revisões para mim quer trabalhar como empregada em tempo integral nas áreas de marketing e vendas. E eu preciso de alguém para fazer isso. No entanto, aceitá-la em tempo integral seria um compromisso financeiro muito grande. Ela também pode gerar mais negócios do que eu possa lidar. Estou maluca de pensar em contratá-la?
Sharon

Prezada Sharon:

Nunca é maluquice contratar um empregado, desde que você precise e entenda as consequências financeiras desse ato. Isso inclui definir as vendas adicionais que você precisará gerar para cobrir as novas despesas. Para fazer isso, some essas despesas por um período de tempo e divida pela sua margem bruta média. Suponha, por exemplo, que no primeiro ano vá lhe custar US$ 39 mil para contratar essa empregada e fazer outras modificações, e sua margem bruta seja de 30%. Você então teria de aumentar suas vendas anuais em US$ 130 mil com a mesma margem bruta para cobrir novas despesas e manter a lucratividade atual. Para reduzir os riscos, faça uma experiência. Contrate-a em meio expediente para trabalhar nas vendas e deixe-a continuar com as revisões até vocês duas estarem mais familiarizadas com esse acerto.
— Norm

Regras para as regras

Se tudo isso falhar, você pode perder seus clientes oferecendo um serviço de atendimento ao consumidor realmente muito ruim. E o uso dessa técnica parece ter aumentado muito nos últimos trinta anos. Algumas pessoas culpam a tendência de mudanças na força de trabalho. Isso pode ser um dos fatores, mas acredito que a falha principal está em outro lugar. Na maioria dos casos, não é o empregado quem cria o problema. É o empregador. Como? Geralmente criando uma regra infeliz.

Aqui vai o exemplo do Arnold, tio de minha mulher, que morava no interior do estado de Nova York antes de morrer. Ele era um grande empresário. Certa vez me contou da experiência que teve quando levou o carro para consertar na concessionária local. Era a segunda vez que ele tinha de ir lá por causa do mesmo defeito. Quando voltou para pegar o carro, disseram que a conta era cerca de US$ 200.

— Tudo bem, mas primeiro quero fazer um teste com ele, só para ter certeza de que o defeito foi realmente resolvido.

— Está bem, mas o senhor tem de pagar primeiro — disse o atendente. — Não temos permissão para deixar nenhum carro sair até a conta ser paga.

Observe que Arnold não era um estranho qualquer para essas pessoas. Ele tinha sido o chefe da administração do hospital da cidade. Nesse cargo, ele comprava cinco ou seis carros por ano da concessionária, que tinha até designado um vendedor para cuidar de sua conta. Além disso, Arnold comprava um carro novo para si mesmo a cada quatro ou cinco anos. Portanto, era um cliente de ouro.

E o rapaz do balcão de atendimento sabia exatamente quem ele era. Arnold ficou incrédulo.

— Espere um instante, você realmente está dizendo que não posso levar meu carro, porque você não confia que eu pague um pequeno conserto?

— Lamento, senhor. Essas são as regras, e não podemos modificá-las.

Arnold voltou para a casa e ligou para o dono da concessionária. Falou:

— Jim, o que está acontecendo? Isso é ridículo.

O dono pediu desculpas e disse para que ele não se preocupasse, que cuidaria do caso. Ele mesmo levaria o carro. Arnold poderia dirigir o carro por um dia ou dois e pagar quando estivesse satisfeito.

Então o que o dono conseguiu com essa regra? Só conseguiu irritar um de seus melhores clientes. Fez com que um empregado fizesse papel de bobo. E causou mal-estar e inconveniência a si mesmo.

Eu me identifico com ele, porque já passei por isso.

Entendo perfeitamente por que as empresas têm regras. Você atinge um tamanho e, de repente, percebe que precisa delas. Os empregados têm de saber onde estão os limites — como se espera que se comportem, o que vai ou não lhes deixar em apuros. Algumas regras você impõe por uma questão de sobrevivência, para evitar erros que podem deixá-lo fora do negócio. Outras impõe porque tem de manter certos padrões. E ainda existem outras que acha que precisa depois de levar uma paulada na cabeça. E também existem aquelas que você institui porque acha que encontrou uma maneira formidável de aumentar suas vendas, ou facilitar a administração, ou cortar custos, o que for.

Por trás de toda regra quase sempre há uma boa razão, ou pelo menos uma boa intenção. Quando as institui, elas parecem fazer todo o nexo do mundo. E no entanto, se não tomar cuidado, você corre um sério risco de criar regras que prejudicarão seu negócio. O que acontece é que você tira de seus empregados a capacidade de usar o bom senso para atender a pedidos razoáveis dos clientes.

Em meu negócio, por exemplo, os clientes frequentemente pedem que as caixas sejam entregues em seus escritórios. Cobramos uma taxa comum pela entrega e uma taxa adicional quando as caixas precisam ser entregues com urgência. Como acontece em qualquer negócio, os clientes às vezes ligam depois para contestar a cobrança. Alguns de nossos atendentes aceitavam as contestações com muita facilidade, e, por isso, criei uma regra: não poderia haver nenhum cancelamento sem a aprovação de alguém da gerência.

Essa regra vinha nos atormentar toda vez que aparecia uma contestação em que claramente estávamos errados. Digamos que um cliente tenha feito um pedido com urgência e, por algum motivo, a caixa não chegou no prazo. O cliente ligaria irritado e se negaria a pagar a fatura. O encarregado do atendimento diria:

— Lamento, senhor, fizemos a entrega e o senhor terá de pagar.

— Mas chegou tarde demais para que servisse para alguma coisa — diria o cliente. — Não pagaremos.

— Bem, o senhor terá de falar com o gerente.

O gerente, é claro, retiraria a cobrança depois de ouvir a história, mas o cliente continuaria irritado. Primeiro, porque a entrega chegou atrasada. Segundo, porque teríamos cobrado normalmente se ninguém reclamasse. Terceiro, porque foi preciso falar com o gerente para que a cobrança fosse cancelada. E assim o cliente desligava pensando que "esse serviço é um horror". E o próximo passo seria que estaríamos corrermos o risco de perder aquela conta, porque a pessoa responsável pelo contrato ouvia dizer que cobrávamos mesmo quando não entregávamos a encomenda a tempo.

Na hora em que percebi o que acontecia, minha regra já tinha causado alguns prejuízos. Nem é preciso dizer que me livrei dela. Depois disso, nossos atendentes ao consumidor passaram a ter permissão para decidir por si mesmos se deveriam cancelar a cobrança. Nas horas em que estávamos errados, torcia para que eles cancelassem. Alguns representantes tomavam decisões equivocadas? Sim, mas aí só teríamos de treiná-los melhor. Olhando para trás, era óbvio que havia cometido um erro ao criar uma regra só porque dois empregados cancelavam as cobranças com muita facilidade. A resposta certa seria investir o tempo e o esforço exigido para orientá-los melhor.

E essa é exatamente a questão. Tendemos a criar regras ruins não quando estamos atacando um problema, mas quando procuramos evitá-los. Caímos na armadilha de procurar atalhos e respostas fáceis. Então um mau cliente se livra de pagar uma conta e impomos restrições a todos os bons clientes. Ou um empregado faz uma avaliação ruim na hora de cancelar uma cobrança e atamos as mãos de todos aqueles cujas avaliações são perfeitamente boas.

O resultado de tudo isso é o mau atendimento ao consumidor. Nossos empregados pagam o pato, mas nós é que somos culpados. Se tiver sorte, você descobre o problema e elimina a tal regra antes que mais prejuízos aconteçam. Você pode ficar irritado consigo mesmo quando isso ocorre, mas pelo menos pode reduzir os danos. O que deve lhe preocupar são as regras ruins que estipulou e ainda não descobriu.

Resultado final

Ponto nº 1: Os clientes não gostam de sentir que estão pagando para você manter um estilo de vida nababesco. Não dê razões para que eles pensem que estão.

Ponto nº 2: Crie o hábito de fazer pequenos aumentos de preço de maneira regular, de modo que você não se veja obrigado a fazer um grande aumento mais tarde.

Ponto nº 3: Sua empresa é provavelmente seu ativo pessoal mais valioso. Não diminua seu valor permitindo que suas margens sejam corroídas.

Ponto nº 4: Tome cuidado com as regras que você estabelece. Elas podem, sem querer, fazer com que seus funcionários ofereçam um mau serviço aos consumidores.

CAPÍTULO ONZE

A decisão de crescer

A maioria dos donos de empresa tem uma rotina regular pela qual eles passam todo ano, geralmente em dezembro ou em janeiro. Eles se sentam com uma calculadora na mão e tentam descobrir para onde o negócio estará se dirigindo nos próximos anos e como chegar lá. É um exercício importante e, no entanto, deixa muitas pessoas em perigo. Elas cometem o erro de se concentrar em seu plano de negócios antes de decidir por um plano de vida, e o plano de vida tem de vir primeiro.

Muitos de nós, infelizmente, chegam a essa conclusão relativamente tarde no jogo, depois de levar muita pancada. Se você tivesse me perguntado na década de 1980 qual era meu objetivo, eu teria dito sem hesitação "fazer meu negócio chegar a US$ 100 milhões de faturamento". O que mais eu pretendia fazer de minha vida e por que era importante ter uma empresa que faturasse US$ 100 milhões, eu nunca nem havia pensado. Só estava determinado a ser proprietário de uma — pouco importando o restante. E, como você sabe, meu desejo foi atendido. É claro que minha vida era uma loucura. Não tinha tempo para minha família. Nunca tirava férias. Não fazia muitas das coisas que eu mais gostava. Mesmo assim, cheguei a ter, por algum tempo, uma empresa com faturamento de US$ 100 milhões, graças à aquisição desastrosa que eu descrevi no segundo capítulo. Então a empresa passou por uma sangria de dinheiro e, quando vi, tinha pedido concordata. E a próxima coisa que percebi foi que eu estava no capítulo 11.

Demorou três anos, mas finalmente conduzi a empresa para o capítulo 11. Foi uma experiência que nunca mais esqueci e que espero nunca mais ter de vivenciar. Como a maioria dessas experiências, no entanto, ela foi incrivelmente esclarecedora. Entre outras coisas, me obrigou a voltar atrás e me perguntar por que eu era empresário, antes de tudo. Hoje em dia, essa é a primeira pergunta que faço às pessoas que vêm me pedir conselhos.

Veja o caso de Mike Baicher, que me procurou em meados dos anos 1990, para receber conselhos sobre o crescimento de seu negócio. Ele disse que precisava contratar uns vendedores, mas não sabia se podia ter essa despesa. Será que eu poderia ajudá-lo a formular um plano? Concordei em recebê-lo. Soube que Mike tinha uma empresa familiar de caminhões, levando e trazendo os contêineres dos portos da região de Nova York. A empresa já existia há 32 anos e faturava cerca de US$ 1,7 milhão anuais. Mike disse que queria levá-la a um patamar de US$ 10 milhões a 15 milhões de faturamento em cinco anos. E a minha pergunta era:

— Por quê?

Ele me olhou engraçado e falou:

— O que quer dizer?

— Escute, vamos deixar os negócios para lá. Eles são só um meio para se chegar a um fim. A pergunta é: qual é o fim? Para onde você quer ir em sua vida? Onde quer estar daqui a cinco anos, do ponto de vista familiar? Quanto quer ganhar? Quanto tempo livre deseja ter?

Mike não sabia responder a essas perguntas. Nunca tinha pensado muito nesses assuntos. As pessoas raramente pensam. Ele tinha de falar com sua mulher a respeito. E também com outros membros da família, muitos dos quais estavam envolvidos no negócio. No final, ele chegou à conclusão de que o que realmente queria era dobrar seu modesto salário. Ele e a esposa tinham dois filhos, e a casa era pequena demais. Disse que queria ganhar mais para poder comprar uma maior. Acrescentou que também gostaria de tirar umas férias de vez em quando. Nada de mais — talvez umas duas ou três semanas por ano. Do jeito que estava, ele trabalhava todos os dias e tirava poucas férias — quando tirava.

Eu falei:

— Bem, nesse caso, você não quer levar seu negócio para US$ 10 milhões de faturamento em cinco anos. Provavelmente, nem teria dinheiro para fazer isso, mas, se tivesse, acabaria trabalhando 18 horas por dia, sete dias por semana, e nunca teria tempo de ver sua família.

Entenda que, se Mike tivesse me dado outro conjunto de objetivos pessoais, teria lhe dado uma resposta diferente. Algumas pessoas realmente *são* movidas a fazer suas empresas crescerem o mais rápido possível e estão prontas para sacrificar muita coisa nesse processo — inclusive suas famílias. Não tento discutir com pessoas desse tipo. Elas não ouvirão mesmo. Sei como é porque já fui assim.

No entanto, Mike não era assim, e portanto pudemos elaborar um novo plano de negócios que lhe permitiria chegar onde desejava. O objetivo seria fazer com que o negócio chegasse a um faturamento de US$ 3 milhões em cinco anos, em vez de US$ 15 milhões, e por enquanto ele não precisaria contratar novos vendedores. O próprio Mike faria as ligações de venda. Ele gostava de vender e era bom nisso. Só não tinha feito mais porque sempre precisavam dele no escritório. Mas ele tinha um irmão que era motorista de caminhão em tempo integral, e ganhava uma ajuda financeira por ser da família. Com um pouco de treino, esse irmão poderia cumprir com uma parte das tarefas do escritório, liberando Mike para sair e vender. Portanto, em vez de gastar US$ 50 mil por ano com um novo vendedor, a empresa estaria gastando US$ 10 mil com um motorista de meio expediente que substituiria o irmão, e Mike poderia se concentrar nas áreas em que poderia alcançar bons resultados. Também sugeri que ele buscasse novos serviços que pudesse oferecer aos atuais clientes, baseado no princípio de que o cliente mais fácil é aquele que você já tem. Quando finalmente chegamos ao ponto de fazer as projeções de venda, concluímos que seria razoável esperar que a empresa faturasse US$ 3,2 milhões no quinto ano do plano. Mike me agradeceu pela ajuda — e desapareceu por cinco anos e meio.

Então, um dia ele me ligou de repente e perguntou se poderia dar uma passadinha em meu escritório. Eu estava ansioso em vê-lo e saber o que tinha acontecido. Quando ele entrou, eu sabia que Mike estava um homem diferente. Tinha perdido vinte quilos e estava bem mais tranquilo do que me lembrava. Ele riu ao me contar como sua vida e seu negócio haviam mudado.

Para início de conversa, ele havia atingido todas as metas. Estava ganhando mais dinheiro. Tinha uma casa maior. Tirava férias e passava um bom tempo com sua mulher e seus filhos. Desde que contratou um mensageiro, podia desligar o telefone e sair do trabalho todo dia às 17h ou 17h30. Do lado empresarial, ele havia começado a vender serviços de armazenagem aos clientes que usavam seu frete e agora era dono de vários depósitos que lhe proporcionavam uma renda adicional. Os negócios iam muito bem, dizia. Com visível orgulho, ele me contou que a empresa tinha fechado o quinto ano com vendas de US$ 3,6 milhões, superando nossas projeções em US$ 400 mil. Ele esperava faturar US$ 5 milhões no ano seguinte.

— Isso é ótimo, Mike — falei. — Meus parabéns.

— É. Estou muito feliz. E pronto para dar o próximo passo.

— E qual é?

— Comprar outros negócios de frete.

Um alarme disparou em minha mente.

— Isso pode ser muito traiçoeiro. Você realmente pode se dar mal com essas aquisições.

— O que quer dizer?

Expliquei a Mike sobre o risco inerente de uma aquisição. Para começar, nunca se sabe exatamente o que se está comprando até ser dono da empresa, tarde demais para recuar. Comprar outros serviços de frete seria especialmente perigoso, porque a maioria dos contratos depende da vontade pessoal do contratante. Mike poderia adquirir uma empresa e descobrir que muitos clientes o abandonariam, ou que os vendedores é que tinham o controle das vendas e poderiam ameaçar ir embora, ou um milhão de coisas mais. Como teria de pedir um empréstimo para fazer as aquisições, poderia ter grandes problemas de fluxo de caixa. Na pior das hipóteses, uma aquisição ruim poderia levar a empresa à ruína, como eu descobri, para minha enorme vergonha, na década de 1980.

Entenda que não estou dizendo que as pessoas nunca devem comprar uma empresa. Às vezes, é a melhor maneira de se crescer. Além do mais, existem medidas que você pode tomar para se proteger — por exemplo, convencer os vendedores de que os pagará com as vendas da empresa ao longo do tempo. Mas Mike ainda tinha outra questão a considerar. Tinha acabado de passar cinco anos criando a boa vida que ele queria. Será que estava realmente disposto a arriscar perder tudo isso?

— Bem, tenho uma preocupação. Faço quase todos os meus negócios com dois clientes grandes. Tenho ligações realmente boas com eles, mas seria muito difícil se um deles nos largasse, ou diminuísse muito os negócios.

Com essa, tive de concordar, era uma preocupação muito séria, mas havia maneiras melhores de lidar com ela do que fazendo aquisições.

Mike poderia, por exemplo, passar mais tempo realizando vendas. Era bom nisso, gostava de vender e teria muito mais chance de manter seus clientes se fizesse isso. Em vez de pegar um empréstimo para comprar empresas, ele poderia alavancar as relações com seus dois maiores clientes — um na área de cosméticos, outro na área de vestuário. Eram referências fabulosas e lhe davam muita abertura nos respectivos setores. Mesmo se ele só assinasse com outros dois ou três clientes de igual tamanho, ficaria numa situação muito melhor que antes. Você dorme muito melhor sabendo que seu maior cliente só responde por 20% das vendas, e não 50%, ou até mais.

Mas Mike ainda não estava totalmente convencido.

— Conseguir mais clientes dessa maneira demora muito tempo.

— Demora, sim. Mas quer saber de uma coisa? Não existem atalhos de verdade no mundo dos negócios, e quando você procura por eles, geralmente acaba se dando mal. Demorei muito para perceber isso. Pessoas como eu querem prazer rápido. Uma das lições mais duras que já aprendi é que não se pode esperar que as coisas boas (como mais clientes e melhores vendas) aconteçam da noite para o dia.

Mike ainda tinha suas restrições. Disse que queria pensar a respeito. Falei que essa era uma boa ideia. Deixei claro que, se ele estivesse firme em querer adquirir as tais empresas, eu o ajudaria a esboçar algumas regras básicas para minimizar os riscos que estava adquirindo. Mas quando voltamos a nos encontrar, ele disse que havia decidido contra o caminho das aquisições. Devo dizer que fiquei aliviado. Seria uma vergonha ele colocar em risco a boa vida que havia criado para si, quando existiam outras maneiras de realizar o que ele desejava. A ânsia de crescer geralmente leva as pessoas a cometer esse tipo de erro — que acontece porque o plano de vida tem de vir antes do plano de negócios.

O mistério do sucesso

Agora, não estou dizendo que exista algo errado em querer fazer seu negócio crescer. Ao contrário, se você tem um negócio bem-sucedido, é bastante natural que queira expandi-lo. Só não caia na armadilha de querer crescer apenas pelo crescimento em si. Maior nem sempre significa melhor, e as razões de seu sucesso podem ser difíceis de se apontar com precisão.

Esse é o problema do sucesso. Quando fracassa em um negócio, você olha para trás, vê o que fez de errado e aprende as lições apropriadas, mas geralmente é difícil, quando não impossível, descobrir por que um conceito específico de negócio funciona. Embora você seja capaz de fazer uma lista de fatores importantes, vai continuar sem saber exatamente qual a combinação que se juntou no momento certo e na dose certa para fazer o negócio decolar. Você deve ter em mente que está decidindo como vai fazer seu negócio atingir o próximo patamar de vendas. Se você realmente não souber o que está guiando seu sucesso, tem de tomar cuidado com a estratégia que adotar. Existe um risco, afinal de contas, de que você acidentalmente destrua o que quer que tenha feito a sua empresa ser, antes de tudo, bem-sucedida.

Veja, por exemplo, um amigo a quem vou chamar de Seymour. No ano 2000, ele era proprietário de uma das mais badaladas lojinhas de roupas da região metropolitana de Nova York. Vamos chamá-la de Hot Pants. Era uma loja pequena — cerca de 115 m² —, localizada num shopping de subúrbio, e era especializada em jeans e roupas casuais, principalmente para mulheres jovens e adolescentes. Dessa única loja, Seymour arrancava milhões de dólares de faturamento anual, proporcionando-lhe um dos índices mais altos de vendas por m² em seu segmento da indústria de vestuário.

Pergunte a Norm

Prezado Norm:
Há cinco anos, meu pai me trouxe para trabalhar na empresa dele, para que ele pudesse passar mais tempo fazendo vendas fora do escritório. Ultimamente, ele parece estar trabalhando menos e fazendo retiradas de caixa maiores. Um dia ele me disse que me daria a empresa; agora, diz que eu vou ter de comprá-la. Eu tenho 30 anos e quero fazer o negócio crescer, mas não posso, a não ser que comece a reinvestir os lucros. Portanto, está na hora de lançar uma oferta. Não quero pagar caro, mas também não quero ofender meu pai fazendo uma oferta baixa demais. Algum conselho?
Robert

Prezado Robert:
Antes de oferecer qualquer coisa, você tem de planejar sua vida e fazer algumas perguntas a si mesmo. Onde você quer estar daqui a dez anos? Então desenhe uma proposta que permitirá que atinja seus objetivos de vida. Pesquise alguma coisa sobre o valor de empresas semelhantes e veja quanto pode pagar. Sua proposta deve especificar quanto você pode pagar, quando vai começar a pagar, por quanto tempo, que salário seu pai vai continuar a receber, e assim por diante. Você não pode censurar seu pai por querer lhe vender a empresa. Ele a construiu e tem o direito de ganhar algo com ela. Mas você não precisa necessariamente comprá-la. Só se certifique de que poderá sair bem. Diga a seu pai: "Aqui está meu plano. Acho que posso conseguir se comprar a empresa nessas condições. Eu amo você. Eu amo a empresa. Gostaria de ficar, mas preciso de um planejamento que me ajude a atingir minhas metas."
— Norm

Para Seymour, a loja era um sonho realizado. Empresário autodidata e calejado, já tinha realizado vários empreendimentos bem-sucedidos, mas nenhum deles decolou com a força da Hot Pants, assim que foi lançada em 1994. Seu plano, disse, era fazer a empresa crescer e vendê-la dali a cinco anos mais ou menos. Com este fim, ele abriu uma segunda loja Hot Pants em outra cidade, a cerca de 100 Km da primeira. E também tinha uma loja off-price, em que vendia seu estoque antigo, de peças que não eram mais fabricadas.

Certo dia, recebi uma ligação de Seymour, dizendo que ele precisava me ver. Uma grande oportunidade tinha surgido, e ele queria meu conselho. Acontece que o espaço ao lado da Hot Pants estava vagando. Seymour queria alugá-lo, derrubar a parede e dobrar o tamanho da loja. Achava que podia gerar mais US$ 1 milhão ou US$ 2 milhões em vendas de um dia para o outro. O que eu achava?

Agora, você tem de saber que a Hot Pants era um lugar muito apinhado. Quase todos os dias havia filas no caixa e provadores. De alguma maneira, Seymour tinha conseguido gerar um bochicho enorme entre as garotas de classe média de uma certa idade — digamos, dos 13 aos 18 anos —, e um grande número delas aparecia regularmente, não só para as compras, mas também para fazer uma social com as amigas.

Isso era bom para os boatos, mas Seymour achava que estava perdendo uma quantidade significativa de clientes que não queriam esperar na fila ou aguentar aquela multidão. Achava que podia resolver esse problema ampliando. Mostrei-me cético. Por um motivo: eu não tinha certeza de que ele poderia conseguir um lucro adicional tão grande a ponto de justificar o investimento.

— Quanto o proprietário quer? — perguntei.

Seymour disse que o proprietário queria que ele rescindisse o contrato antigo e assinasse um novo pelo espaço todo, a valores de mercado. Como os preços tinham aumentado desde que assinara o contrato original, ele acabaria pagando cerca de 25% a mais pelo espaço antigo, além do aluguel do novo. Também teria de "pagar pelo ponto" — uma espécie de bônus de assinatura ao proprietário. E, além disso, havia o custo de preparar todo o novo espaço, carregar mais estoques e contratar mais pessoal.

— Você tem de olhar para o efeito que isso vai ter em suas margens — falei. Seymour concordou. Então nos sentamos e analisamos os números. Ficou rapidamente visível que ele precisaria de mais de US$ 1 milhão em faturamento adicional só para pagar o investimento.

Será que ele poderia contar, efetivamente, com essas vendas? Eu tinha minhas dúvidas. Uma loja de roupas com design específico não é um restaurante. Quando um cliente em potencial de um restaurante vai embora porque a espera é longa demais, essa venda provavelmente está perdida. Por quê? Porque ele quase sempre vai a um concorrente. Mas eu não estava convencido de que o mesmo acontecia quando as clientes de Seymour não queriam ficar na fila para pagar (ou experimentar) calças jeans. Quando sua loja está na moda, as pessoas a frequentam em parte porque querem alardear que compraram ali. Estão em busca de prestígio tanto quanto da mercadoria. Meu palpite era de que a maioria das clientes da Hot Pants que iam embora por causa do movimento simplesmente voltariam em uma hora em que a loja estivesse mais vazia.

Nesse caso, Seymour estava perdendo poucas vendas — se é que perdia alguma — por causa da superlotação. Ele havia saturado o mercado. Todo mundo que queria comprar na Hot Pants já estava comprando.

— Bem, nesse caso, talvez eu deva fazer novas linhas de produto — disse ele. — Para rapazes, por exemplo.

Era disso que eu tinha medo. Para justificar o investimento, Seymour poderia se ver tentado a mudar seu conceito.

— Você está falando de um negócio totalmente novo. Você pode estar colocando em risco o que já tem. Talvez as garotas queiram ficar lá sozinhas.

A verdade é que Seymour não sabia por que seu negócio era tão bem-sucedido, e nem eu. Podia ser a música que ficava tocando, a qualidade da equipe, o nome da loja ou personalidade própria. O mais provável é que fosse uma combinação de todas essas coisas e mais uma dúzia — talvez até a falta de espaço. As garotas podiam gostar de ficar espremidas. Podiam não se importar em ficar na fila para o provador.

Tudo o que Seymour tinha certeza era de que ele estava estourando todas as projeções para um negócio daquele tipo, tamanho e localização. Suas vendas eram duas vezes e meia maiores do que a quantidade que qualquer um teria previsto para uma loja de jeans num shopping de estrada, por onde circulam poucos pedestres. Não se explica um sucesso como esse. Você só pode reconhecê-lo, respeitá-lo e tratar dele com muito cuidado. O ativo mais valioso de Seymour era a marca que ele criara. Ao dobrar o tamanho da loja, estaria arriscando a, sem querer, desvalorizar a marca. Era um risco, pelo menos em minha visão, completamente desproporcional à potencial recompensa.

Eu não estava querendo dizer que Seymour não deveria expandir o negócio. Ele já tinha uma segunda Hot Pants em funcionamento. Ela não tinha o mesmo desempenho da primeira loja, mas também não existia havia tanto tempo assim. Fiz de tudo para que Seymour pensasse em abrir uma terceira Hot Pants. Sugeri que ele escolhesse uma localização que fosse suficientemente perto da primeira loja para que as garotas locais já tivessem ouvido o boato, mas suficientemente distante para que elas ainda não fossem clientes regulares. Se a nova loja fosse bem, Seymour teria um conceito testado e aprovado que poderia vender em cinco anos para alguém interessado em expandir nacionalmente. Se a nova loja fracassasse, pelo menos não teria prejudicado o negócio principal.

Mas Seymour não estava procurando esse tipo de conselho. Essencialmente, ele queria saber se eu achava que ele era maluco de querer dobrar o tamanho original da loja Hot Pants.

— Você acha que vou quebrar? — perguntou.

— Não, mas acredito que pode se machucar.

Acho que Seymour não concordou, porque seguiu em frente com o plano de expansão. Essa pode, de fato, ter sido a decisão certa para ele pessoalmente, mesmo que fosse errada para a empresa. É muito mais fácil ampliar uma loja já existente do que começar uma nova. Também é mais barato. Seymour já estava trabalhando seis ou sete dias por semana, muitas horas por dia, e era um cara que gostava de ter controle direto das operações. Portanto, ele pode ter decidido que seria mais feliz com uma loja principal maior que com uma terceira loja pequena. Era uma razão perfeitamente válida para ele tomar a decisão que tomou. (Lembre-se que o plano de vida vem antes do plano de negócios.) Eu só achava que ele poderia perder uma parte do valor que tanto lutou para construir.

No fim das contas, não acho que a expansão tenha solapado o valor do negócio de Seymour — mas também não trouxe muitos benefícios. Ele teve de pedir dinheiro emprestado e penou para pagar de volta. O aumento nas vendas compensou muito pouco o tempo, a energia e os problemas que isso lhe trouxe. Isso acontece com frequência quando se cresce só por crescer.

Pergunte a Norm

Prezado Norm:

Minhas irmãs e eu começamos uma empresa de produtos para banho e para o corpo com um orçamento mínimo há três anos. Para este ano, estamos dentro da meta de atingir US$ 4 milhões de faturamento. Temos uma bela distribuição e vendemos para todas as grandes lojas de departamento no país, e empresas como a Disney e a Warner Bros. já se aproximaram de nós para criar produtos com etiquetas próprias. Em breve vamos entrar no mercado popular com outro nome. O problema é que tantas oportunidades assim estão dilapidando os nossos recursos. O que você nos aconselha?
Sara

Prezada Sara:

Vou lhe dar o conselho que eu gostaria que alguém tivesse me dado antes de eu levar a minha primeira empresa a um faturamento de US$ 120 milhões — e acabar em concordata. Seu negócio principal sempre deve vir primeiro. Não vale a pena ir atrás de qualquer oportunidade se ela arrisca seu negócio principal, mesmo que seja só uma vírgula. Não é só uma questão de dinheiro. Seu tempo também é limitado. Faça a si mesma duas perguntas sobre cada nova oportunidade: isso vai me impedir de trabalhar o tempo necessário para crescer ou manter meu negócio principal? E, se a oportunidade se revelar um desastre financeiro, meu negócio principal vai ser destruído? Se a resposta a qualquer uma das perguntas for sim, você provavelmente deve repensar se esta é mesmo uma boa oportunidade.
— Norm

Tamanho é documento

O que quero dizer é que crescimento é uma questão de opção. Você não precisa crescer absolutamente nada, se não quiser. E certamente não precisa se matar para crescer o máximo possível no menor tempo possível. Se isso é o que você quer, é mais poder para você, mas não existe nenhuma regra no mundo dos negócios que lhe obrigue a fazer isso. Posso pensar em muitos casos em que as empresas menores efetivamente têm uma vantagem real sobre as maiores. Aliás, já vi muitas ocasiões em que é mais fácil competir com uma grande empresa do que com uma pequena empresa bem administrada. Esse certamente é o caso de meu serviço de armazenagem de documentos. Ganhamos das grandes em matéria de serviço. Ganhamos delas em flexibilidade. Ganhamos delas em localização e preço. Posso contar nos dedos de uma só mão o número de clientes (que não sejam contas nacionais) que algum dia perdemos para as gigantes do setor.

E aqui não falo com qualquer desrespeito em relação a nossos grandes concorrentes. Considero a Iron Mountain, a gigante do setor, uma grande empresa com uma operação e um pessoal de primeira categoria, mas ela não pode oferecer o que temos: um negócio pequeno e familiar, extremamente enxuto, altamente focado, com proprietários que estão no local e envolvidos ativamente. Tiramos dessa vantagem tudo o que podemos. Todos os clientes em potencial visitam nosso armazém principal e falam comigo pessoalmente. Eu digo a eles:

— Toda vez que você tiver um problema, é só me ligar.

Às vezes, o prospect diz que as grandes empresas oferecem a mesma coisa. E eu digo:

— É mesmo? Por que você não tenta ligar para o CEO delas? Veja quanto tempo demora para eles lhe atenderem. Ando com um telefone celular aonde quer que eu vá. Se eu estiver nos Estados Unidos, você me encontra.

Isso passa uma mensagem de acessibilidade e atenção pessoal, e constantemente buscamos maneiras de reforçá-la. Cada novo cliente recebe uma nota de agradecimento minha e de minha mulher, Elaine, que é dona da empresa comigo e desempenha um papel chave em nossa equipe de administração. Eu mesmo visito o máximo de clientes que o meu tempo permitir no período de um ano. Convidamos todos eles para as festas da empresa. Batizamos os corredores dos depósitos com os nomes daqueles que guardam um determinado número de caixas conosco. Fazemos todo o tipo de pequenas coisas.

Além desses gestos simbólicos, oferecemos aos clientes um grau de flexibilidade que as grandes empresas simplesmente não conseguem igualar. Nosso pessoal de vendas, por exemplo, tem muito mais liberdade para negociar descontos e serviços adicionais para os clientes. Suponha que um cliente pequeno — com menos de duas mil caixas — queira usar seus próprios formulários em vez dos nossos para monitorar o que manda para nós. Dizemos "tudo bem". Uma grande empresa não pode se dar ao luxo de atender pedidos assim de pequenos clientes. Se tentasse, reinaria o caos na operação. E, além disso, para que se preocupar? Se você tem 40 milhões de caixas em seus depósitos — como as grandes empresas têm — nem percebe quando perde uma conta de 2 mil caixas.

Portanto, nosso tamanho tem sido uma vantagem, especialmente ao ir atrás das contas pequenas e médias, que são o pão com manteiga de nosso setor. Nossa principal concorrência em relação a elas costumava vir não das gigantes, mas dos outros especialistas regionais, cujos donos administram seus negócios de uma maneira muito parecida com a minha. E essa visão empreendedora foi justamente o que dois deles perderam quando foram comprados pelas grandes companhias. Só posso esperar não ter o mesmo destino quando a CitiStorage passar de um negócio regional para um nacional.

Resultado final

Ponto nº 1: Os negócios são um meio para um fim. Faça um plano de vida antes de fazer seu plano de negócios.

Ponto nº 2: Quando tentar passar para o próximo patamar de vendas, não parta do princípio de que você conhece todos os fatores que levaram a seu sucesso inicial.

Ponto nº 3: Fazer um negócio crescer é uma questão de opção. Antes de se decidir a crescer, certifique-se de saber por quê.

Ponto nº 4: Ser maior nem sempre é melhor. Pequenas empresas têm certas vantagens que as grandes não conseguem igualar.

CAPÍTULO DOZE

Virando o chefe

Todos nós enfrentamos um grande desafio quando uma empresa cresce. É um desafio, além do mais, que nenhum de nós entende ou deseja. Estou falando da necessidade de virar o chefe. Pessoalmente, eu detestava a ideia de virar o chefe quando abri minha primeira empresa. Eu não gostava sequer de admitir que tinha empregados. Falava deles como pessoas que trabalhavam *comigo*, e não *para mim*. Era como se fôssemos todos iguais no negócio — só desempenhávamos papéis diferentes. É claro que isso não era verdade. Nunca é. Alguém tem sempre de ser o chefe, mesmo num start-up. E se você não aceitar essa realidade, terá problema.

O fato é que existem dois tipos de erros que as pessoas normalmente cometem quando são novas em uma função de chefia. O primeiro envolve as relações com empregados. O segundo tem a ver com as premissas que eles têm sobre o próprio trabalho.

Aprendi que, para ser um bom chefe, você tem de manter certa distância de seus empregados. Suas responsabilidades são diferentes das deles. Como chefe, você tem de estar sempre pensando no que é melhor para a empresa como um todo, e não pode deixar que ligações emocionais interfiram em suas decisões. Não que você não deva se preocupar profundamente com seus empregados e as famílias deles, mas acho que é um erro desenvolver relações pessoais com eles fora da empresa. Empregados não devem ser seus amigos sociais, e seus amigos sociais não devem ser seus empregados. Sim, você deve tratar seus empregados com respeito. Pode rir e chorar com eles, ficar alegre ou triste, mas nem você, nem eles devem jamais esquecer que se trata de uma relação de trabalho. Se você esquecer, criará problemas para você, para eles e para a empresa.

Note que este é um conselho que eu gostaria que alguém tivesse me dado antes que eu abrisse minha primeira empresa. Porém, não tenho certeza se teria escutado. O problema é que ele vai contra todos nossos instintos humanos e parece desafiar o espírito de um start-up. Quando você abre sua primeira empresa, não consegue não se aproximar de seus empregados. Afinal, vocês trabalham de sessenta a setenta horas por semana em um ambiente extremamente intenso, lutando para sobreviver. É uma aventura emocionante, e as pessoas dependem umas das outras para ter êxito. Existe um sentimento maravilhoso de camaradagem, de "um por todos e todos por um". A última coisa que se quer é criar barreiras. Seus empregados estão entre as pessoas mais importantes de sua vida. Por que não deveriam ser seus amigos fora da empresa também?

Era isso que eu pensava quando abri minha primeira empresa. Tinha sete empregados, e todos, menos um, viraram meus amigos. Eles vinham me visitar em casa, e eu ia à casa deles. Nossas famílias passavam tempo juntas. Saíamos de férias juntos. E aprendi da maneira mais difícil que tinha cometido um grave erro.

Para começar, eu tinha uma tendência a promover as pessoas a cargos para os quais elas simplesmente não tinham qualificação. Tínhamos um motorista com quem eu simpatizava, e o coloquei dentro de uma sala para atender o telefone. Quatro semanas mais tarde, o nomeei chefe do atendimento ao consumidor. Por que não? Precisávamos de alguém para fazer esse serviço e ele era meu amigo. O único problema é que ele não tinha quaisquer das habilidades necessárias para aquele cargo. Mais tarde fiquei com raiva ao perceber o quanto ele estava me saindo caro, mas a culpa era minha, e não dele.

Eu também me inclinava a segurar pessoas por mais tempo que deveria. Quando precisávamos de um gerente de vendas, eu dava o trabalho a um de nossos vendedores, outro amigo. Era um desastre. Virou um megalomaníaco. Pegou as melhores contas e começou a alardear que era o responsável por todos os contratos fechados pela empresa. E, ainda assim, eu vivia inventando desculpas para ele — até o dia em que descobri que ele estava mentindo para mim e inflando suas comissões em uma de nossas maiores contas. Foi demitido.

Mas houve um caso em especial que me convenceu de que eu tinha ido longe demais. Envolvia meu principal expedidor, que estava comigo desde o começo e sempre foi um bom amigo. Nossas famílias tinham viajado juntas. Compartilhamos muitos momentos felizes. Eu me considerava parte da família dele, e ele, parte da minha. Então eu o peguei roubando minha empresa. Ele tinha acesso a nossa caixinha, e descobri que ele a estava usando como se fosse um banquinho particular. Ele só tinha se safado até então porque eu o respeitava como amigo e, portanto, não ficava de olho nele como deveria. Isso doeu. Doeu mesmo. Não que a soma fosse suficientemente grande para pôr a empresa em risco, mas as emoções foram muito fortes para aguentar — e quero dizer fortes *demais*. Antes mesmo de confrontá-lo, fui para casa e chorei.

Infelizmente, às vezes é necessário passar por uma experiência dessas para fazer com que você enxergue os perigos de ficar íntimo demais dos empregados. Já vi inúmeros empreendedores passarem por isso. Anisa Telwar, sobre quem escrevi no capítulo 5, é um bom exemplo. Ela veio me ver um dia e disse que sentia-se perdida. Estava tendo problemas com dois empregados de longa data, ambos vendedores que lhe ajudaram a montar a empresa. Um deles ela teve de demitir, o que contou ter sido uma agonia, já que via a pessoa como um amigo. Eu pude entender sua dor.

Enquanto isso, ela estava cometendo o segundo erro comum dos empreendedores de primeira viagem que de repente se veem sentados na cadeira de chefe. Sentia que, para ser uma boa chefe, tinha de gerenciar. Desta maneira, ela passava cada vez mais tempo no escritório, lidando com questões administrativas irritantes, tendo de cuidar dos mil pequenos detalhes que permitem uma empresa andar mansamente. Era o tipo de trabalho que ela detestava, mas achava que era responsabilidade dela. Eu também cometi esse erro e quase quebrei minha empresa nesse processo.

— O que você gosta de fazer?

— Gosto da emoção de resolver problemas e erguer um negócio.

— Bem, também sou assim. E aprendi que não só não sou um bom administrador, como também não quero ser. Quero fazer o que gosto. Então, o que faço? Cerco-me de pessoas sistemáticas. — Anisa riu. — É verdade — falei. — Elas gostam de detalhes, adoram o processo de follow-up, escrever cartas, memorandos, amam fazer todas aquelas coisas que você e eu odiamos.

— Tem razão. Odeio essas coisas.

— É, e não há razão para você se ocupar disso. Não precisa ficar sentada em um escritório para estar no comando de uma empresa. A administração é só mais um trabalho. Você não pensaria duas vezes em contratar um contador para cuidar da contabilidade. Por que acha que deve ser a administradora? Você é a melhor vendedora de si mesma. Não há nada de errado em focar nas vendas. Você ainda pode dar o rumo da empresa, estabelecer padrões. Mas primeiro tem de se desvencilhar da administração e entregá-la a pessoas que sejam boas nisso. E aí pode voltar a fazer o trabalho de que realmente gosta.

Encontrar a pessoa certa já é outro problema. Nesse sentido, tive sorte. Lembre-se de que havia um cara do tempo de start-up com quem eu não tinha contato social fora da empresa. Ele era 13 anos mais novo que eu, morava longe e tinha um estilo que era muito diferente do meu. Era sistemá..., bem, talvez eu devesse dizer que ele era orientado para os detalhes. Em todo o caso, se tornou o presidente da empresa e sócio do negócio. Eu o amo e confio nele. Graças a Deus, nunca fomos amigos.

Quando os empregados roubam

Gostaria de voltar à questão do roubo por parte de empregados, porque acredito que seja uma das mais difíceis de se lidar, e a primeira vez que acontece é sempre a mais dura. O sentimento de traição em geral é devastador. Mas, se você não tiver cuidado, pode responder de uma maneira prejudicial a você e sua empresa.

Vou dar o exemplo de uma pessoa que conheço e é proprietária de dois pequenos hotéis do tipo *bed and breakfast* bem-sucedidos. Vamos chamá-la de Naomi. Depois de ser empresária por nove anos, trabalhando 55 horas por semana, ela decidiu que precisava de uma folga da administração diária. Ambas as pensões iam bem, e ela tinha gerentes gerais em quem confiava inteiramente. Parecia a hora certa de passar o comando.

E foi o que ela fez. Nos dois anos seguintes, Naomi teve uma vida maravilhosa. Viajou, se casou, dedicou um bom tempo a se divertir, ter hobbies e um trabalho de caridade. Uma vez por mês, se sentava com os gerentes gerais para discutir assuntos de negócio e, de vez em quando, passava nas pensões para almoçar com a equipe, mas em geral deixava a empresa em paz. Tudo parecia ir muito bem, e ela estava mais feliz do que nunca. Por que mexer com o que está dando certo?

Pergunte a Norm

Prezado Norm:

Depois que minha mãe morreu, assumi sua empresa. Contratei uma garota, que trouxe uma amiga para trabalhar junto, e, mesmo relutando, a contratei também. Desde então, tenho vivido um pesadelo. Essas mulheres me enlouquecem. Elas abusam da minha generosidade, de meus telefones, erram os arquivos, não sabem digitar, fazem o diabo com o computador, não param de reclamar, passam o tempo todo conversando uma com a outra e nunca terminam as tarefas. No entanto, tenho medo de falar alguma coisa e não conseguir substituí-las. As pessoas que entrevistei querem benefícios, mas a empresa é pequena demais para proporcionar isso. O que devo fazer?
Renee

Prezada Renee:

Demita as duas o mais rápido possível, e faça nas suas condições. Que tipo de vida terá enquanto elas estiverem por perto? Você merece mais que isso, e se sentirá melhor tão logo tome a decisão de mandá-las embora. Garanto que conseguirá substituí-las, mesmo sem poder conceder benefícios. Talvez possa oferecer outra coisa — um horário flexível, por exemplo. Encontre novas profissionais, treine-as durante o fim de semana e mande-as começar na segunda-feira. Quando suas funcionárias atuais aparecerem para trabalhar, diga que não são mais necessárias. Talvez tenha que fazer hora extra por algumas semanas, mas sua vida vai ficar bem mais fácil no longo prazo, e você ficará mais feliz.
— Norm

Então ela começou a ouvir rumores sobre problemas no hotel maior. Uma de suas empregadas mais leais, a arrumadeira-chefe, contou a Naomi que tinha ouvido coisas perturbadoras de amigos próximos que trabalham em meio expediente na recepção. Diziam que certas pessoas ali não eram honestas. Naomi falou com a gerente geral do hotel, que não levou a sério o relato, observando que a arrumadeira exagerava as coisas com frequência. Naomi concordou que isso era verdade.

Mas havia outros sinais. Alguns hóspedes faziam o check out e ligavam duas semanas depois, pedindo um recibo, e a pensão não tinha qualquer registro da hospedagem. No cartão de crédito da empresa apareciam gastos aparentemente excessivos com móveis de quarto e entretenimento. Quando Naomi verificou a gaveta em que guardava a caixinha, se espantou ao encontrar ali quase US$ 1 mil, em vez dos cem habituais. Janice disse que algumas pessoas pediam para ser pagas em dinheiro.

— Nós não fazemos isso — disse Naomi, levando o dinheiro extra para o banco.

A verdade é que Naomi não queria ver aquilo para que todos os sinais estavam apontando. Ela estava curtindo a vida e não tinha interesse em voltar para suas 55 horas semanais de trabalho. Além do mais, confiava em Janice, que não só era uma das gerentes gerais, mas sua amiga pessoal — ou era isso o que pensava. Porém, os sinais continuavam crescendo, e a arrumadeira, insistindo. Ela observou que guardava registros detalhados dos quartos que a equipe limpava. Estes poderiam ser usados para comparar com os registros dos quartos que os hóspedes pagaram. Finalmente, Naomi desistiu e fez uma auditoria, que demorou mais de dois meses para se completar. O resultado: cerca de trinta quartos por mês não eram contabilizados. O que se traduzia em um sumiço de mais de US$ 50 mil por ano.

Naomi não tinha mais como ignorar as provas. Insistiu em implementar novos procedimentos. Quando Janice resistiu, Naomi a demitiu e começou a trabalhar outra vez em tempo integral no hotel. Logo ficou claro que a situação era muito pior do que ela imaginava. Outro empregado, pego com a mão na massa, confessou ter roubado US$ 30 mil ao longo de dois anos. Ele contou que Janice lhe havia ensinado — e saiu com muito mais dinheiro do que ele tinha roubado.

Eu sabia perfeitamente como Naomi se sentia nessa hora. Estava mortificada. Com raiva. Traída e violentada. Como as pessoas podiam fazer uma coisa dessas? Ela se culpou por permitir que isso acontecesse e jurou que, no futuro, cuidaria dos seus negócios como uma águia. Não podia confiar em ninguém para cuidar deles em sua ausência. Dali em diante, estaria lá o tempo todo. Essa foi a mesma reação que tive quando soube que meu expedidor-chefe estava roubando a empresa. A perda do dinheiro era o menor dos problemas. Muito pior era o sentimento de traição. Senti-me completamente sozinho. Não sabia mais em quem confiar. E decidi não confiar em ninguém — que é exatamente a resposta errada.

O maior problema que surge quando um empregado rouba é que isso geralmente leva a decisões ruins para a empresa e sua vida. As emoções são tão arrasadoras que você tende a reagir com excesso. Você não consegue voltar a tomar boas decisões de negócio, até tirar as emoções do processo. O primeiro passo é entender que o roubo é um assunto da empresa e deve ser tratado como tal. Na maioria das vezes, acontece porque há um problema com os procedimentos da empresa. Talvez você não tenha feito alguma verificação ou comparação. Ou as pessoas não tenham seguido os procedimentos que já estavam implementados. Talvez você simplesmente não tenha prestado atenção. De qualquer modo, alguma coisa saiu errado. E você precisa descobrir o que foi e como consertar.

Você não deve parar de confiar nas pessoas. Sim, um pequeno número de indivíduos são ladrões. Não importa o que se faça, eles sempre vão procurar uma maneira de enganar o sistema, e às vezes conseguirão. Mas a maioria das pessoas é honesta. Você estará prestando a elas e a si mesmo um grande desserviço se começar a comandar sua empresa acreditando que ninguém é digno de confiança.

É por isso que você tem de ter os procedimentos certos. Eles permitem que um negócio funcione mansamente e possibilitam que as pessoas se relacionem umas com as outras baseadas em confiança. Ao mesmo tempo em que tornam os roubos mais difíceis, lhe ajudam a cortar o mal pela raiz quando acontecer. Nesse sentido, uma de suas maiores responsabilidades como proprietário é verificar seus procedimentos periodicamente, certificando-se de que aqueles que já existem estão sendo seguidos e buscando outros de que você possa vir a precisar. Quando você deparar com algo que não faz sentido, é importante fazer perguntas.

Em minha empresa, por exemplo, há sempre três pessoas que assinam os pagamentos semanais. Houve um momento em que elas não estavam lá, então decidi assinar os cheques pessoalmente — algo que não fazia havia muito tempo — simplesmente para ver como nossos procedimentos estavam funcionando. Enquanto eu verificava os cheques, encontrei um de US$ 1.100 para um motorista que trabalhava duas horas por dia. Com dez horas na semana, ele ganhava US$ 110 por hora. Não podia estar certo, pensei, e separei aquele cheque. Continuei assinando até chegar a outro cheque que me parecia errado: US$ 600 por um dia dirigindo. Isso daria US$ 3 mil por semana e US$ 150 mil em um ano. Um belo trabalho para quem conseguir um assim. Também separei aquele cheque. Em trezentos cheques, encontrei quatro que precisavam de uma investigação mais detalhada.

Por isso, subi e examinei os registros das viagens dos motoristas e seus bilhetes. Três dos quatro cheques estavam certos. O quarto, não. Alguém descobriu uma maneira de fraudar o sistema com cópias de bilhetes. Essa fraude estava nos custando US$ 300 por semana. Há quanto tempo já acontecia? Não perguntei, nem quis saber. Nunca olhei para trás. Só me deixa mais irritado. Em vez disso, fiz uma reunião com as pessoas que assinavam os cheques e lembrei a elas que seu trabalho não era apenas assinar cheques. Para isso, eu poderia comprar uma máquina. Elas deveriam pensar sobre o que estavam assinando e notar se as quantias não fizessem sentido. Em todo o caso, nesse particular, não precisávamos de um novo procedimento. Só tínhamos de fazer um trabalho melhor com o sistema que já possuíamos.

É claro que Naomi não tinha implementado bons procedimentos quando se afastou da empresa. Se tivesse um sistema simples para comparar, digamos, o número de quartos limpos com o número de quartos pagos, ela teria pego os problemas muito antes. Mas, de novo, ela não queria saber disso, como admitiu.

A resposta de Naomi foi cometer o erro contrário. Ela acreditou que não poderia mais passar uma quantidade significativa de tempo longe da empresa sem correr o risco de ser roubada bem diante de seus olhos. Disse que sua única saída era vender os hotéis. Eram as emoções falando. Tudo bem que não seria inteligente se tornar novamente uma proprietária omissa, mas, com os procedimentos corretos e monitoramento regular, não havia razão por que ela não pudesse manter a empresa e também levar uma vida plena e equilibrada. Felizmente, ela recobrou os sentidos antes de cometer outro erro pelo qual se arrependeria pelo resto da vida.

Pergunte a Norm

Prezado Norm:

Há cerca de dois anos e meio, contratei uma pessoa para ser o gerente de operações de minha empresa. Ele era perfeito para o negócio naquela época. Agora, no entanto, a empresa cresceu mais do que a capacidade dele de lidar com o trabalho. Ele ainda é importante para a equipe, mas não na posição em que está. Eu gostaria de mantê-lo no time e movê-lo para uma posição diferente. Mas a situação é difícil. Ele tem 33 anos e tem uma família para sustentar. Mas sinto que preciso fazer alguma coisa. Alguma sugestão?
Eric

Prezado Eric:

Todos acabamos nos encontrando numa situação assim, mais cedo ou mais tarde, e concordo que é difícil. Você se sente culpado porque foi quem o colocou no cargo, em primeiro lugar. Eu costumava fazer isso que você está sugerindo, mas as coisas raramente saíam bem. Era uma questão de pagamento. Se eu cortasse o salário do sujeito, ele ficaria ressentido. Se não cortasse, eu é que ficaria ressentido. Você precisa pensar clara e friamente sobre a situação. Se você tiver um outro cargo no mesmo nível de remuneração para o qual a pessoa seja qualificada, faça a transferência. Mas não faça isso se as suas novas responsabilidades não justificarem o recebimento de um salário igual. É melhor deixar que ele se vá. Se sua consciência pesar, ofereça um bom pacote de demissão.
— Norm

Perdas necessárias

Tenha sempre em mente que se tornar o chefe é uma viagem, e não um destino. Você passa por vários estágios para entender seu papel, mas nunca deixa de ter de aprender algo novo, porque esse é um trabalho de evolução permanente. Alguns estágios são mais difíceis do que outros.

Para mim, o estágio mais difícil foi quando percebi que estava na hora de deixar a administração e permitir que os executivos administrassem a CitiStorage. A verdade é que eu vinha adiando o ato de delegar autoridade a minha equipe de executivos o máximo que podia. Quem quer deixar de ser o chefe de cozinha e o lavador de garrafas na própria empresa? Claro que os executivos me diziam que nossos problemas eram graves, e eu criava muitos deles, mas eu não ouvia. E daí se perdêssemos algumas pessoas? E daí se o astral não fosse lá dos melhores? E daí se os executivos gastassem muito tempo apagando incêndios? Eles eram pagos para isso, não é mesmo?

Não estou bem certo do que acabou me convencendo. Talvez fosse minha própria frustração com alguns aspectos de nossa performance. Talvez fosse a lembrança incômoda do que aconteceu com meu serviço de mensageiros quando ele começou a faturar US$ 100 milhões. Talvez meus executivos simplesmente tenham me vencido pelo cansaço. Seja lá o que for, finalmente desisti e concordei que tínhamos de mudar. A empresa precisava de algumas coisas que eu não poderia dar nem adquirir enquanto estivesse sempre atrapalhando, tomando as principais decisões e sendo o dono do espetáculo. Então, retirei-me da linha de comando e deleguei essa função aos executivos.

Olhando para trás, percebo que a empresa estava pronta para a mudança muito antes de mim. As pessoas estavam desesperadas em busca de ordem e estrutura. Quanto a mim? Prefiro o caos. Lá no fundo, eu gosto de ter problemas. Gosto da excitação de trabalhar em ambiente de crise. Essa é uma das razões de eu sentir tanto prazer em abrir um negócio. Quando se começa, tudo o que se tem são problemas. Você está sempre na linha de fogo. Tem de fazer malabarismo com 12 bolas e não pode deixar nenhuma delas cair. Todo mundo acredita em você. Ninguém questiona o processo de tomada de decisão. Você é quase como um Deus na situação assim e vive em adrenalina pura. É emocionante, estimulante e desafiador, e amo cada minuto.

Mas esse estágio não dura muito. Se o negócio for bem-sucedido, sai da fase de start-up e começa a crescer. Você pode se agarrar mais um pouco, porém, mais cedo ou mais tarde, a empresa passa a ter um conjunto de necessidades com que os empreendedores não são bons para lidar. E você não pode ignorar essas necessidades. Já ignorei e acabei me arrependendo. Quando revi a experiência com o serviço de mensageiros, percebi que, entre outras coisas em que errei, cometi o erro crucial de impedir que a empresa obtivesse a gestão, a estabilidade e a estrutura de que precisava. Eu simplesmente não recuava. Tomava todas as decisões finais e não deixava que os executivos fizessem seu trabalho. No fim das contas, paguei um preço amargo.

Decidi que não ia cometer o mesmo erro outra vez, mas delegar autoridade não é fácil para uma pessoa como eu. Aliás, não consigo pensar em nada que seja mais difícil nos negócios que mudar a maneira pela qual uma empresa é administrada — sair do comando de uma só pessoa para uma liderança compartilhada. Mais ainda, essa não era uma área em que eu tivesse qualquer *expertise*, e percebi isso quando comecei o processo de passar as operações do dia a dia para meus executivos. O fato é que eu tinha três desafios a enfrentar.

O primeiro era encontrar alguém para administrar a transição para mim. Isso não queria dizer contratar um novo CEO. Sempre que o fundador decide se afastar, as pessoas começam a procurar um substituto, mas essa raramente é a melhor solução. Eu sabia que não precisávamos de um novo chefe, nem de novos executivos. Necessitávamos de um novo sistema de gestão — e de alguém que nos ajudasse a implementá-lo. Simplesmente não havia jeito de eu mesmo supervisionar a transição de minha empresa para uma administração em equipe. Meus instintos me levavam a resistir às mudanças. Pessoas como eu só prosperam em ambientes instáveis, semeam instabilidade, e todo o propósito da administração se resume a criar estabilidade por meio de planejamento, da organização e do comprometimento.

Assim, percebi que alguém mais tinha de comandar o processo — um administrador profissional, uma pessoa que achasse o crescimento de uma empresa tão emocionante quanto eu achava abrir uma. Existem consultores que se especializam nessas transições, mas eu não conseguia me lembrar de nenhum com quem me sentisse à vontade para passar meu negócio. Nem estava disposto a trazer um executivo de grande empresa que não soubesse como operar num ambiente de pequena empresa. Precisava de alguém que eu conhecesse extremamente bem, em quem confiasse plenamente, e cujo processo mental eu compreendesse e respeitasse. Afinal, uma boa parte do trabalho dessa pessoa seria lidar comigo. E eu estava muito ansioso com todo o processo. Minha empresa era minha filha. Outras pessoas ajudaram a erguê-la, mas ela começou com uma faísca em meu olho. Portanto, eu tinha de ter confiança total em quem quer que contratasse para levá-la ao próximo patamar. Felizmente, meu futuro sócio Sam Kaplan, que àquela altura eu já conhecia há 23 anos, estava disponível. Era uma pessoa em cujo julgamento eu confiava, mesmo quando discordava dele — algo essencial para mim. Abrir mão do controle foi assustador. Houve horas em que tive medo de ir em frente, porque tinha medo de que algo acontecesse à empresa, como se temesse que alguém fosse sequestrar minha filha. Você tem de ter uma fé cega na pessoa que está lhe guiando, ou não conseguirá fazer a transição. E tenho uma fé cega no Sam.

Você também precisa encontrar outra coisa para fazer na empresa — que foi o segundo desafio que enfrentei. Quer dizer, se eu não fosse mais administrar o negócio, como aproveitaria meu tempo? Tenho muitos interesses fora de meu trabalho, mas não poderia simplesmente abandonar a empresa. Eu ainda a amava. Amava o conceito. Achava o negócio excitante, queria estar perto dele. No entanto, eu também percebia que tinha de sair do caminho. Sabia que não gostaria de meu papel reduzido. Sempre tive muita dificuldade em não ter a palavra final. Quero estar envolvido em qualquer decisão, e sabia que teria dificuldade em aceitar que as pessoas tomassem decisões sem mim. E teria ainda mais problema em acatar as decisões que não fossem as mesmas que eu teria tomado.

Então, o que eu faria? Ficaria trancado em minha sala, mordendo a língua e rangendo os dentes? Ou cairia em velhos hábitos e sabotaria todo o processo? Aprendi ao longo dos anos que a melhor maneira de quebrar um mau hábito é substituí-lo por um que seja bom. Também aprendi que os CEOs são responsáveis por colocar as pessoas em posições onde elas possam dar maior contribuição à empresa — e eu continuava sendo o CEO.

Quais seriam as melhores funções para mim? Uma delas seria, sem sombra de dúvida, as vendas. Eu era bom nisso, e tinha uma rede de contatos tecida ao longo da vida. Também era bom em negociar contratos e supervisionar projetos — e construiríamos depósitos nos anos seguintes. Portanto, decidi repartir meu tempo entre fazer ligações de vendas e a supervisão da construção dos novos edifícios. Achava que essas duas funções me manteriam envolvido no negócio e longe do pescoço de todo mundo. Eu ficaria afastado do escritório o máximo de tempo possível. Não participaria de reuniões da diretoria. Deixaria que os executivos tomassem as próprias decisões e as obedeceria.

Pelo menos esse era o plano, mas hábitos antigos não vão embora facilmente. O terceiro desafio era ser fiel ao processo. Houve horas em que me perguntei por quanto tempo aguentaria, e o quanto eu poderia deixar o barco correr. O objetivo era transferir 100% de minha autoridade para a equipe de executivos, mas foram necessários quase dez anos para conseguir isso. De vez em quando, os executivos vinham me perguntar o que eu queria que fizessem em relação a algo. De vez em quando, eu não tinha como deixar de responder, mesmo que soubesse que eles mesmos deveriam estar tomando essa decisão.

Sam vivia me dizendo que eu não deveria tomar decisão alguma. Enquanto os executivos estivessem dentro do orçamento e atingissem as metas financeiras, ele dizia, eu não deveria me preocupar com como isso era feito. Teoricamente, estava certo, mas eu ainda tinha de crescer muito antes de praticar o que ele estava pregando. Não que as melhorias não fossem visíveis. Pude perceber uma diferença incrível na empresa com o passar do tempo. Nosso índice de substituição de empregados baixou muito, em parte — tenho certeza — porque passamos a ser muito melhores nas contratações. Sob as novas regras, duas pessoas tinham de entrevistar todo candidato a emprego. Para mim, essa regra era um luxo. Mas o que dizer? Funcionou.

Enquanto isso, meu departamento de contabilidade passou por uma reviravolta completa. Antes, eu nunca conseguia ter informações suficientes quando eu queria. Depois, passei a ter mais do que precisava — das mesmas pessoas. Sempre culpara a chefe do departamento por esse problema, mas o que se provou foi que eu era o culpado. Ela se reportava a mim. Tudo o que ela precisava era de uma nova estrutura e um novo chefe, e ela logo virou uma estrela.

Aliás, a maioria dos nossos empregados se deu muito bem com o novo regime. O astral estava mais alto do que nunca. A razão era óbvia: as pessoas queriam estrutura. Queriam saber quais eram as regras, e queriam que as mesmas regras fossem aplicadas com justiça para todos. Não queriam que tratássemos de cada caso individualmente, como eu fazia. Eles efetivamente trabalhavam melhor quando acreditavam que todos estavam sendo tratados com igualdade. Se você me dissesse isso antes de começar o processo, eu diria que você era doido, mas não pude negar os resultados quando vi com meus próprios olhos.

Sim, é claro que havia exceções. Perdemos nosso expedidor-chefe, um cara que trabalhou conosco por 13 anos. Eu tinha certeza de que ele aceitaria as mudanças, mas não conseguiu. Simplesmente foi embora um dia, sem avisar. Fiquei chocado. Para meus executivos, tenho certeza de que a maior surpresa foi eu manter meu compromisso. Eles facilitaram minha vida me deixando bem informado. Pude ver que estavam tomando decisões inteligentes — talvez não as que eu tomaria, mas, mesmo assim, inteligentes.

E, no fim das contas, houve uma grande recompensa. À medida que o tempo ia passando e eu ganhava mais confiança, tive a satisfação de ver que meu negócio estava em boas mãos e continuaria a crescer sem meu envolvimento direto. Em consequência, tive a liberdade de fazer as coisas que amava e de viver o tipo de vida que queria. E não consigo pensar numa recompensa melhor.

Resultado final

Ponto nº 1: Por mais próximo que se sinta de seus empregados, nem você nem eles devem se esquecer de que se trata de uma relação profissional, e que precisa ser tratada desse jeito.

Ponto nº 2: Se você, como a maioria dos empreendedores, prefere vender a administrar, lembre-se de que pode contratar outras pessoas para cuidar da administração. Não é necessário administrar pessoalmente.

Ponto nº 3: A maneira de se lidar com roubos cometidos por empregados é melhorar os sistemas, e não deixar de confiar nas pessoas.

Ponto nº 4: Quando chegar a hora de se afastar da empresa e passar as operações do dia a dia para os executivos, arranje alguém em quem você confie para lhe ajudar na transição e encontre outras maneiras com que você possa contribuir para o negócio.

CAPÍTULO TREZE

A única coisa que não se pode delegar

Não é preciso dizer que bons empregados são uma bênção para qualquer chefe e empresa, e sinto que fui mais abençoado do que a maioria dos chefes neste quesito. Eu certamente não teria o mesmo sucesso empresarial, ou a vida maravilhosa que tive, sem as pessoas extraordinárias que trabalham para nossas empresas. Demorou bastante tempo para que eu juntasse toda a equipe. Quando abri meu primeiro negócio, sabia que queria ter uma grande equipe e achava que montar uma fosse um processo bastante simples. Você apenas contratava as melhores pessoas e cuidava bem delas — o que significa pagar bons salários, proporcionar ótimos benefícios, oferecer regalias, o que fosse.

Mas como muitas ideias que eu tinha, essa também demonstrou ser uma ilusão. Para começar, descobri que é muito difícil dizer de antemão quem são os melhores profissionais. Depois de cometer mais erros de contratação do que sou capaz de contar, percebi que, não importa o quanto seus instintos sejam aguçados, não importa quantas pessoas entrevistem cada candidato, não importa com que cuidado peça referências, você simplesmente nunca vai saber como uma pessoa se sairá no emprego até que ela esteja efetivamente trabalhando para você. Alguns dos candidatos mais promissores que contratamos se revelaram umas nulidades. E por outro lado, o presidente da CitiStorage é um cara que ninguém pensava que fosse durar quando começou a trabalhar para mim.

Essa é a regra, não a exceção. Com mais frequência do que se imagina, descobri que empregados de primeira linha aparecem inesperadamente. Tudo o que você pode fazer é dar seu melhor palpite na hora de contratar alguém e lhes dar a chance de mostrar seu desempenho. Alguns irão decepcionar, e outros vão superar as expectativas. De qualquer modo, se passarão meses ou mesmo anos até que você descubra quem contratou. Mas também aprendi que montar uma grande equipe não é questão de sorte. A ferramenta de recrutamento mais poderosa que se tem é a cultura da empresa, e sobre isso você pode ter uma quantidade substancial de controle. Todo dia, você tem a oportunidade de moldar essa cultura, e é importante que isso não se perca.

Deixe-me contar a história da gatinha Elsa, que morava em um de nossos depósitos. Nossos funcionários cuidavam dela, e, em contrapartida, ela nos ajudava no controle de pestes. Ela também gostava de namorar o gato do depósito em frente, o que nós descobrimos quando ela apareceu com uma ninhada de filhotes. Só então percebemos que ela engravidara.

Nossos funcionários amaram os filhotinhos — e quem não ama? —, e muitos se interessaram em adotar um. Decidimos que, quando os filhotes tivessem crescido, faríamos um sorteio para decidir quem ficaria com eles. Enquanto isso, Elsa mantinha a ninhada sob controle. Ela não tolerava a interferência das pessoas, escondendo os filhotes em lugares do depósito bem longe das vistas dos empregados.

Uma bela manhã, Elsa apareceu nos escritórios do depósito claramente fora de si. Ela chorava como os gatos, e não havia modo de consolá-la. É claro que alguma coisa havia acontecido aos filhotes. Naquela tarde, recebemos uma ligação do arquivista de um escritório de advocacia que utiliza nossos serviços. Um motorista havia deixado lá umas caixas de documentos que o escritório precisava.

— Vocês acabaram de deixar aqui uma caixa cheia de gatinhos — disse o arquivista.

A notícia se espalhou como fogo em palha pela empresa. Todo mundo queria saber onde estavam os gatinhos e o que faríamos com eles. Eu queria mandar o motorista de volta para apanhá-los, mas não havia como contatá-lo. Ele já tinha voltado para casa e não possuía telefone celular. Do ponto de vista financeiro, o que mais faria sentido seria deixar os gatinhos lá até que fizéssemos a próxima entrega. Mas havíamos nos esforçado muito para criar uma cultura baseada nas necessidades e nas preocupações dos nossos funcionários, e, naquele momento, a maior preocupação era pela vida dos gatinhos. Por isso, eu decidi mandar outro motorista pegá-los.

A viagem de ida e volta durou duas horas e meia. Quando o motorista voltou, havia mais de cem funcionários — e uma gata — reunidos no embarque de carga. Quando a caixa com os filhotinhos foi colocada na frente da mãe, todo mundo vibrou. Foi um pequeno acontecimento na história da empresa, mas nada insignificante. Se não serviu para mais nada, pelo menos reforçou a cultura de orientação para pessoas que distingue nossa empresa da maioria de nossos concorrentes.

Essa cultura foi, de longe, o fator mais importante em nossa capacidade de formar uma grande equipe ao longo dos anos. Certamente o dinheiro também tem seu papel, assim como os benefícios, mas você não consegue segurar os melhores profissionais apenas com dinheiro. Ninguém é leal a um pacote de benefícios. As pessoas, no entanto, são extremamente leais a uma empresa da qual elas se orgulham — que joga limpo; que faz o que é certo com seus clientes e fornecedores; que dá de volta à comunidade; e que se preocupa de verdade em ser um excelente lugar para se trabalhar. Uma cultura assim não só vai ligar seus funcionários a seu negócio, mas outras pessoas também vão perceber, e a qualidade dos candidatos será melhor.

Então, como se cria esse tipo de cultura? Acredito que existam três ingredientes essenciais. O primeiro é a confiança mútua, que exige que as regras sejam claras. As pessoas precisam saber o que se espera delas e o que podem esperar de volta. Minha regra principal é simples: quero que meus empregados trabalhem para mim honestamente. Ponto. Enquanto estiverem fazendo isso, é minha função garantir a existência de seus empregos. Essa acredito que seja a responsabilidade primordial de um empregador. Se as pessoas fazem tudo o que se pede delas, elas devem ser capazes de ter a confiança de que você as manterá empregadas. Sem essa segurança não é possível ter confiança mútua, e sem confiança mútua, não se pode ter uma cultura saudável.

O segundo ingrediente é apreciar as contribuições que os funcionários dão. Reconheça que as coisas boas que você obtém do negócio surgem como resultado dos esforços dos outros, e você precisa mostrar a sua gratidão. Fazemos isso das mais variadas maneiras possíveis. Por exemplo, temos um jogo de caixas que dá um bônus em dinheiro a todos os funcionários quando se atinge um novo marco no crescimento da empresa. Também compramos pacotes de ingressos de cinema e os colocamos à disposição dos funcionários com grandes descontos; a maioria dos empregados é do interior e não teria como oferecer um programa desses à família sem nossa assistência. Além disso, temos ingressos para as temporadas dos times locais — os Yankees, os Mets e os Knicks — e, em vez de dá-los aos clientes, os usamos para premiar os empregados que fizerem um trabalho excepcional.

Temos dúzias de maneiras de mostrar nosso apreço, e muitas não têm qualquer planejamento. Quando a cidade de Nova York aumentou o preço do metrô de US$ 1,50 para US$ 2,00, imediatamente concedemos um aumento de US$ 5,00 semanais a todo mundo. E também houve o caso dos gatinhos que sumiram.

O objetivo de tudo isso é lembrar constantemente nossos funcionários que eles são membros valiosos de uma comunidade — que é o terceiro ingrediente de uma cultura forte. Quero que as pessoas sintam que são parte de uma coisa maior que elas mesmas, que o trabalho delas serve a um propósito maior. É certo que parte desse propósito é proporcionar um serviço excelente a nossos clientes, mas não acho que isso seja suficiente. Também quero que as pessoas sintam que pertencem a uma comunidade e que essa comunidade está fazendo o bem no mundo.

Alguns anos atrás, por exemplo, perguntamos a nossos funcionários o que eles queriam fazer com o dinheiro que tradicionalmente gastávamos em uma grande festa da empresa em dezembro. Por larga maioria, eles disseram que prefeririam usar o dinheiro para ajudar uma instituição de caridade local. Formamos um comitê que entrou em contato com uma escola para crianças autistas e com necessidades especiais na vizinhança, sobre a possibilidade de lhes dar presentes de Natal. Os diretores da escola ficaram emocionados. Assim como a maioria de nossos funcionários, as crianças vinham de áreas pobres do Brooklyn. Qualquer presente que déssemos a elas seria, em muitos casos, os únicos que receberiam.

Os professores prepararam uma lista de presentes que as crianças queriam — de bicicletas a computadores e grandes animais de pelúcia. Minha esposa, Elaine, recrutou alguns funcionários para fazerem as compras. Então separamos um espaço em nosso escritório-sede, onde a equipe podia se reunir e embalar os vários presentes. No dia marcado, partimos para a escola com um contingente de funcionários de todas as partes e níveis hierárquicos da empresa. E lá nos dividimos para distribuir os presentes e brincar com as crianças.

> ### *Pergunte a Norm*
>
> *Prezado Norm:*
> *Sou casado há oito anos e totalmente apaixonado por minha esposa. Há alguns anos, abrimos uma empresa de consultoria, que está indo bem, mas o desafio de morar, trabalhar, comer, brincar, criar os filhos e dormir juntos está cobrando um preço a nós dois. É difícil manter os assuntos pessoais e profissionais separados. Como um casal pode administrar uma empresa e ainda assim ter um bom relacionamento?*
> *Rich*
>
> Prezado Rich:
> Eu também trabalho com minha mulher, Elaine, que é vice-presidente de recursos humanos da empresa. Tentamos trabalhar juntos pouco depois de nos casarmos, e ela desistiu no primeiro dia. Vinte anos depois, ela decidiu fazer mais uma tentativa, e as coisas correram extremamente bem. "Você tem de estabelecer algumas regras", ela diz. "Tem de haver uma separação clara entre a vida no trabalho e a vida em família. Você tem de definir o que se pode falar e quando; como atuará em cada papel; que tipo de comportamento é aceitável ou não. Mas esse tipo de acerto não funcionará para todo mundo. Não tenho certeza se vocês já estão casados há tempo suficiente para conseguir. Com oito anos de casados, nunca teríamos conseguido. Se não conseguirem definir regras claras tanto no trabalho como em casa, e se ater a elas, talvez seja melhor pensar em ter dois negócios diferentes.
> — Norm

O que aconteceu a seguir foi emocionante. A atmosfera na sala ficou elétrica. Podia-se ver a emoção nos olhos das crianças e o orgulho no rosto de nossos funcionários. Comecei a ver que a maioria de nossos empregados não tinha condições financeiras de fazer um trabalho de caridade, e eles adoraram a oportunidade de levar um pouco de felicidade às vidas das crianças da escola. Também gostei, mas gostei mais ainda da felicidade de nossos funcionários. Foi uma experiência maravilhosa que nos deixou muito unidos.

Depois disso, passamos a ir à escola todos os anos, e a experiência sempre se repetiu. Nunca deixou de me dar uma enorme satisfação e de me fazer sentir realizado. Também me fez lembrar do benefício mais importante que tiramos de nossa cultura: a oportunidade de trabalhar com algumas das pessoas mais maravilhosas que já conheci.

A evolução de uma cultura

Essa é a cultura que temos atualmente. A cultura da Perfect Courier, meu primeiro negócio, era muito diferente. No início, nem sequer imaginava que estivéssemos criando uma cultura. Os empreendedores raramente imaginam. E você acaba com uma cultura que não planejou — apenas aconteceu. Enquanto todo mundo está se concentrando em alguma outra coisa — vender, prestar serviços, pagar contas, mandar faturas etc. —, uma pequena comunidade começa a surgir, e ela tem costumes, tradições, modos de falar, vestir e regras de comportamento tácitas. Quando você percebe, a cultura geralmente já está bem estabelecida. A única coisa que se pode esperar é que goste dela, porque provavelmente ela será um reflexo de sua personalidade.

Eu descreveria a cultura da Perfect Courier como dura, mas justa. Naquela época, eu era um empreendedor exigente, com uma grande pressa de ter um negócio com US$ 100 milhões de faturamento, e gritava muito. Gritava quando as pessoas faziam coisas que eu achava imbecis, desastradas ou mal-orientadas. Eu gritava quando não antecipavam os problemas que eu achava que deveriam ter sido previstos. Gritava quando perdíamos uma oportunidade porque não havíamos agido com rapidez suficiente. Sempre que cometíamos um erro que poderia ter sido evitado, eu explodia de raiva. Não que eu tivesse alguma intenção de fazer as pessoas se sentirem mal. Simplesmente me sentia frustrado e era impaciente. Queria que as coisas fossem benfeitas e com rapidez. Felizmente, em geral eu me acalmava antes que um mal maior fosse feito e não guardava rancor. A tempestade passava, e eu deixava ela ir.

Os funcionários da empresa, ou pelo menos aqueles que permaneceram, aceitavam esses episódios como um fato da vida. Talvez eu esteja sendo ingênuo, mas não acredito que me culpassem pelo meu mau humor. Eles percebiam que quase sempre eu tinha razão de me aborrecer. Eles também sabiam que não era nada pessoal. Eu podia fazer muito barulho, mas os pagava bem, tratava-os com justiça e não fazia exigências fora do razoável. Enquanto eles fizessem a parte deles, faria a minha.

E a cultura da Perfect Courier refletia tudo isso. Era exigente e intensa, e envolvia muita gritaria. As pessoas eram bruscas umas com as outras. Ninguém perdia muita energia em querer saber como os outros se sentiam. A atitude geral era "estamos aqui para trabalhar, então vamos trabalhar, fazer o que é certo e ficar quietos". Alguns empregados se davam bem nesse ambiente. Gostavam dessa intensidade. Achavam magnífico. É verdade que também era importante que eles compartilhassem os nossos valores. Por mais duros que fôssemos com nós mesmos e com quem atravessasse nosso caminho, fazíamos questão de absoluta honestidade e tentávamos ser justos com todos com quem fazíamos negócios. Para os empregados que se sentiam à vontade nesse tipo de cultura, a Perfect Courier era um ótimo lugar para se trabalhar. Aqueles que não se sentiam à vontade não duravam.

Devo enfatizar que nada disso acontecia conscientemente. Naquela época, eu não tinha a mais remota ideia da relação entre minha personalidade e a cultura da empresa. Estava concentrado demais em fazer com que a Perfect Courier crescesse o máximo possível, o mais rápido possível, para ficar pensando nesse tipo de coisa. Foi só quando minha esposa Elaine entrou para a empresa, em 1994 — depois da Percet Courier sair da concordata e termos começado o serviço de armazenagem de documentos — que comecei a pensar seriamente na cultura da empresa, principalmente porque o estilo dela era muito diferente do meu. Aliás, era o contrário do meu. Onde eu era brusco, ela era compreensiva. Onde eu tendia a me concentrar nas obrigações dos funcionários com a empresa, ela se concentrava nas obrigações da empresa com os funcionários. Onde eu só pensava em ter o trabalho feito, ela queria que as pessoas aprendessem e se divertissem enquanto trabalhavam.

Mas sou uma pessoa de mente muito aberta e sempre tento fazer o que minha mulher quer, portanto a deixo experimentar as coisas, mesmo que eu esteja cético de que elas vão surtir algum efeito. E o tempo acabou revelando que as coisas surtiram efeito — e dos grandes. Toda a atmosfera do lugar começou a mudar, e os clientes começaram a perceber a diferença. Eles disseram que nossos empregados pareciam mais felizes que os de nossos concorrentes, que nossa equipe era mais sorridente e fazia de tudo para ajudar. Não demorou muito para que eu concluísse que a CitiStorage se daria melhor com a cultura de Elaine do que com a minha.

Essa percepção gerou implicações importantes. Para começar, eu tinha que modificar meu próprio comportamento. Eu não podia mudar quem era, mas podia garantir que não sabotaria o trabalho de Elaine, em primeiro lugar, ficando fora do caminho dos executivos e deixando-os administrar o dia a dia da empresa. Além disso, eu tinha de procurar oportunidades para mostrar a todos que Elaine tinha meu completo apoio. Por exemplo, ela introduziu um monte de jogos, nos quais as pessoas tentavam adivinhar quando chegaríamos ao próximo patamar de caixas armazenadas, ou competiam para perder peso, ou tentavam cultivar a açucena mais bonita. Quase sempre eu participava (nas disputas de peso, ou da açucena) ou como o entregador dos prêmios (no jogo das caixas).

Além disso, meu trabalho de chefão era reforçar a cultura, uma responsabilidade especialmente importante se você tem uma empresa calorosa, cuidadosa e amiga das pessoas. Sempre existirão alguns céticos e descontentes que pegam tudo de positivo que você faz e transformam em algo negativo. Eles se recusam a ir a reuniões. Se você insistir que eles participem, eles ficarão aborrecidos e distraídos. Pelas costas, falarão mal da empresa e o acusarão de hipocrisia. Na pior das hipóteses, serão bastante ativos em sabotar você. Tivemos umas pessoas assim. Conversamos com elas, ouvimos o que tinham a dizer, explicamos o que estávamos fazendo e pedimos encarecidamente que participassem de nosso programa. Se o comportamento delas não mudava, eu as chamava em minha sala e lhes dava uma grande notícia: dali em diante não precisariam ter tanta raiva e se sentir tão infelizes porque não trabalhariam mais conosco. Estavam livres para encontrar um lugar onde se sentissem mais felizes. Com isso, não só nos livrávamos dessas energias negativas, como também demonstrávamos aos outros funcionários que cumpríamos o que dizíamos.

Você deve estar se perguntando por que é tão importante reforçar a cultura. Por que não se pode permitir que executivos diferentes tenham modos diferentes de administrar? A resposta é que eles podem, desde que atuem dentro dos mesmos limites culturais. Você nunca pode ter mais que uma cultura numa empresa. Se você permitir que os executivos criem suas próprias subculturas, estará abrindo a porta para o caos e a politicagem corporativa. Conflitos inevitáveis criarão problemas de comunicação e, mais à frente, substituição de funcionários. Os funcionários tentarão passar para o departamento que tiver a cultura que eles mais gostam. Você terminará com culturas concorrentes e pode perder bons colaboradores. De qualquer forma, uma imensa quantidade de tempo e energia será desperdiçada internamente, quando deveria estar focada externamente, em faturar e servir ao cliente.

Como dono da empresa, é sua responsabilidade se certificar de que departamentos diferentes não tenham culturas diferentes. Em certas circunstâncias, esta será sua responsabilidade mais importante. E é uma responsabilidade que você não pode delegar. Pode até permitir que outra pessoa desempenhe um papel crítico na definição da cultura, como fiz com Elaine, mas alguém tem de fazer com que ela seja respeitada, e você é o único que está nessa posição. Não importa que tipo de cultura se deseje. Ela tem de ser consistente por toda a empresa. Embora possa haver nuances nos diversos departamentos, todos devem ter a mesma compreensão sobre como as pessoas podem, ou devem, se comportar.

Isso não quer dizer que todas as culturas sejam iguais. Tenho percebido que algumas culturas são mais eficientes que outras. Mais especificamente, posso ver que o tipo de cultura que Elaine implantou é melhor que o tipo que tínhamos na Perfect Courier. Além disso, quem sou eu para discordar de minha mulher?

Centavos dos céus

Sei que algumas pessoas discordam de mim quanto à importância da cultura. Elas questionam o quanto isso pode afetar o resultado final. Eu acredito que ela tem um impacto enorme. Aliás, eu diria que a cultura desempenha um papel considerável no sucesso ou no fracasso de uma empresa. De que maneira? Moldando as atitudes dos funcionários em relação ao lugar onde eles trabalham. Essas atitudes, por sua vez, guiam seus comportamentos, e o comportamento tem impacto direto na saúde financeira de uma empresa.

> ## *Pergunte a Norm*
>
> *Prezado Norm:*
> *Até que ponto os acordos de não competição são válidos e respeitados, e qual a sua opinião sobre eles? Sou engenheiro numa empresa e já pensei muitas vezes em abrir meu próprio negócio.*
> *Victor*
>
> Prezado Victor:
> Não acredito em acordos de não competição e não os utilizo. Eles são caros e difíceis de se fazerem respeitar, e eu não acho que você vá precisar deles se administrar adequadamente seu negócio. Isto posto, acredito que as pessoas devem respeitar os contratos que assinam se estes forem legais. No caso de acordos de não competição, este "se" é bem grande. Os tribunais tendem a interpretá-los em favor dos empregados, porque não querem impedir uma pessoa de ganhar a vida. Obviamente, você deve pedir a opinião sobre seu acordo específico a um advogado.
> — Norm

Considere, por exemplo, o fenômeno das despesas assustadoras — quer dizer, a tendência de todas as despesas subirem com o tempo. Esse fenômeno anda de mãos dadas com outro: a transformação de luxos em necessidades. Com *luxos*, eu me refiro às despesas que não são essenciais para o bem-estar de uma empresa. Não se encontra luxos em start-ups — pelo menos, não nas bem-sucedidas. Empresas novas que desperdiçam dinheiro em coisas não essenciais não vão muito longe. Empreendedores inteligentes sabem que precisam fazer seu capital inicial durar o máximo de tempo possível. Deste modo, eles alugam móveis usados, em vez de comprar novos. Viajam em classe econômica e se hospedam em hotéis baratos. Cuidam de suas despesas com telefone, correios e escritório como águias. Eles fazem tudo isso por reflexo, porque sabem que cada dólar que economizarem os ajudará a quitar a próxima folha de pagamento e dar o espaço para respirar de que eles tanto precisam para tocar o negócio adiante.

No entanto, os hábitos frugais tendem a desaparecer com o passar do tempo. As pessoas começam a gastar com mais liberalidade. Passam a investir em coisas (computadores, redes telefônicas, publicidade) que as ajudarão a maximizar seu potencial de crescimento. Ao mesmo tempo, baixam a guarda em outras áreas. Elas têm espaço para gastar dinheiro em coisas de que não precisam realmente, e é isso o que fazem. Nessa trajetória, geralmente sem que ninguém perceba, luxos se transformam em necessidades e a organização fica um pouco desleixada. Vendedores começam a pensar que *precisam* andar de táxi ao se deslocar pela cidade, em vez de pegar o metrô. O pessoal administrativo acha que *precisa* mandar as encomendas por Federal Express, em vez do correio comum. Executivos pensam que *precisam* viajar de classe executiva e ficar nos melhores hotéis. As despesas ficam assustadoras e a conta de despesas administrativas se agiganta.

O perigo, é claro, é de que algo inesperado aconteça — sempre acontece — e que a empresa se veja desesperadamente sem caixa. Nesse ponto, as empresas se veem obrigadas a fazer primeiro aquilo que deveria ser o seu último recurso: despedir pessoal. As demissões são a maneira mais cara de se lidar com os problemas de fluxo de caixa. Apesar dos empregados que perdem seus empregos serem as vítimas mais visíveis, toda a organização sofre, já que os funcionários que ficam começam a se preocupar em ser os próximos demitidos e começam a fazer planos de contingência.

No entanto, na hora em que você se vê em meio a uma crise de caixa, geralmente é tarde demais para se pensar em alternativas como cortar luxos que viraram necessidades. O estrago já foi feito. O dinheiro já foi gasto. Não existem cortes suficientes para a empresa seguir em frente sem demitir trabalhadores. É por isso que a luta contra as despesas assustadoras tem de ser uma batalha permanente. De outro modo, todos podem sair perdendo.

Creio que existam dois aspectos nessa batalha. O primeiro é criar um ambiente em que as pessoas se importem com o bem-estar da empresa e façam tudo para controlar os custos. Não basta determinar orçamentos e fazer com que os altos executivos se responsabilizem por eles. Essa é uma parte da equação, mas não se pode deixar de considerar os funcionários mais abaixo, na hierarquia. Dinheiro pode ser desperdiçado de mais formas do que se é capaz de imaginar, e economias podem vir de lugares de onde você nem pensaria em olhar. Se você realmente quiser atacar as despesas assustadoras, precisa fazer com que todo mundo se envolva, o que não vai acontecer a não ser que todos se importem com a empresa o suficiente para dar a sua contribuição. E isso não acontecerá a não ser que as pessoas saibam que a empresa se importa com os funcionários.

Deixe-me contar o caso de Patty Lightfoot, que foi nossa assistente executiva por muitos anos. Patty estava no emprego havia três meses, quando Elaine comentou comigo que ela trabalhava num segundo emprego, limpando escritórios.

— Ela ganha US$ 75,00 por semana — comentou Elaine. — Diz que está fazendo uma poupança para voltar à escola.

Naquela época, Patty já havia nos impressionado com sua confiabilidade, desenvoltura e inteligência. Já sabíamos que queríamos ficar com ela. Normalmente, ela não teria direito a um aumento até ter passado seis meses conosco, mas vislumbrei uma oportunidade de lhe mandar uma mensagem.

— Escutem — falei para os outros executivos —, se lhe dermos um aumento daqui a três meses vai ser legal. Mas se concedermos esse aumento agora, ela nunca se esquecerá.

Eles concordaram.

No dia seguinte, chamei Patty a minha sala. Pedi que se sentasse.

— Soube que você tem um segundo emprego, à noite — falei.

— É verdade — ela respondeu, timidamente.

— Bem, lamento, mas não podemos permitir isso. Precisamos que você esteja descansada e bem-disposta quando chega aqui de manhã. — Ela afundou na cadeira. — Eu também soube que esse outro emprego lhe paga US$ 75,00 por semana. Vamos lhe dar um aumento desse valor para que você não perca sua renda.

O rosto dela se iluminou como uma lâmpada acesa.

— Então, obrigada.

— Tem mais uma coisa. Você precisa conhecer nossa política. Todo mundo que trabalha aqui há mais de um ano pode ir para a escola, e pagamos os estudos desde que a pessoa tire pelo menos nota B.

Patty estava radiante quando deixou minha sala. Não tive a menor dúvida de que ela sabia que nos interessávamos por ela.

Mas isto é, como já observamos, apenas metade da batalha. A outra parte tem a ver com outro aspecto da cultura. As pessoas têm de entender que economizar dinheiro é uma prioridade, e a mensagem tem de vir direto do topo. Você também não pode apenas falar. A maneira de agir mostrará suas preocupações com muito mais eficácia do que qualquer coisa que você diga.

Vou dar um exemplo dos primeiros anos da Perfect Courier. À medida que nosso crescimento acelerava, via mais sinais de relaxamento e desperdício por toda a empresa, e isso me incomodou. Minhas preocupações chegaram à temperatura de ebulição no dia em que vi o quanto gastávamos em canetas. Tínhamos quarenta funcionários e comprávamos quarenta canetas por semana. Era uma loucura, e eu disse isso à equipe. Alguém perguntou:

— Isso é tão importante assim?

— Quarenta canetas a US$ 1 é US$ 40 por semana. São US$ 2 mil por ano. Em canetas! Onde mais estamos desperdiçando dinheiro?

Agora devo confessar que era um dos maiores transgressores em matéria de canetas. Se eu pedir a sua emprestada, ela fatalmente terminará em meu bolso. Nem percebo que fiquei com ela. Simplesmente guardo e esqueço. No fim do dia, tenho umas seis ou sete canetas e não faço a menor ideia de como elas vieram parar comigo.

Dito isto, eu me preocupava de verdade com as despesas assustadoras e estava determinado a fazer algo nesse sentido. Assim, decretei que ninguém poderia pegar uma caneta nova no escritório sem devolver uma usada. Adivinhe o que aconteceu. A regra fracassou. As pessoas apareciam precisando de uma caneta e inventavam todo tipo de desculpa sobre o motivo pelo qual não tinham uma caneta velha para devolver. Esqueciam em casa e trariam amanhã. Estava no carro, depois buscariam. Norm aceitava — seja lá o que fosse. Dois meses depois, continuávamos comprando 40 canetas por semana.

Eu estava saturado.

— Agora acabou — sentenciei. — Todo mundo tem uma caneta, não tem? Então, de hoje em diante, nunca mais compraremos outra caneta. Pegaremos o dinheiro economizado e colocaremos em um fundo especial para os funcionários. No fim do ano, resolveremos o que fazer com o dinheiro.

A equipe endoidou.

— Você não pode fazer uma coisa dessas. Não conseguiremos trabalhar. As pessoas passarão o tempo todo procurando uma caneta.

— Não se preocupem. As canetas aparecerão.

E apareceram. No fim das contas, nos saímos muito bem sem comprar mais canetas. As pessoas rapidamente se acostumaram com a nova política. Eu não soube de onde as canetas apareceram. Acho que alguns funcionários compraram as suas, enquanto outros conseguiram encontrar as que havíamos comprado no passado. Enquanto isso, a política de canetas se tornou parte de nossa cultura e uma piada permanente, especialmente quando eu chegava a uma reunião sem caneta. Os funcionários diziam:

— Está brincando? Você veio trabalhar sem caneta?

E eu tinha de ir pegar uma na minha sala.

A empresa não comprou outra caneta pelos vinte anos seguintes, até mudarmos de Manhattan para o Brooklyn. Embora essa política não tenha resolvido inteiramente o problema das despesas assustadoras, com certeza ajudou. Ao sermos radicais com as canetas, eliminamos um pequeno desperdício e mandamos uma grande mensagem. A mera menção a canetas se tornou um lembrete de que realmente nos importávamos com o controle de custos. Eu fazia outros lembretes às pessoas sempre que surgia uma oportunidade, mas não acredito que eles fossem tão eficientes como a política de canetas.

No entanto, ela não teria funcionado sem a primeira metade da fórmula — que demonstra aos funcionários que a empresa se importa com eles. Se eles têm o desejo de ajudar a empresa e sabem o que você pensa das despesas assustadoras, eles não só diminuirão o desperdício como descobrirão maneiras de economizar dinheiro, que lhe deixarão de queixo caído.

O que me leva de volta a Patty. Um dia reparei que o representante de vendas da Nextel que nos atendia estava no escritório conversando com Louis, o presidente da empresa. Depois que ele se retirou, Louis veio me ver.

— Uau, acabamos de fechar um contrato excelente com a Nextel — ele comentou. — Conseguimos um desconto de US$ 24 em nossa fatura mensal.

Era realmente impressionante. Tínhamos cerca de 125 rádios e pagávamos uma mensalidade de US$ 49 por telefone. Mas aparentemente a Nextel tinha uma oferta especial, pela qual podíamos pagar US$ 25 por mês e ganhar 10 mil minutos para a empresa toda.

— São mais minutos do que o que usamos — disse Louis. — Teríamos que usar 30 mil minutos para chegar ao que estamos pagando.

Portanto, economizaríamos US$ 3 mil por mês, ou US$ 36 mil por ano.

— Bom trabalho — elogiei.

— Não fui eu, foi Patty. — Uma das responsabilidades dela era verificar a utilização que fazíamos da Nextel. Nesse trabalho, ela descobriu a oferta especial e chamou a atenção de Louis. Não quero sugerir que Patty conseguiu essa economia porque aumentamos o salário dela. Ela sempre foi uma funcionária consciente desde o dia em que começou. Poderia muito bem ter visto como podíamos economizar na conta da Nextel mesmo que só tivéssemos pago seu salário.

Mas ao mostrar o quanto nos preocupávamos com ela, talvez tenhamos lhe dado um incentivo extra para fazer algo de bom pela empresa. Quem vai saber? Se não tivéssemos tornado possível que ela saísse de seu outro emprego, talvez ela estivesse tão cansada que não teria visto a oferta da Nextel. De qualquer modo, tudo isso serve para mostrar como a cultura pode ter um impacto direto na saúde financeira da empresa.

Resultado final

Ponto nº 1: A cultura de sua empresa pode ser a ferramenta mais poderosa para encontrar e manter ótimos funcionários. Não perca as oportunidades de formá-la que aparecem todos os dias.

Ponto nº 2: A única coisa que não se pode delegar é a responsabilidade de assegurar que a empresa tenha somente uma cultura, e não várias, que sejam concorrentes entre si.

Ponto nº 3: As despesas têm a tendência natural de crescer assustadoramente com o tempo. Se quiser controlá-las, você tem de envolver todo mundo no processo.

Ponto nº 4: Procure oportunidades de mandar aos funcionários a mensagem de que você realmente se importa com eles, e que você quer que se preocupem em manter os custos baixos.

CAPÍTULO CATORZE

Vender é um esporte coletivo

Contratar funcionários é, evidentemente, uma das maiores responsabilidades de quem está fazendo uma empresa crescer, especialmente na hora de contratar pessoal de vendas. Creio que já contratei mais de trezentos vendedores na vida e cometi todos os erros imagináveis. O que aprendi é que, pelo menos para mim, não existem atalhos. É preciso tempo para encontrar as pessoas certas, para treiná-las, para que elas se acostumem com nossa cultura. Sim, é claro que eu costumava pensar que dava para acelerar o processo. Tudo que eu precisava fazer era contratar os bambambãs que podiam começar a produzir tão logo entrassem na empresa. Mas toda vez que tentei algo assim, me arrependi. Aprendi que eficiência em vendas é um trabalho de equipe, e, para montar uma grande equipe, você precisa dos jogadores certos. Com isso, me refiro àqueles que entendam seus papéis e consigam trabalhar juntos para atingir o melhor resultado possível. Descobri que esses vendedores raramente eram os que podiam fazer o maior número de vendas no menor espaço de tempo possível.

Com o passar dos anos, tracei quatro regras para escolher novos vendedores. A primeira tem a ver com as aspirações do candidato. Existem, no meu entender, duas categorias de vendedores no mundo. Um tipo acabará abrindo o próprio negócio. O outro sempre trabalhará para um patrão. Gosto dos dois tipos, mas são os vendedores da segunda categoria que quero trabalhando em minha empresa.

Por favor, não me entenda mal. Não vejo qualquer problema em um funcionário sair para montar o próprio negócio. Nem me importo muito se competirão comigo. Prefiro que eles saiam do que fiquem se sentindo infelizes a minha volta. Não gosto de muitas modificações em minha equipe de vendas. Quero vendedores que fiquem comigo para sempre. Com os outros funcionários, é diferente. Se eles não subirem na organização, mais cedo ou mais tarde eles ficarão caros demais. E isso gera um problema para eles e para você. Não há esse tipo de problema com os vendedores. O que eles ganham se baseia mais ou menos no que eles produzem. Além do mais, os melhores podem continuar produzindo um ano depois do outro. Aqueles que são assim são valiosíssimos para uma empresa. Se eu os encontrar e os treinar, não vou querer perdê-los jamais. Por isso, tento descobrir e afastar os candidatos que sonham em ter seu próprio negócio. Eles até podem ser grandes vendedores, mas sei que não ficarão muito tempo na empresa. E lhes desejo todo o sucesso do mundo... em outro lugar.

Essa é a primeira regra: contrate vendedores, não empreendedores. A segunda regra nasceu de algumas experiências ruins que tive com meu primeiro start-up. Como vários jovens empreendedores, eu tinha muita pressa e achei que poderia economizar tempo e dinheiro contratando o pessoal de vendas dos concorrentes. Já que eles estavam familiarizados com o mercado e o negócio, não teria de treiná-los. Eles já podiam entrar no jogo correndo. Quem sabe até trazer clientes consigo. Naquela época, isso parecia um atalho para o crescimento. O que eu descobri, no entanto, é que era um caminho para as encrencas.

Para começar, muitos trouxeram maus hábitos, que eu nunca consegui que modificassem. Eles tinham aprendido todo tipo de truque comum no setor e constantemente queriam fechar uma venda rápida. Eu queria que eles pensassem em um prazo mais longo, mas eles não queriam me ouvir. Pensavam que sabiam mais que eu. Além do mais, comecei a ver que eles não eram vendedores tão bons assim. Eu obtinha resultados consistentemente melhores com vendedores oriundos de fora do setor e treinados por mim pessoalmente. Então comecei a pensar que talvez meus concorrentes tivessem boas razões para deixá-los sair. Talvez eu não devesse ter acreditado tão rápido quando eles me contaram sobre os trabalhos incríveis que tinham realizado para outras empresas.

Consegui tirar algum market share de meus concorrentes? Sim, mas não valeu o preço. Comprar market share contratando pessoal de vendas dos concorrentes não faz bem algum para sua reputação no setor. Talvez isso não seja importante quando se é jovem e atirado, mas, com o tempo, você aprende que reputação é um ativo crucial para seu negócio, muito mais valioso a longo prazo que algumas vendas a mais. Por isso, estabelecemos uma nova política na empresa: não contratar pessoal de vendas de dentro do setor.

Minha terceira regra vai parecer a algumas pessoas como que saída de uma mentalidade estreita, mas se baseia em anos de experiência. A regra é que, se você quiser se candidatar a um dos nossos postos de vendedor, você tem de ter passado por pelo menos dois outros empregos em empresas diferentes, e um desses empregos precisa ter sido na área de vendas. Em outras palavras, não contratamos vendedores que acabaram de sair da escola ou da faculdade. Por quê? Porque ninguém se sente satisfeito no primeiro emprego. Quer dizer, quase ninguém. Sempre existem exceções. Mas a grande maioria das pessoas vê alguma coisa de errado com o primeiro emprego que elas têm, não importa o quanto o emprego seja bom e quanto elas sejam bem tratadas. É a natureza humana. Você simplesmente não consegue dar valor ao que tem, se não tiver algo mais para comparar. Então, o que as pessoas fazem? Começam a procurar um campo mais verde. Praticamente todas as pessoas que eu contratei saídas da escola ou da faculdade mudaram de emprego em menos de dois anos.

Não há muito sentido em contratar pessoal de vendas que sei que perderei logo depois de ter sido treinado. Nem há muito sentido em treinar vendedores só para descobrir que não gostam de vender, ou não se sentem à vontade em nosso ambiente. É por isso que insisto que os candidatos tenham experiência em vendas e tenham trabalhado com pelo menos duas culturas diferentes. Em seu primeiro emprego, você acha que toda empresa trabalha da mesma maneira. No segundo, você aprende que empresas diferentes têm estilos diferentes, benefícios diferentes, regras e procedimentos diferentes. No terceiro, você percebe que está escolhendo uma empresa tanto quanto escolheu uma profissão.

Minha quarta regra provavelmente é a mais controversa. Tenho uma política absolutamente enfática quanto a nunca contratar um bambambã. Aqui estou me referindo a uma pessoa de vendas que seja uma estrela. Uma máquina de vender. Se um bom profissional de vendas consegue fazer cem ligações e fechar dez vendas, e se um ótimo profissional de vendas consegue fechar vinte, então um bambambã consegue fechar 35. Estou falando de gente que é o top de linha no que faz. Gente que tem o talento, a fome e a ambição. São capazes de vender qualquer coisa a qualquer um. São os melhores vendedores do mundo. Mas não os desejo na minha empresa — porque eles só conseguem pensar em uma coisa: fechar uma venda. Eles vão falar qualquer coisa, fazer qualquer coisa e prometer qualquer coisa para conseguir um cliente.

Veja o caso de Bert, um vendedor bambambã que trabalhou comigo no início de minha empresa de mensageiros. Ele falava e pensava rápido. E produzia um enorme volume de vendas, o que me deixava muito feliz. Eu não tinha tempo de ficar controlando-o e nem achava que isso fosse necessário. Tudo em que eu pensava era vender, e isso ele estava fazendo.

Aí começaram os problemas. Primeiro, começamos a ter alguns problemas em receber dos clientes que ele arranjava. Alguns disseram que o preço que estávamos cobrando era diferente do que havia sido prometido. Outros reclamaram que não estavam recebendo o nível de serviço que dissemos que receberiam. Depois, ainda havia os clientes de pequeno porte a quem Bert dera os mesmos descontos dos clientes de grande porte, assegurando-nos que vendas adicionais viriam mais tarde. Quando fomos apurar, descobrimos que as tais vendas futuras eram apenas uma ficção de sua imaginação. Na maioria dos casos, nunca houve qualquer possibilidade dos clientes terem um volume desses.

Infelizmente, Bert foi apenas o primeiro de muitos bambambãs que contratei. Todos eles me deram problemas. Eu não podia treiná-los, nem controlá-los. Estavam sempre quarenta passos a minha frente. Todo sistema que eu implementava, eles arranjavam uma maneira de ludibriar. Eu costumava pensar que conseguiria contornar esses problemas, vivia me dizendo que os bambambãs trariam novas contas e que, depois, eu poderia endireitar as coisas. Isso nunca aconteceu. Os clientes se sentiam enganados e diziam que eu era o responsável — e era mesmo.

Com isso, aprendi uma lição importante: seus vendedores representam você no mercado. E decidi que não podia me dar ao luxo de ter bambambãs me representando. Eles trabalham com uma filosofia que é diferente da minha. Acreditam em fechar vendas a qualquer custo, e eu não quero vender a qualquer custo. Quero vendas que me deem um lucro bruto suficiente para fazer meu negócio crescer e clientes que estejam sempre voltando, um ano após o outro. Quero ter relacionamentos de longo prazo com os clientes, e quero profissionais de venda que me ajudem a realizar isso.

> ### *Pergunte a Norm*
>
> *Prezado Norm:*
> *Sei que você paga seus profissionais de venda com salário e não por comissão. Minha pergunta é: como você decide os aumentos? Suponho que você use critérios subjetivos. Se você baseasse os aumentos apenas em critérios objetivos, me parece que estaria minando o conceito de equipe pelo qual tanto luta.*
> *Robert*
>
> Prezado Robert:
> Você está certo. Uma parte é subjetiva. Olho para os resultados globais da empresa e a performance individual de cada um, mas, para mim, o mais importante é que eles trabalhem como membros de uma equipe. Quero ver as pessoas ajudando umas às outras, e não competindo entre si. Vou lhe dar um exemplo. Uma de nossas vendedoras, a Patti, teve de sair da cidade e pediu a outro vendedor, David, para participar de uma reunião com um grande cliente que ela vinha tentando captar há meses. Quando David chegou lá, havia seis pessoas esperando, e disseram que queriam tomar a decisão naquele dia. Ele fechou a conta, e eu lhe dou todo o crédito por isso, mas também dou três estrelas a Patti por ter sido capaz de dizer "tudo bem, eu confio nas pessoas com quem trabalho para me dar cobertura".
> — Norm

E isso é o que quero transmitir aqui. Não estou defendendo que todas as empresas devam ter as mesmas regras que a minha. O importante é ter algum tipo de regra — pensar nessas questões enquanto sua empresa está crescendo e desenvolver as próprias práticas. Porque, quando se contrata um profissional de vendas, você não está apenas escolhendo um empregado. Também está escolhendo seus clientes. Goste-se ou não disso, sua equipe de vendas desempenhará um papel importante em determinar o tipo de clientes e qual relacionamento terá com eles. E vale a pena separar um tempo para se certificar de que esses relacionamentos correrão bem.

O problema das comissões de venda

Contratar os profissionais de venda certos é apenas o primeiro passo. Você também precisa ter um sistema de remuneração que os premie adequadamente e não crie problemas para a empresa. Criei meu próprio sistema de remunerar vendedores. Nesse processo, tornei-me convicto de que a maneira pela qual a maioria das empresas remunera é uma receita de problemas. Eu me refiro, é claro, à prática de pagar comissões de venda. A menos que você tenha muito cuidado ao usá-las, elas quase sempre surtem o efeito de sabotar qualquer sentimento de união e objetivo comum em uma empresa. Como? Colocando os vendedores em uma categoria em separado, tornando-os distantes e desinteressados. Tudo bem, as comissões de venda não são o único culpado. Também não ajuda que a maioria das empresas ponha seus profissionais de venda em salas separadas, reúna-se com eles fora da sede e os tratem com muito mais entusiasmo do que os demais funcionários, na hora da verificação de desempenho.

Mas as comissões são as que desempenham o maior papel em distanciar os profissionais de vendas dos outros empregados. E o resultado é muita animosidade e ressentimento, o que leva a conflitos inevitáveis. O pessoal da contabilidade reclama que a área de vendas faz concessões especiais aos clientes e depois não informa às pessoas que mandam as faturas. O pessoal de operações reclama que os vendedores fazem exigências fora do razoável. Como dono, você constantemente tem de mediar as rixas entre os departamentos, ao mesmo tempo em que precisa resolver as contendas entre os próprios profissionais de vendas, sobre a quem pertence certa região, quem lida com quais clientes, quem atende as pessoas que chegam ao escritório, e por aí vai. É um pesadelo, e, acima de tudo, é improdutivo.

Reconheço que minha postura sobre comissões de vendas é polêmica. Também percebo que muitas vezes não se tem escolha — pelo menos, no início. A maioria dos profissionais de venda passou por uma espécie de culto que lhes incutiu a doutrina das comissões de venda. Eles acreditam que essa é a única maneira justa de se remunerar as vendas, e gostam da ideia de serem pagos pelas vendas que efetuam. Neste particular, muitos proprietários de empresa compartilham da mesma filosofia e estão convencidos de que vão conseguir mais vendas — e vendedores melhores — se esses ficarem com um pedaço do que eles trazem. Eu mesma já acreditei nisso.

Mas aprendi que era uma ilusão. Depois de muitas experiências ruins, decidi acabar com meu sistema de remuneração em comissões de vendas e passei a pagar aos vendedores um salário mais um bônus anual, com aumentos baseados metade na performance individual e metade na performance da empresa como um todo. Resultado: minha equipe com três profissionais de vendas e uma pessoa de apoio teve um desempenho substancialmente melhor que o dos nossos concorrentes, fechando cinco ou seis vezes mais vendas por pessoa que os vendedores das outras empresas do setor. Mais do que isso, nossos vendedores fazem isso juntos, porque trabalham mesmo como membros de uma equipe. Muito embora nenhum vendedor seja uma estrela, cada um tem pontos fortes que complementam os pontos fortes — e compensam os pontos fracos — dos outros.

Temos um profissional de vendas, por exemplo, que é fantástico para trazer os prospects até a nossa porta, mas tem dificuldade em fechar os contratos com os grandes clientes. Mas isso não importa, porque ele vai ter todo o auxílio de que precisa para fechar o negócio. Não existem regiões, nem territórios. Os profissionais de vendas cobrem uns aos outros sempre que necessário. Também trabalham junto ao pessoal de operações, geralmente os levando em visitas de vendas, dando aos clientes a oportunidade de conhecer as pessoas que vão efetivamente prestar o serviço. Os próprios vendedores sabem tudo sobre as operações. Como parte do treinamento, passaram algum tempo trabalhando em departamentos diferentes das vendas, onde formaram ligações com os outros funcionários e passaram a ter um belo apreço pelas contribuições que eles fazem para o sucesso do negócio. Ao criar essas relações, os profissionais de vendas conseguem um desempenho de matar os vendedores-estrelas de vergonha.

Admito que foram necessários anos para o sistema evoluir, e houve alguns atos de fé que tive de tomar nesse caminho. Tive muita dificuldade para aceitar que não queria bambambãs, porque eu mesmo sou um bambambã de muitas maneiras. Tive mais dificuldade ainda ao decidir que todos os vendedores deixariam de ganhar comissão e passariam a ser assalariados. Para falar com franqueza, se eu estivesse na equipe de vendas de outra empresa, eu lutaria com unhas e dentes para ganhar comissão, porque me considero um grande vendedor, e gostaria de receber dessa maneira. Eu não me importaria com o resto da empresa. E ficaria furioso se os outros funcionários não fizessem o que eu queria que eles proporcionassem a "meus" clientes. Em outras palavras, seria exatamente o tipo de vendedor que eu não gostaria que trabalhasse para mim.

Uma vez feita a mudança, no entanto, saí com um bônus. Foi-se o grande medo que todos os donos de empresa têm, num grau maior ou menor: o medo de que seus profissionais de vendas deixem a empresa e levem clientes consigo. Embora já faça muitos anos que um profissional de vendas tenha deixado minha empresa, não haveria absolutamente qualquer impacto em nosso faturamento se perdêssemos um. No nível pessoal, eu ficaria triste de ver a pessoa sair, mas o pensamento de perder clientes ou faturamento em consequência disso nem passaria pela minha cabeça.

Aliás, eu diria que é muito mais provável você ver profissionais de vendas deixando uma empresa e levando os clientes consigo se eles estiverem ganhando por comissão, do que por um salário e um bônus. Para quem ganha comissão, o cliente representa segurança. Enquanto eles tiverem esse contato, acham que têm um meio de ganhar a vida. Consequentemente, eles demonstram grande interesse em se assegurar de que o cliente pertença a eles, em vez de à empresa. Assim, eles resistem em deixar que qualquer outra pessoa da firma tenha uma relação com o cliente. Eles se dão muito melhor se o cliente só tratar com eles.

Para se proteger, o dono da empresa deve criar todo tipo de mecanismo com o objetivo de impedir que os profissionais de venda fiquem à vontade demais com os clientes. Nossa receita é transferir cada nova conta do vendedor para um representante do serviço de atendimento ao cliente, que passa a cuidar da relação a partir dali. Outra técnica é reduzir a comissão ao longo do tempo. Assim, quando um vendedor consegue uma conta, ele ou ela recebe, digamos, uma comissão de 10% pelas vendas do primeiro ano, 5% pelas vendas do segundo ano e 2% do terceiro em diante. Teoricamente, os profissionais de vendas não vão perder muito tempo com um cliente, se só forem receber 2% daquela conta. Sistemas assim podem enfraquecer ou não o apego que um vendedor tem por um cliente, mas eles não atacam o problema que está por baixo de tudo: os profissionais de vendas continuam sem ser membros de uma equipe. O foco deles não é fazer a empresa ser bem-sucedida. É querer ser o número um.

Quero que todo mundo de minha empresa pertença ao mesmo time, inclusive meus profissionais de venda. E isso não acontecerá, a não ser que todos sejam pagos da mesma maneira. Observe que não falei que todos devam ganhar a mesma quantidade de dinheiro. Por causa do papel que eles desempenham e da dificuldade de seu trabalho, os profissionais de venda sempre vão ganhar mais que a maioria dos demais funcionários. Isso é natural. Um cirurgião ganha mais que um técnico de laboratório. Mas quero que todos os meus empregados sejam parte do mesmo sistema de remuneração. Quer dizer, pretendo que eles ganhem um salário que é revisto e ajustado anualmente, baseado no desempenho da empresa e nas contribuições de cada pessoa.

Se você for como a maioria dos donos de empresa, provavelmente vai estar balançando a cabeça e pensando: "Ah, ótimo, mas eu jamais conseguiria implementar um sistema de remuneração como esse, mesmo que quisesse." Você acredita que não tem outra opção a não ser pagar comissões de vendas. É como a indústria funciona, é isso o que os vendedores querem, ou é a única maneira de motivá-los. Concordo que as comissões são a regra na maioria das firmas, e os profissionais de vendas se sentem à vontade com essa regra. Também concordo que as comissões são a única maneira de motivar *determinados* profissionais de venda. Mas eles são os bambambãs e os aspirantes a empreendedores que não quero trabalhando em minha empresa. Desejo vendedores que estejam nessa profissão simplesmente porque gostam da função e são bons no que fazem. Não espero que tenham objetivos pessoais ocultos. Eles devem ser motivados pelas mesmas coisas que movem os outros funcionários. Com a diferença que trabalham com vendas.

Profissionais de vendas assim não precisam receber comissão. Claro que desejam uma remuneração justa — como todos os demais. Mas também desejam aquilo que a maioria das pessoas procura num local de trabalho. Querem ser parte de alguma coisa. Pertencer a algum lugar. Desejam passar a vida trabalhando para uma empresa que os trata como membros valiosos de uma equipe.

Mas, por definição, você não é integrante de uma equipe se está ganhando por comissão. A maneira pela qual você é remunerado praticamente lhe obriga a trabalhar como autônomo. Infelizmente, a maioria dos profissionais de vendas não reconhece esse problema. Eles se acostumaram a ganhar por comissão. Compraram a maneira tradicional de se fazer as coisas. Quando são entrevistados para uma posição na área de vendas, a primeira coisa que perguntam é: "qual a comissão e quanto posso ganhar?" Se você lhes oferece um salário de cara, olham para você com um sorriso no rosto. Não se pode lutar com isso, e eu não luto. Não vou me arriscar a perder bons candidatos para a área de vendas tentando obrigá-los a se enquadrar em meu sistema antes de estarem preparados. É meu trabalho vender a eles meu programa, e isso leva tempo.

Por isso, começamos com profissionais de vendas com aquilo a que eles já estão acostumados: salário e comissão. Depois de dois anos, já sabemos quais manteremos. Eu vou até a pessoa e digo:

— Olhe, você já está aqui há dois anos. Queremos que você continue para sempre. Vamos tirar sua comissão e aumentar o salário, de modo que você não perderá sua renda. Em troca, ganhará estabilidade. Você acha que o próximo ano vai ser bom? Estou pronto para garantir que seu ano será bom. E caso seu ano realmente seja bom, posso lhe garantir que o próximo será ainda melhor. Por outro lado, se a economia for mal e você tiver alguns anos ruins, não precisará se preocupar em ter uma grande queda em sua renda. Continuará a ganhar seu salário. Nós queremos lhe dar segurança, porque queremos que você fique aqui por muito tempo.

Também explico nosso processo anual de revisão de salários, que a maioria das pessoas não entende. Ele começa com a verificação de qual foi o desempenho da empresa no último ano e o que esperamos que aconteça com ela no ano seguinte. A partir daí, estipulamos uma faixa para os aumentos salariais. Todo mundo é aumentado dentro dessa faixa, mas se as pessoas estarão na parte de cima ou de baixo dos aumentos, isso depende do desempenho individual.

Portanto, os profissionais de vendas, assim como os demais funcionários, são recompensados tanto pelo sucesso da empresa quanto pelo que contribuíram para ele. A lógica é simples: queremos mudar a mentalidade deles. Queremos que se concentrem em fazer o melhor para a empresa, não importa se é vender, trabalhar com outros funcionários para resolver o problema de um cliente, ajudar nos recebimentos ou gastar tempo em projetos importantes que não se reflitam em vendas imediatas.

Fazendo tudo isso, tornando-se membros integrais da equipe da empresa, os profissionais de vendas ganharão no longo prazo o mesmo que se continuassem ganhando comissão, e é isso o que eu digo para eles. E também explico que, no futuro, eles poderão tirar mais férias, porque não precisam se preocupar em deixar de dar atenção aos clientes; alguém da equipe sempre estará à disposição para resolver qualquer problema. Acima de tudo, eles terão a satisfação de ser parte de uma empresa próspera e a segurança de que não serão abandonados à própria sorte se a situação piorar.

Embora tudo isso seja a mais absoluta verdade, algumas pessoas são mais difíceis de se convencer do que outras. Eu tinha uma vendedora fantástica, Patti Kanner Post, que não se convenceu durante anos. Mas, com o tempo, ela acabou sendo dobrada e passou de comissão para salário.

Depois de quase vinte anos com uma força de vendas quase totalmente assalariada, posso assegurar que o sistema que inventamos realmente funciona. Mais ainda, ele é bom para todo mundo, embora não tenha a menor dúvida sobre quem mais se beneficia dele. Sou eu. Ganho uma empresa coesa. Ganho pessoas trabalhando juntas e puxando a corda na mesma direção. E embora eu sempre tenha tentado não perder meu tempo me preocupando com vendedores que saem e levam os clientes, isso nem passa pela minha mente nos dias de hoje. É quase impossível de se imaginar. E esse pode ser o maior benefício de todos: tranquilidade.

Pergunte a Norm

Prezado Norm:
Já ouvi você falar que, se você administrar seu negócio corretamente, os empregados que vão embora não serão capazes de levar seus clientes. Nesse caso, o que estou fazendo de errado? Eu dou aos nossos gerentes de projeto e aos nossos profissionais de vendas bastante liberdade para servir aos clientes. Depois de um ano ou dois, o funcionário vai embora e leva o cliente. E toda vez que isso acontece, tenho a mesma sensação de quando recebo uma intimação da Receita Federal.
Charles

Prezado Charles:
Comece verificando suas práticas de contratação. Parece que você deveria desenvolver melhor seu olho para ver que pessoas querem trabalhar por longo prazo. Também precisa ser pró-ativo. Você está pedindo para se meter em encrenca se sua equipe operacional não tiver contato regular com os clientes. Essa é a única maneira de garantir que o cliente pertence à empresa e não ao vendedor. Tenho muito cuidado para não pisar nos pés de meus vendedores, e eles ficam felizes de eu ser tão visível. Minha presença dá a eles uma vantagem competitiva. Eles só teriam uma razão para levantar objeções: se realmente não tivessem o interesse da empresa em primeiro lugar.
— Norm

Todo mundo vende

O que estou querendo dizer é que vender deve ser um esforço coletivo e quando estou falando de coletivo, não me refiro apenas à equipe de vendas. Há muito tempo que acredito que, em qualquer empresa, todo mundo vende. Com isso, quero dizer que todo mundo desempenha um papel no processo de vendas. Independentemente das pessoas trabalharem na área operacional, no atendimento ao consumidor, ou mesmo na contabilidade, elas exercem um impacto sobre os consumidores, e — bom ou mau — esse impacto influencia a capacidade da força de vendas em fechar os contratos e manter as contas existentes. No entanto, por muito tempo eu achava que esse efeito tinha de ser indireto. Não conseguia imaginar como pessoas fora da área de vendas pudessem ser *diretamente* responsáveis pela conquista de novos clientes. Mas então, um belo dia, meus funcionários ensinaram-me uma lição que mudou a maneira de eu enxergar as vendas.

Aliás, foi minha mulher, Elaine, quem deu o pontapé inicial. Começamos a ouvir reclamações de clientes sobre o atendimento que recebiam quando telefonavam para nós, e Elaine — que, entre outras coisas, é a chefe de recursos humanos — estava determinada a fazer alguma coisa quanto ao problema. Achou uma empresa especializada em treinar atendentes de telefone e contratou um instrutor para pegar um avião e vir a nossa empresa para um workshop de três dias com o pessoal. A empresa alardeava que todo mundo poderia se beneficiar do treinamento, e assim Elaine decidiu incluir todos os sessenta funcionários assalariados de tempo integral, cerca de metade da equipe que trabalhava na sede.

Esse não era exatamente um investimento pequeno — US$ 10 mil pelo instrutor, mais o tempo de trabalho de todo esse pessoal —, e eu tinha minhas dúvidas se conseguiríamos ganhar alguma coisa. Já tinha aprendido que é extremamente difícil obter mudanças de longo prazo no comportamento das pessoas. Achava que os efeitos durariam três semanas. Mesmo assim, não gosto de desencorajar as pessoas a tentar coisas novas, e, como Elaine bateu o pé, eu aceitei.

Tenho de admitir que fiquei curioso para ver a reação dos funcionários ao treinamento, já que nunca tínhamos feito nada como aquilo. A maioria de nossos funcionários vem de localidades no interior da cidade, onde as oportunidades de educação são muito limitadas. No entanto, eles se atiraram aos workshops como patos caindo na água. Claramente adoraram ter uma chance de aprender novas técnicas. Enquanto o instrutor os conduzia por lições de técnicas para atender ao telefone, eles ouviam com a maior atenção e se embebiam daquilo tudo.

Posteriormente, Elaine procurou maneiras de não perder aquele impulso. Elaborou formulários para as pessoas preencherem dizendo o que tinham aprendido, do que mais tinham gostado e de que tipo de ajuda adicional elas ainda precisavam. Além disso, ela comprou um conjunto de 16 pequenas fitas de vídeo da empresa de treinamento, com o propósito de utilizar em discussões futuras. A pergunta era como. Embora já tivesse sido professora, Elaine não tinha muita experiência em treinar uma força de vendas. Consequentemente, teve de ir criando seu próprio método enquanto ia em frente. O plano era instituir sessões de cinco horas a cada duas semanas, com 12 pessoas em cada sessão. Ali, ela mostraria uma fita de vídeo e pediria aos participantes para falar dos assuntos nela tratados. Ela também tomou uma decisão que acabou sendo crucial: cada sessão deveria ter pessoas de todos os departamentos, e a composição dos grupos deveria estar sempre mudando. A ideia era simplesmente deixar que os participantes interagissem com funcionários com quem nunca cruzariam no curso normal dos negócios. Elaine achava que alguma coisa interessante poderia sair de tudo isso.

Pessoalmente, não compareci às sessões, mas Elaine e eu sempre conversávamos à noite sobre como as coisas tinham se passado. Ela não conseguia ignorar o entusiasmo que as pessoas traziam ao programa e o espírito de camaradagem que ele engendrava. Dizia que os participantes adoravam ser chamados e contar suas histórias — sobre as próprias experiências como consumidores, sobre como poderiam utilizar as técnicas fora da empresa e sobre coisas que tinham acontecido na empresa. Em uma das reuniões, por exemplo, uma representante do atendimento ao consumidor elegeu Chris, um funcionário do depósito, para fazer um elogio público. Na semana anterior, ela disse que ele tinha dado tudo de si para assegurar que as caixas certas fossem entregues ao cliente certo na hora certa. O cliente ficou aliviado em recebê-las e elogiou o desempenho da empresa. Denise queria repassar o elogio, sobre o qual nem Chris, nem o resto do grupo, teria tido o menor conhecimento.

Realizar essas ligações entre os membros dos diferentes departamentos acabou sendo um dos grandes benefícios do programa. Apesar de nossos melhores esforços em construir um espírito de equipe, as pessoas não compreendiam realmente tudo até se sentarem em uma sala falando com outros funcionários de outras partes da empresa. De repente, elas tinham nomes e rostos com quem se relacionar. Sabiam dos problemas que os outros enfrentavam e percebiam como o trabalho fluía pela empresa. Começou a ficar inteiramente claro como os motoristas dependiam dos representantes do SAC, e como esses representantes dependiam do pessoal no depósito. Neste processo, as pessoas começaram a pensar na empresa como um todo, em vez de somente nos pedacinhos onde atuavam.

Elaine, por sua vez, utilizou as sessões para reforçar a importância do serviço ao cliente.

— Não sou eu que pago o salário de vocês. São os clientes. Sou apenas o funil por onde o dinheiro passa.

Ela lembrou aos funcionários dos bônus que eles ganhavam quando atingíamos um novo patamar na contagem de caixas e de nossa política de pagar 110% das contribuições que os funcionários faziam para seus planos de previdência privada.

— São os clientes que tornam tudo isso possível. Quando vocês veem Norman ou outra pessoa guiando gente numa visitação, são geralmente nossos clientes em potencial. Queremos que eles se sintam bem-vindos. Isso significa sorrir e dizer oi.

Não foi preciso muito tempo para vermos os resultados. O número de reclamações despencou quase que imediatamente. As pessoas que me ligavam perguntavam se tínhamos contratado telefonistas novas. Enquanto isso, estávamos recebendo cada vez mais elogios pelos nossos serviços. Elaine dava US$ 25 para qualquer um que recebesse um elogio, mas começamos a receber tantos que já não podíamos mais pagar em dinheiro, então mudamos para vale-presentes e ingressos para jogos de beisebol. Não fez diferença. Os elogios continuaram a chegar. Nos seis meses que se seguiram ao início do programa, recebemos mais comentários, ligações e cartas com elogios do que nos 14 anos anteriores.

Fiquei impressionado. Falei a Elaine que não conseguia acreditar nas mudanças por que tinham passado nossos funcionários. Não só estavam sendo mais gentis com os clientes, mas também uns com os outros. Ela contou que tinham discutido o conceito de clientes internos, em contrapartida aos clientes externos, e a importância de servir a ambos. Evidentemente, o debate deixou uma boa impressão. Eu podia ver a diferença em nossa capacidade para lidar com pedidos especiais. Digamos que um cliente precisasse de um grande número de arquivos em pouquíssimo tempo. No passado, eu ou um dos outros executivos teríamos nos envolvido, invariavelmente perturbando o sistema normal e criando confusão. Com o novo nível de trabalho em equipe, nossos funcionários estavam aptos a se coordenar, fazendo com que pedidos assim fossem tratados facilmente, sem criar problemas desnecessários.

Mas a prova mais marcante dessas mudanças veio dos clientes em potencial, que estavam decidindo se deviam ou não nos dar as contas. Por muitos anos, fizemos questão de falar para os clientes de nosso ambiente de trabalho. Como parte do tour, levávamos os visitantes ao lugar do depósito onde colocávamos os mapas e gráficos, mostrando como estávamos nos saindo no jogo das caixas, que premia os funcionários pelo aumento no total de caixas que armazenamos. Muitas vezes, os visitantes diziam: "Caramba, posso preencher uma ficha para vir trabalhar aqui?" Um novo cliente chegou a nos mandar uma carta dizendo que estava nos dando 5 mil caixas na expectativa de que elas nos ajudassem a atingir o próximo patamar e os funcionários pudessem ganhar bônus. Portanto, eu estava totalmente consciente de que os funcionários desempenhavam um papel importante na decisão de alguns clientes de assinar conosco, mas não fazia ideia do tamanho desse papel até começar a ver os efeitos do programa de treinamento instituído por Elaine.

A revelação aconteceu em uma tarde em que Louis, o presidente da empresa, voltou à sala dos executivos com um cliente em potencial a quem ele acabara de mostrar nossas instalações. Tínhamos marcado de nos encontrar no final da visita. Enquanto estávamos em minha sala, perguntei ao sujeito se ele estava considerando outros fornecedores.

— Sim, dois — respondeu e deu os nomes. Eram nossos maiores oncorrentes.

Minha resposta padrão é elogiar as outras empresas, dizer que o clien-
e ficaria feliz com qualquer uma delas e então sugerir de que maneira ele

ficaria ainda mais contente conosco. Mas, por algum motivo, segui um roteiro um pouco diferente desta vez.

— Você notou alguma diferença entre as instalações deles e as minhas?

— Notei, sim. Seus empregados estavam sorrindo, e todos disseram olá. Nunca vi nada parecido. Eles devem ser realmente felizes.

— Espero que sim. Obrigado por ter notado.

— Aliás, exatamente por causa disso, decidi lhe dar a conta.

Fiquei completamente estarrecido. É muito raro fecharmos com um cliente no ato.

— Isso é ótimo. Acho que você fez a escolha certa.

Depois disso, refleti sobre o que havia acontecido e percebi que, por muito tempo, eu vinha cometendo um erro. Havia partido do princípio de que os donos ou os CEOs eram os responsáveis pelas decisões de compra quando o assunto é a armazenagem de documentos. Na verdade, os jogadores mais importantes são os próprios funcionários. Mesmo que não tenham a palavra final, eles passam todas as informações que dão a base para as decisões. Como funcionários, tendem a se identificar com outros funcionários, o que é um dos motivos pelos quais eles respondem de maneira tão calorosa a nossa cultura.

É por isso também que às vezes é possível que um de nossos funcionários da linha de frente feche um contrato. Quando algo assim acontece, eu lhes dou o máximo de chances possíveis para que isso volte a acontecer.

Resultado final

Ponto nº 1: Os profissionais de vendas são seus representantes no mercado. Certifique-se de escolher vendedores que lhe representem bem.

Ponto nº 2: Tenha cuidado com os bambambãs e aspirantes a empreendedores, e não contrate profissionais de vendas do setor em que você atua.

Ponto nº 3: Comissões de venda geram divisões na empresa e atrapalham a formação da equipe. Não pague comissões a menos que seja necessário, e mude para salário e bônus assim que possível.

Ponto nº 4: Todos os funcionários exercem algum impacto sobre as vendas, ainda que indiretamente. Com o treinamento adequado, você pode ensiná-los a exercer um impacto direto.

CAPÍTULO QUINZE

Socorro! Preciso de alguém

Já cobrimos uma série de atividades, práticas e disciplinas envolvidas na abertura e crescimento de um negócio, mas existe um desafio que você sempre enfrenta, independentemente do estágio do processo em que se encontra: obter bom aconselhamento. Todos nós temos momentos em que precisamos desesperadamente de alguém para conversar, para nos ouvir, alguém para oferecer, senão conselhos, pelo menos uma perspectiva diferente, livre de todos os fatores que nos impedem de ver claramente o que temos de fazer. Geralmente esta pessoa não faz parte da empresa.

Mesmo que não se esteja desesperado, ajuda ter uma perspectiva de fora, especialmente quando você tem um problema que está lhe deixando maluco. Afinal de contas, o problema que você acha que tem pode não ser seu verdadeiro problema, e assim a solução a que se chega pode não ser a adequada. Isso acontece porque você está tão perto do problema que perde a perspectiva. Você vê algo de errado em uma área e não faz a ligação com certas coisas que estão acontecendo em outras, assim deixa de ver a solução que está em outro lugar. Além disso, acredito que todos nós temos a tendência de procurar o tipo de solução com a qual nos sentimos mais à vontade, dada nossa personalidade e nossos talentos. Nesse sentido, engenheiros costumam procurar soluções técnicas, contadores tendem a procurar soluções financeiras e vendedores vão procurar uma solução que envolva vendas, mesmo que o problema não tenha nada a ver com vendas.

Um caso ilustrativo é o de Mike Baicher, sobre quem escrevi no capítulo 11. Quando o conheci, sua empresa familiar de fretes tinha vendas de aproximadamente US$ 1,7 milhão. Dez anos depois, era uma empresa de fretes e armazenagem com faturamento anual de US$ 11 milhões. Seus motoristas — alguns dos quais são prestadores de serviços independentes — vão buscar gigantescos contêineres de navios nos portos de New Jersey e os entregam em armazéns da região, onde são abertos. Muitos desses armazéns pertencem ao próprio Mike, cuja empresa fornece serviços de armazenagem para alguns dos clientes. Outros clientes têm as próprias unidades de armazenamento. Ele tinha esses últimos em mente quando veio me procurar.

Disse-me que estava pensando em contratar um vendedor. Quando perguntei por quê, respondeu que isso tinha a ver com os transtornos em lidar com os clientes que o utilizavam para carga e descarga, e não para armazenagem. Eles não descarregavam os contêineres a tempo de evitar as taxas de atraso cobradas pelas companhias de navegação — as donas dos contêineres — quando um contêiner vazio era devolvido ao porto mais de cinco dias depois, por exemplo. Essas taxas iam de US$ 65 a US$ 125 por dia, dependendo da companhia. Tal problema não acontecia quando um contêiner chegava a um dos armazéns de Mike, porque seus funcionários o descarregavam imediatamente. Mas os clientes que tinham os próprios armazéns esperavam até o último minuto do quinto dia. Quando os motoristas de Mike levavam o contêiner vazio de volta ao porto, o escritório da companhia de navegação já estava fechado, e Mike recebia a cobrança de um dia extra.

— E você não consegue repassar isso para os clientes?

— Tento, mas é difícil. Eles dizem "O que você está dizendo? Esvaziamos tudo em cinco dias, que é nossa obrigação. Se você não conseguiu chegar no porto a tempo, isso não é problema nosso." Não há muito o que eu possa fazer. Nosso negócio é competitivo. Se insistir muito em repassar a taxa de atraso, acabo perdendo a conta.

— E se você ligar para eles com antecedência e lembrar que têm de descarregar o contêiner antes que isso vire um problema?

— Pode dar certo, mas existe uma outra questão com esse lado do negócio. Não posso mandar a fatura para o cliente até receber a papelada do motorista, e os motoristas não a devolvem em tempo hábil. Estou sempre correndo atrás deles. Com os independentes ainda tenho alguma força, porque eles não recebem se eu não receber a papelada, mas, com meus próprios motoristas, preciso ficar em cima. E detesto isso.

Eu sabia exatamente o que ele estava falando. Eu também tivera esse problema com meus motoristas.

— Bem, e o que tudo isso tem a ver com a contratação de um novo vendedor? — perguntei.

— Quero vender mais nossos armazéns. Não só os serviços de armazenamento, mas também os de maior valor agregado, como o transporte e a embalagem. Ele explicou que alguns clientes pagavam a ele para lidar com o conteúdo dos contêineres. Digamos que uma cadeia de lojas de vestuário estivesse recebendo um carregamento de camisas e vestidos vindos da China. O cliente poderia pagar à empresa de Mike para colocar tudo nos cabides, pregar as etiquetas, pôr as roupas em sacolas de polietileno e então enviar os tamanhos e modelos diferentes para as diversas lojas. Era isso o que ele queria dizer com serviço de maior valor agregado. Achou que, se pudesse aumentar esse lado do negócio, poderia desmontar a parte que estava lhe dando dor de cabeça.

Aqui é bom entender um pouco da história da empresa. Quando o pai de Mike a comandava, era apenas um negócio de fretes. Ele e Mike eram donos de um pequeno armazém por necessidade. Sempre havia um período de espera quando pegavam um contêiner no porto, e — se eles não o entregassem antes que o cliente desse o dia por encerrado — precisavam de um lugar para guardá-lo por uma noite. Além disso, alguns clientes exigiam que a empresa proporcionasse esse armazenamento, ou fariam negócio em outro lugar.

Quando Mike assumiu a empresa, ele mudou de rota, ampliando o negócio de armazenagem porque quis, não porque era necessário. Ele via isso como um adicional lucrativo ao serviço de fretes. Dizia aos clientes que podia lidar com as necessidades de armazenamento deles com mais eficiência que os outros fornecedores e, em certos casos, até com mais eficiência que os próprios clientes. Com o passar do tempo, o serviço de armazenagem cresceu. Quando veio me ver, já tinha quatro edifícios e esperava ter mais um, em breve.

No entanto, esse era um serviço diferente do que ele estava pretendendo fazer o seu foco primordial. De acordo com o novo plano, ele jogaria toda a ênfase nos serviços de maior valor agregado, ao contrário da armazenagem. Da mesma maneira, estaria procurando um novo tipo de cliente.

— Até agora, como você tem conseguido os clientes para o serviço de armazenagem? — perguntei.

— Eu os consigo apanhando seus contêineres no porto. Às vezes eles não têm espaço, temporariamente, nos próprios armazéns. Ou não querem ter o próprio armazém. Portanto, eu me transformo no departamento de armazenagem deles.

— Bem, se essa tem sido a fonte de seus negócios, você não vai querer acabar com ela, vai? Quero dizer, por que abrir mão de um método comprovado de conseguir clientes e gerar vendas? Você é a maior empresa desse mercado?

— Ah, não. Sou até uma das menores.

— Então por que parar se você ainda tem um monte de clientes em potencial com quem nunca sequer conversou? — Ele não tinha resposta. — Diga-me uma coisa. Quem tem cuidado das vendas agora?

— Eu. Mas mal tenho tempo para isso por causa de todos os outros problemas com que tenho de lidar.

— O que você mais gosta de fazer?

— Gosto de vender! — respondeu sem hesitação — *Amo* vender. Gostaria de poder vender mais.

Então aqui havia um cara que amava vender, mas contrataria alguém de fora para fazer isso. E, por favor, entenda que, em qualquer negócio, existe um espaço de tempo significativo entre a contratação de um profissional de vendas e a efetiva produção de vendas, especialmente quando se está vendendo um serviço. E acima de tudo, Mike estaria utilizando uma abordagem de vendas que nunca tentara antes. Vender serviços de maior valor agregado é diferente de vender espaço num armazém para clientes cujos contêineres você transporta. É quase como abrir um novo negócio, o que é muito bom dentro das circunstâncias corretas. Eu teria reagido diferentemente se Mike tivesse dito: "Quero abrir uma nova linha de negócio porque a antiga está ficando mais difícil de vender. Tenho um belo market share e continuarei vendendo o máximo que puder, mas acho que está na hora de tentar algo novo." Também teria reagido diferente se ele dissesse que os clientes estavam pedindo esse novo serviço, que ele possuía boas margens brutas e que poderia proporcionar isso sem investir muito tempo ou dinheiro. O que não fazia sentido era abrir uma nova linha de negócio por causa de transtornos numa antiga linha em que ele era bem-sucedido e ainda oferecia muitas oportunidades de crescimento. Eu falei:

— Escute, Mike, existe uma outra abordagem que você não está levando em consideração. Sou um vendedor, como você, e também odeio lidar com esse tipo de problema. Por isso, procuro me cercar de pessoas que são voltadas para detalhes. Elas *adoram* cuidar de coisas como ligar para os clientes, lembrando-os de que devem esvaziar os contêineres, e aos motoristas, dizendo que eles têm de entregar a papelada. Elas são boas para isso. Também partem de um salário mais baixo que os profissionais de vendas e podem pegar o ritmo em questão de dias, e não três ou quatro meses, que é o que um profissional de vendas precisa.

A verdade é que Mike provavelmente nem precisava de uma pessoa em tempo integral. Poderia achar um estudante de faculdade que trabalhasse depois da aula. Em vez de pagar US$ 700 a US$ 800 a um funcionário, ele poderia reduzir drasticamente, senão eliminar por completo, os maiores problemas de sua vida por US$ 300 a US$ 400 por semana. E, enquanto isso, teria tempo livre para vender.

Era uma solução bastante simples, no entanto Mike não tinha visto, o que não me surpreendia. Como a maioria dos empreendedores, ele era um homem de vendas, e quando profissionais de vendas enfrentam um problema na empresa, instintivamente procuram uma maneira de gerar mais vendas — porque, como diz o ditado, "um bom faturamento lava quase todos os problemas". Eles também tendem a ver os administradores, os contadores e os gerentes como funcionários "não produtivos". Mas o que essas pessoas fazem é quase tão importante quanto conseguir a venda. Elas possibilitam que você mantenha os clientes que já tem. Os clientes não ficam felizes se você manda uma conta atrasada porque não recebeu sua papelada na hora. Não ficam felizes em receber a conta de uma multa pela qual eles podem ou não ter sido responsáveis, e sobre a qual você nunca os alertou, ou disse como evitar. E todos nós sabemos o que acontece com clientes insatisfeitos.

Não há a menor dúvida de que chegaria a hora em que Mike teria de contratar um vendedor, mas esse ímpeto deveria vir de oportunidades que ele vislumbrasse e quisesse perseguir, não dos aborrecimentos normais de se administrar uma empresa.

Nada de contabilizar maus conselhos

Por mais importante que normalmente seja uma perspectiva de fora, existem certos tipos de profissional com os quais você deve ter muito cuidado ao pedir conselhos de negócios. No alto dessa lista eu colocaria os contadores. Por favor, entenda que não tenho nada contra contadores. Eu mesmo tenho formação em contabilidade e sei que eles desempenham uma função importante. Mas quase sempre é uma má ideia pedir a um contador para dar conselhos sobre negócios. Contadores são, basicamente, historiadores. É assim que foram educados e assim é que pensam. Eles são muito bons em explicar o que aconteceu no passado. Mas fazer as coisas acontecerem no futuro? Pode esquecer. Eles nem sabem quais as perguntas que se deve fazer, muito menos como conseguir os resultados que você procura.

Veja o caso de um jovem empreendedor chamado Ken, que me contatou para ajudá-lo a tratar de um problema de fluxo de caixa. Ele devia a uma gráfica US$ 25 mil por alguns livros que ele tinha produzido sobre o negócio que estava iniciando. O livro era um anuário comercial para pessoas que administravam restaurantes em Nova York. Dava informações sobre obtenção de alvarás, compra de artigos para cozinha, busca de profissionais autônomos... esse tipo de coisa. Ken ganhava dinheiro vendendo espaço de publicidade aos fornecedores e vendendo o livro a chefes de cozinha e donos de restaurante. O problema era que ele havia vendido muito menos que o suficiente. Dos 10 mil exemplares que tinha impresso, ele estava com uns 8.500 encalhados, e estavam prestes a ficar desatualizados.

> **Pergunte a Norm**
>
> *Prezado Norm:*
> *Meu marido e eu somos donos de uma empresa de consultoria, que tem tido êxito há 15 anos. Agora pretendemos abrir uma loja varejista de vinhos e acredito que precisamos de um conselho consultivo. O que você acha?*
> *Leslie*
>
> Prezada Leslie:
> Se você está falando de um grupo formal que se reúne regularmente, duvido que você precise disso. Um conselho é útil quando você quer levar um negócio estabelecido a um novo patamar e não dispõe de uma equipe de executivos experientes para lhe guiar. Além disso, talvez precise de um conselho se em algum momento quiser aumentar sua credibilidade com investidores ou clientes importantes. No entanto, para a maioria dos start-ups, um conselho consultivo formal só atrapalha. Por outro lado, é sempre uma boa ideia obter conselhos de empresários experientes. Se fosse comigo, eu falaria com o máximo de pessoas que pudesse encontrar com experiência no varejo de vinhos e em negócios semelhantes. Você não precisa de um conselho para isso.
> — Norm

Portanto, a situação dele era bastante ruim. Estava sem dinheiro, com um depósito abarrotado de livros que não conseguia vender e uma gráfica muito irritada ameaçando ir à Justiça se a conta não fosse paga. Enquanto isso, Ken havia começado a trabalhar imediatamente na próxima edição do anuário, ou ficaria fora do negócio. Mas como imprimiria? E o que aconteceria se o primeiro gráfico o levasse à Justiça? Ele não tinha ideia de quais seriam as possíveis consequências. Entenda que esse é um rapaz honesto e muito trabalhador, de 20 e poucos anos. Nunca foi processado. Nunca sonhou que isso pudesse acontecer. Para ele, enfrentar um litígio era um choque total. Não estava em pânico — pelo menos, ainda não —, mas estava muito preocupado mesmo. Eu o acalmei e disse que ia ajudá-lo a encontrar uma solução.

Agora, para qualquer pessoa que tenha experiência em negócios, é bastante óbvio como Ken se meteu nessa enrascada. Foi vítima de seu excesso de otimismo. Os números podem salvá-lo do excesso de otimismo ao trazê-lo de volta à realidade, mas somente se você fizer as perguntas certas — e para isso, geralmente precisa-se da ajuda de alguém que não está envolvido emocionalmente e saiba as perguntas certas a fazer. Ken achava que poderia vender 10 mil anuários. Perguntei-lhe quanto tempo durava a estação de vendas no negócio dele.

— Cerca de quatro meses — respondeu.

Em outras palavras, ele tinha 120 dias para fazer todas as vendas, partindo-se do princípio de que trabalharia sete dias por semana. Isso dava uma média de 83 exemplares por dia. Como conseguiria? Tudo bem, poderia vender alguns por mala direta. Existem 12 mil restaurantes em Nova York. Se ele tivesse uma taxa de resposta fantástica — digamos, de 5% — isso daria somente 600 exemplares. Então, ele teria de fazer a maioria das vendas pessoalmente. Estamos falando de cem visitas de vendas por dia, e uma taxa de sucesso em torno de 78%. Trabalhando dez horas por dia, teria de fazer uma média de dez visitas por hora, ou uma a cada seis minutos. Impossível. Nem o Super-Homem conseguiria.

Então por que ninguém falou isso para ele? Perguntei se ele não tinha pedido um conselho a ninguém antes de abrir o negócio.

— Só a meu contador. Passei todas as informações para ele, que fez uma declaração de fluxo de caixa mostrando que tudo ia funcionar.

Para ser justo, o contador não estava inteiramente errado neste caso. Ele fez o que a maioria dos contadores faz. Você passa a informação a eles, e eles a devolvem em um formato diferente. A não ser que se esteja baseando suas projeções em desempenho passado, dificilmente questionarão suas pressuposições. Afinal de contas, estão acostumados a lidar com dados históricos. Quando se diz para eles que se pretende vender 10 mil anuários em quatro meses, tratam isso como se fosse um fato.

Se quiser um aconselhamento de negócio, você deve ir a alguém que administrou uma empresa por um período considerável de tempo, e estou falando de um negócio realmente operante, um que venda algo diferente de *expertise* profissional certificada. Infelizmente, as pessoas nunca usam os recursos que lhes estão disponíveis. O próprio Ken, por exemplo, conhecia alguém que tinha um negócio parecido, vendendo catálogos comerciais para a indústria de cinema. Eles nunca conversaram. Posteriormente, Ken descobriu que o sujeito vendia 7 mil exemplares por ano — depois de dez anos de estrada. Pelo menos, o erro de Ken não foi fatal. Ele negociou um acordo para pagar a gráfica integralmente em prestações regulares mensais de US$ 2.500. O dono ficou impressionado com a honestidade dele e concordou em imprimir o novo anuário também. Depois disso, Ken passou a receber aconselhamento de empresários. Quanto ao contador, continuou fazendo o que fazia melhor: cuidar dos impostos de Ken.

Culpados até prova em contrário

Penso o mesmo em relação a procurar advogados para receber aconselhamento empresarial. Sempre que um bom contrato desmorona ou uma negociação promissora dá errado, geralmente os advogados levam a culpa — e normalmente são culpados mesmo. No entanto, aqui também há um outro culpado implícito, a saber, o cliente. Em 90% dos casos, esses problemas surgem porque os clientes permitem que seus advogados tomem decisões de negócios por eles — algo que a grande maioria dos advogados não tem qualificação para fazer. Os que são inteligentes sabem disso e se limitam a prestar aconselhamento jurídico. Aqueles menos inteligentes vão em frente e estragam as coisas.

Tome como exemplo o caso de uma pessoa que conheço e por muitos anos tentou abrir um estabelecimento comercial de varejo. Vamos chamá-la de Polly. Ela achou que precisava levantar cerca de US$ 1,5 milhão e conseguiu juntar alguns investidores que verbalmente se comprometeram a fornecer o grosso de capital, mas ainda nem tinham começado a discutir o memorando de investimento e nenhum dinheiro havia mudado de mãos. Enquanto isso, Polly encontrou um lugar que achou ideal. Quando ela contou aos investidores, eles indicaram que queriam ter voz ao negociar as condições do contrato. Polly decidiu levar um deles à próxima reunião com o locador.

Isso se revelou uma ideia ruim. O investidor queria discutir cada detalhe do contrato. Entre outras coisas, notou que o local precisava de uma grande reforma, estimando que custaria cerca de US$ 100 mil ajustar o imóvel às regulamentações locais, e insistiu que o contrato deveria ser ajustado nessa proporção. O locador rangeu os dentes e disse que ele mesmo faria as reformas por US$ 25 mil. O resto da reunião também foi de testar os nervos. No fim, o proprietário disse a Polly:

— Da próxima vez, venha sozinha. Você é quem toma as decisões, não é? Eu não preciso falar com mais ninguém.

E assim Polly se viu diante de um problema. Ela esperava que, ao trazer o investidor para a reunião, pudesse chegar a um acordo quanto ao aluguel e o memorando de investimento mais ou menos simultaneamente, mas era óbvio que isso não aconteceria. Qual dos dois ela deveria resolver primeiro? Era uma situação do tipo o ovo ou a galinha. Os investidores não lhe dariam o dinheiro sem um contrato de aluguel assinado, e o locador jamais assinaria um contrato enquanto não tivesse certeza de que ela conseguiria cumpri-lo até o fim, e ela não poderia lhe dar essa garantia sem o dinheiro.

Polly percebeu que precisava falar com seu advogado, até porque ele estaria envolvido em qualquer redação ou revisão de contrato que ela fosse assinar — seja de aluguel com o proprietário, seja o memorando com os investidores. Ela explicou seu dilema. O advogado disse que primeiro deviam tratar do aluguel.

— Seus recursos são limitados — ele disse. — Não tem por que você me pagar para trabalhar em um acordo de investimento sem ter certeza quanto ao aluguel. Se o contrato de aluguel não sair, você terá perdido uma quantidade de dinheiro que não pode se dar ao luxo de perder.

Isso fazia sentido para Polly, e ela estava planejando iniciar as negociações sobre o aluguel quando veio me ver. Queria saber como deveria lidar com o conflito entre o proprietário, que queria que o contrato de aluguel saísse rapidamente, e os investidores, que insistiam em passar um pente fino em cada frase do contrato.

Escutei a história dela e falei:

— Geralmente não digo às pessoas o que fazer, mas abrirei uma exceção em seu caso. Advogados não são empresários. O conselho que o seu advogado lhe deu foi o pior que já ouvi. Você não deve, *de modo algum*, negociar o aluguel primeiro. Antes, você precisa do memorando de investimento. Se não, eu posso lhe garantir que esse negócio nunca sairá.

Polly ficou evidentemente assustada.

— Veja, você está me dizendo que seu maior investidor potencial é alguém que negocia até a enésima potência. — Ela assentiu — Também me contou que o locador é um sujeito que gosta das coisas simples e rápidas. — Ela concordou e eu emendei: — Então veja isso do ponto de vista de um empresário. Você negociará o aluguel e deixará tudo pronto para assinar. Aí, o que fará?

— Trabalharei no acordo de investimento e o levarei para os responsáveis assinarem e me darem o dinheiro.

— Você levará esse acordo a alguém que negocia até a enésima potência e espera que ele lhe dê o dinheiro imediatamente? — perguntei.

— Não, isso nunca acontecerá.

— Exatamente. Nunca acontecerá. Ele vai querer mudar as coisas. Eu mesmo quereria, se fosse o principal investidor. Então o locador está disposto a esperar trinta, sessenta, noventa dias até você conseguir o dinheiro?

— Jamais.

— Exato. Ele dirá "volte quando tiver o dinheiro". Mesmo que você consiga o que quer relativamente rápido, terá plantado uma semente de dúvida na cabeça dele. Disse que tinha o dinheiro e depois que não tinha. Ele se perguntará se pode confiar em você para pagá-lo pelos próximos dez anos. E você perdeu sua credibilidade. Consegue ver essa situação?

— Estou começando a ver.

— Seu advogado não deveria lhe dar um conselho empresarial. É muito bom que ele não queira desperdiçar seu dinheiro, mas ele matará a negociação desse jeito, porque não está olhando para a situação como um todo e não está levando em consideração a personalidade das pessoas envolvidas. Está dizendo: "por que pagar honorários de advogado desnecessariamente?" Isso é pensamento de advogado, e não de empresário. Se fosse um negócio meu, já teria feito o contrato de investimento e dito aos investidores: "Vamos assinar isso e deixarei o dinheiro parado em uma conta específica, que só será movimentada quando vocês aprovarem o contrato de aluguel. Lá, o dinheiro estará acumulando juros se as coisas não saírem bem." Depois, poderia dizer para o locador: "A propósito, tenho um milhão de dólares no banco, sujeito à aprovação do aluguel. Não precisa se preocupar com o pagamento." Isso faz uma diferença enorme, não faz?

— Faz. Eu não tinha pensado nisso.

— E, aliás, o que os investidores ganharão com esse investimento?

— Ainda não discutimos isso.

Foi então que vi que ela realmente tinha sido muito mal orientada. Se algum dia você já tentou levantar dinheiro, deve saber que existe uma grande diferença entre um compromisso verbal e um compromisso escrito para investir. Existe uma diferença maior ainda entre um compromisso escrito e uma efetiva transferência de fundos. Na última hora, as pessoas aparecem com todo tipo de desculpa sobre por que não podem mandar o dinheiro que prometeram: "Não sabia que você o queria tão cedo", "Acabei de ter uma chamada de margem imensa", "Minha mulher proibiu", "Meu cachorro engoliu o talão de cheques". Conseguir o capital era a maior barreira que Polly enfrentava. Não havia qualquer propósito em perder tempo negociando um contrato de aluguel até que os investidores tivessem demonstrado um compromisso firme, depositando dinheiro em uma conta específica. Uma vez que isso acontecesse, Polly ainda teria outras opções se não conseguisse condições aceitáveis para o edifício que tinha em mira. Sempre poderia voltar aos investidores e dizer "Esse contrato morreu, mas tenho uma outra possibilidade, se vocês ainda estiverem interessados — sujeita a sua aprovação, naturalmente".

Advogados não pensam desse jeito. São treinados para focar na proteção dos clientes. Empresários pensam em atingir objetivos. Advogados pensam que sua principal obrigação é assegurar que os clientes não se exponham a riscos potenciais. Empresários sabem que às vezes você tem de se expor a certos riscos ou não chegará a lugar algum. Dito isto, não posso jogar toda a culpa no advogado de Polly pelo mau conselho que deu a ela. Parte do erro foi dela, que lhe pediu um conselho, quando deveria ter pedido informação. Deveria ter perguntado as potenciais consequências de seguir este ou aquele curso de ação, entendendo que tomaria a decisão sobre o que fazer. E por que ela não fez isso? Suspeito que, como muitos empreendedores de primeira viagem, ela ainda não estava pronta para assumir a responsabilidade por suas decisões. Quando você real e verdadeiramente compreende e aceita essa responsabilidade, passa a ser mais seletivo sobre a quem pedirá conselhos — e não se dirige a pessoas cuja maior preocupação é evitar que corra riscos.

Preste atenção: a maioria das decisões de negócio envolve uma parcela de risco. É por isso que o empresário é quem tem de decidir. Quem mais pode dizer a quantidade de risco que se está disposto a correr? Infelizmente, alguns advogados não entendem isso, como esse aparentemente não entendia. Era responsabilidade de Polly enquadrá-lo e traçar um limite claro entre ele prestar aconselhamento legal e ela tomar uma decisão de negócio. Ao não fazer isso, correu o maior risco de todos — o de jogar fora a oportunidade de lançar seu negócio.

Você tem de se lembrar de que advogados não são homens de negócios, embora muitos tentem fazê-lo acreditar no contrário. Aliás, a prática do Direito faz com que as pessoas desenvolvam hábitos mentais *opostos* aos que se precisa para ter sucesso nos negócios. Não quero aqui denegrir os advogados. Eu entrei para a Faculdade de Direito depois do ensino médio e considero que essa foi uma das melhores decisões que já tomei. A Faculdade de Direito me ensinou uma série de técnicas que me serviram muito no meio empresarial. Ensinou-me como dividir um problema, analisá-lo e pensar nas soluções. Ensinou-me a pesquisar e me obrigou a desenvolver uma disciplina mental que me ajudaria em qualquer coisa que decidisse fazer no futuro. Além do mais, por causa de minha formação em Direito, levo uma vantagem nas negociações empresariais. Consigo entender o que dizem os documentos jurídicos, e sei o que se passa quando surgem questões legais. Também ganho um certo respeito quando entro em uma reunião. E o mais importante é que sei como pensam os advogados — e como isso limita a capacidade deles de tomar boas decisões empresariais.

Na verdade, no pouco tempo em que exerci a profissão, desenvolvi exatamente alguns desses hábitos mentais a que me referi. Aprendi a importância de focar nos detalhes, cruzar todos os *t* e colocar os pontos nos *i*. Aprendi a procurar por todo e qualquer problema que pudesse vir a atormentar meus clientes e ter certeza de que eles estivessem protegidos. Quando virei empresário, tive de criar uma mentalidade totalmente diferente. Não podia me dar ao luxo de prestar atenção demais aos detalhes ou ter um foco estreito demais. Tinha de ter em mente todos os fatores em constante mudança que, no fim das contas, determinariam meu sucesso ou fracasso, e tinha de estar disposto a pesar os prós e contras com o fim de atingir minhas metas. Continuava tentando antecipar problemas, mas visando lidar com eles, e não me proteger deles. Como empresário, aprendi que os problemas podem ser ótimos professores. Eles não me paravam; me inspiravam. Ficava muito empolgado de resolver um e passar para o próximo.

Felizmente, só fui advogado por pouco tempo, e tive condições de fazer a transição. Depois de dez ou 15 anos de profissão, acredito que seja extremamente difícil para a maioria dos advogados começar a pensar como um empresário. No mesmo sentido, duvido que hoje eu fosse capaz de ser um bom advogado. Já sou empresário há muito tempo. Meus hábitos mentais já estão muito arraigados.

É por isso que sempre busco o melhor aconselhamento jurídico antes de tomar uma decisão importante. Preciso ser lembrado de coisas que de outra maneira eu não verei. Mas tenho um entendimento muito claro com qualquer advogado que contrate. Digo:

> "Esse é o acerto, e é tudo muito simples. Quero apenas um bom aconselhamento jurídico, ponto. Você pode me proteger explicando as potenciais consequências legais de qualquer decisão que eu tome. Mas não quero que me diga o que fazer do ponto de vista de negócio. Há outras pessoas em quem confio para aconselhamento empresarial."

Você ficaria surpreso de como é difícil para determinados advogados seguir essas instruções. Tive um que me disse que eu estava maluco em gastar US$ 20 mil em honorários e custas legais num caso em que já sabia de antemão que perderia. Insistiu que era uma má decisão empresarial. Mas eu acreditava que, neste caso, valia a pena gastar US$ 20 mil para fazer um certo tipo de declaração — e evitar enfrentar problemas semelhantes no futuro. O advogado não conseguiu aceitar isso, e eu o dispensei.

Mas a maioria dos advogados não vê problemas com minhas condições. Howard, que já trabalha comigo há muito tempo, é um dos melhores. Faz exatamente aquilo que um advogado deve fazer para um cliente empresário. Explica o que as diversas cláusulas contratuais significam. Esclarece quais são minhas obrigações legais e quais seriam se eu tomasse um determinado tipo de ação. Chama minha atenção para qualquer risco que eu esteja correndo, e indica os conflitos que eu posso vir a ter com outros compromissos que já assumi — meus contratos com bancos, por exemplo.

Esse é o tipo de informação que acredito que todo empresário deve receber de seus advogados. Sim, haverá horas em que se precisará de um aconselhamento empresarial. Se for esse o caso, procure um empresário experiente. Não só os conselhos serão melhores, como você provavelmente não será cobrado por hora.

> **Pergunte a Norm**
>
> Prezado Norm:
> Queremos contratar empresários experientes para o staff de nossa pequena empresa. Já tentamos os escritórios locais do SCORE (Corpo de Serviço de Executivos Aposentados, sigla em inglês), recomendações de conhecidos e buscas na internet — sem sucesso. E agora, o que devemos fazer?
> Donald
>
> Prezado Donald:
> Não posso lhe dar uma resposta rápida e confiável, mas você não deve desanimar. Sempre demora algum tempo para se encontrar pessoas boas para se trabalhar. Aqui vai uma dica: as pessoas que você quer provavelmente não estão procurando emprego. Elas podem estar aposentadas. Podem estar entre um projeto e outro. Podem estar simplesmente chateadas com o que estão fazendo. Se estiverem procurando uma posição, provavelmente estarão conversando com amigos. Você deve fazer o mesmo. Fale com seus clientes, fornecedores, gerente de banco e outros empresários que você conheça. Mais cedo ou mais tarde, alguém vai aparecer.
> — Norm

A lei das receitas regulares

A necessidade de ajuda de empresários mais experientes não desaparece com o crescimento da empresa, mas muitos de nós têm problemas em consegui-la diariamente. Fui capaz de resolver esse problema em um momento crítico do crescimento da CitiStorage. Consegui aplicando uma lei muito importante do mundo dos negócios. Essa lei é: você pode fazer qualquer coisa, desde que conte com uma receita regular. Esta não precisa ser aquilo de que você gostaria, nem mesmo o que você precisa. O que importa é que você possa contar com ela, todas as semanas, todos os meses. Sem esse fluxo regular de recursos, estará constantemente se desligando de seus objetivos. Com ele, você se verá livre para se concentrar nas coisas que mais gosta de fazer, e que faz melhor.

Você pode pensar que todo mundo conhece essa lei, mas muita gente se esquece dela, incluindo alguns dos empresários mais inteligentes e mais capazes que existem. Refiro-me às pessoas que a maioria de nós gostaria de ter na folha de pagamento. São executivos que comandaram empresas e fecharam negócios e têm o conhecimento, os contatos e a experiência para levar a empresa a um novo patamar — isto é, se você tiver dinheiro para pagá-los. A maioria dos pequenos empresários já começa pensando que não tem.

Descobri, no entanto, que — com a ajuda da lei das receitas regulares — você pode contratar o tipo de gente talentosa que de outra maneira estaria muito longe de seus meios, e isso não vai lhe custar nem um tostão. Como é possível? Pessoas desse calibre se pagam muitas vezes, desde que você lhes dê o espaço de que precisam para agir.

Deixe-me contar o caso de Ben Zitron, que veio me ver depois que alguns negócios em que trabalhava deram errado e lhe custaram uma pequena fortuna. Tendo de pagar a pensão de dois filhos, de repente se viu desesperado por dinheiro e precisando de um emprego. Queria saber se eu o contrataria. Ben era um dos melhores negociadores que já conheci, um cara que ganhou milhões arquitetando fusões de empresas, ajudando empresas a abrir o capital, levantar recursos e coisas do gênero. Ele já fora dono e já havia administrado uma série de empresas através dos anos. Sabia vender e negociar. Sabia fazer tudo o que eu fazia, mas nunca conseguiu aprender a lei das receitas regulares. Em consequência, sempre se encontrava a dois maus negócios de um desastre.

Agora que o desastre finalmente havia acontecido, era óbvio que eu o ajudaria, mas sabia desde o início que nunca adiantaria contratá-lo como empregado, pelo menos não no sentido comum da palavra. Ben era um espírito livre. Mesmo que eu conseguisse levantar o dinheiro que ele valia — provavelmente mais do que US$ 300 mil por ano –, simplesmente não haveria maneira de ele dedicar toda sua atenção a qualquer trabalho que eu arranjasse. É claro que ele faria uma tentativa, mas não se passaria muito tempo até estar trabalhando em seus próprios negócios, correndo atrás de seus próprios objetivos, e eu ficaria irritadíssimo. Começaríamos a brigar, os outros funcionários iriam resmungar, e tudo viraria uma bagunça.

Portanto, pensei no assunto e fiz uma proposta. Falei:

— Ben, eu lhe conheço. Você não precisa de um emprego. Necessita de uma receita regular que permita que você volte a fazer a coisa que mais ama: articular negócios. Por isso, vou lhe contratar, mas não em tempo integral. Passarei a você alguns projetos para tocar para mim. Trabalhará em minha sala e poderá ter os próprios horários. Desde que cuide de meus projetos, poderá cuidar de qualquer outro negócio que queira. Em troca, quero uma percentagem de qualquer negócio que venha a fechar.

Eu não estava só sendo bonzinho. Sabia que, mesmo que contratasse Ben em meio expediente, teria de pagar um salário anual de pelo menos US$ 100 mil, e uma despesa desse tipo tinha de fazer sentido financeiramente para a empresa, ou não poderia contratá-lo. Portanto, eu teria de arranjar um outro jeito de ajudá-lo.

Mas aconteceu que tínhamos acabado de ganhar um contrato com o sistema judiciário de Nova York, que responderia por um faturamento anual de US$ 250 mil. Eu precisava de alguém para ampliar nossos negócios nessa área, uma pessoa que pudesse se encontrar com as autoridades mais altas do sistema judiciário e vender nossos serviços para as outras partes do sistema. Se Ben não tivesse aparecido, teria de contratar outro vendedor por US$ 50 mil anuais. Desse ponto de vista, Ben estava saindo muito caro. Mas por outro lado, sabia os resultados que obteria, e esperava firmemente que, no longo prazo, ele nos desse três ou quatro vezes o que quer que nós lhe tivéssemos pago.

E ele não me decepcionou. Em oito meses, ampliou nosso faturamento com o sistema judiciário o suficiente para cobrir seu salário, e continuou a nos pagar dividendos depois disso. Em quatro anos, esta parte de nosso negócio cresceu de um faturamento de US$ 250 mil para mais de US$ 1 milhão por ano, principalmente devido ao trabalho de Ben. Ao mesmo tempo, ele trouxe para nós dois clientes muito grandes e conseguiu nossa primeira rodada de financiamento. Sem ele, eu teria de contratar alguém de fora para cuidar do negócio — a um custo de cerca de US$ 50 mil. Ele também conseguiu mais de US$ 800 mil para um novo depósito, por meio de um programa estatal de promoção de empregos no interior da cidade.

Posteriormente, utilizei a mesma abordagem para contratar Sam Kaplan. Com ele foi mais fácil de negociar que com Ben, porque já conhecia a lei das receitas regulares. Ele se pagou em cerca de cinco minutos. Perguntei-lhe o que deveríamos fazer sobre uma nova instalação que queríamos construir, mas não conseguíamos financiamento. Ele olhou os planos e sugeriu algumas modificações simples. Obtivemos o financiamento em dois meses. Sem a informação que ele nos deu, teríamos de alugar o espaço adicional de que precisávamos. Naquela hora, ele nos poupou cerca de US$ 100 mil anuais, por dez anos. O resto, você já sabe.

Assim, me vi na companhia de duas pessoas do mais alto nível proporcionando o tipo de conselho e serviço que normalmente custaria a uma empresa centenas de milhares de dólares. Tudo bem que ajuda ser empresário por trinta anos e ter amigos como Sam e Ben, mas pessoas com credenciais semelhantes estão por todo o lado. Nos dias de hoje, existem poucas partes dos Estados Unidos onde não se pode encontrar empresários em dificuldades financeiras que ainda não querem se aposentar, ou empresários experientes à procura de uma base da qual possam fazer negócios.

Essas pessoas representam uma fonte de talento que a maioria das pequenas e médias empresas não percebem. Aqui não estou me referindo a start-ups e negócios muito recentes. Esses precisam do tipo de ajuda que se obtém de um mentor, ou talvez de um conselho consultivo. Mas em empresas estabelecidas de certo tamanho — no caso de prestadoras de serviço, eu diria que de uns US$ 5 milhões de faturamento para cima —, o que se quer são executivos capazes de implementar ações, bem como aconselhar, e com quem se possa conversar como especialistas sobre as grandes questões que o negócio enfrenta. O difícil é mantê-los, o que às vezes exige que você deixe de lado suas necessidades e se concentre nas deles. Você tem de criar uma situação em que vá se sentir feliz. Afinal, eles não trabalharão por gratidão, lealdade ou porque precisam do emprego. Eles só ficarão se estiverem ganhando dinheiro e se divertindo.

Pense neles como empresas de um homem só. Quando os contrata, está investindo em uma empresa. Para obter um retorno, você precisa dar a eles espaço para administrar o negócio deles — o que pode ser difícil para você. Para mim, certamente foi. Muitas vezes, fiquei uma fera com Ben. Ele chegava na hora que bem entendia. Tinha os próprios horários, suas próprias ideias e sua própria maneira de fazer as coisas — e isso me levava à loucura. Eu voltava para casa e reclamava com Elaine:

— Aquele idiota! É uma estupidez o que está fazendo.

Aguentar o jeito dele era a parte mais difícil de toda a experiência. Engraçado, não é? Contratamos pessoas criativas porque queremos gente que pense diferente, e quando é isso o que elas nos dão, temos dificuldade em aceitar.

No fim, Ben foi embora cuidar de seus projetos, mas àquela altura já dera enormes e duradouras contribuições à empresa. Sam, por outro lado, decidiu ficar e tornar-se meu sócio.

Resultado final

Ponto nº 1: Quando você estiver lutando com um problema, procure um ponto de vista externo para ter certeza de que identificou o verdadeiro problema e encontrou a solução que realmente irá resolvê-lo.

Ponto nº 2: Contadores são bons para explicar o que aconteceu no passado, mas não os procure para pedir conselhos de negócio. Em vez disso, converse com um empresário experiente.

Ponto nº 3: O trabalho de seu advogado é lhe dizer as consequências legais em potencial de uma decisão ou de um curso de ação — e não lhe dar conselhos empresariais.

Ponto nº 4: Sim, sua pequena empresa pode contratar executivos de nível global, desde que você esteja disposto a criar uma atmosfera em que eles possam ganhar dinheiro e também se divertir.

CAPÍTULO DEZESSEIS

Quando o aluno está pronto, o professor aparece

Não importa quão longe você consiga ir no mundo dos negócios, o quanto você aprenda, você nunca sabe de tudo. Os negócios são uma aventura que nunca termina e uma educação que jamais acaba. Eu tive mais professores do que sou capaz de contar ao longo de minha carreira. Alguns foram mentores e conselheiros. Outros, pessoas que eu encontrei, ou experiências por que passei ao longo do caminho. Todos eles me deixaram lições que usei para melhorar a mim mesmo e às minhas empresas.

Veja, por exemplo, a rotina que sigo com as pessoas que aparecem para visitar meu escritório no Brooklyn. Quando elas têm de ir embora, visto meu paletó e as acompanho até o carro. Geralmente, os visitantes dizem:

— Ah, não precisa. Você é muito ocupado. Eu sei o caminho.

E eu respondo:

— É preciso, sim. Explicarei no caminho.

Então conto a eles de meu encontro com o rei Hussein, da Jordânia.

Foi em meados da década de 1990, durante uma viagem à Jordânia preparada pela Fundação Simon Wiesenthal, cuja diretoria eu integrava naquela época. O rei tinha nos convidado a visitar o país e a encontrar com ele e a esposa, a rainha Noor. Sete membros da diretoria — comandada pelo rabino Marvin Hier, fundador e principal diretor do Centro Simon Wiesenthal — viajaram para Amã, a capital da Jordânia. Ficamos lá alguns dias, fazendo tours em limusines postas a nossa disposição pelo anfitrião, quando fomos informados que o rei estava pronto para nos receber.

Nossos motoristas levaram-nos ao complexo real na hora marcada e nos dirigimos a uma sala em um dos edifícios da propriedade. No centro da sala havia uma longa mesa oval com uma cadeira na cabeceira para o rei. Enquanto esperávamos sua chegada, o chefe do protocolo nos colocou em uma espécie de fila de cumprimentos.

— O rei quer conversar com cada um dos senhores pessoalmente.

Minutos depois, apareceram o rei Hussein, a rainha Noor e sua comitiva, e começaram as apresentações. Andando por toda a fila de cumprimentos, o rei nos cumprimentava pelo nome.

— Ah, senhor Brodsky — disse ele, quando chegou a minha vez. — Soube que o senhor é um empresário de Nova York.

Tive duas reações. Primeiro, fiquei profundamente lisonjeado. Senti-me radiante e aquecido no corpo inteiro só de pensar que o rei da Jordânia sabia quem eu era e qual a minha profissão. E, segundo, fiquei estarrecido. Imagino que ele tivesse uns vinte ou trinta encontros como esse por semana. Será que ele se preparava para cada um como obviamente havia se preparado para o nosso?

Depois das apresentações, nos sentamos em volta da mesa por cerca de uma hora e ficamos conversando com o rei e a rainha. Finalmente, o rei disse:

— Sinto muitíssimo, mas há outro compromisso a que tenho de comparecer. Gostaria de agradecer a todos por terem vindo. Por favor, apreciem o restante de sua visita a meu país. Eu os acompanharei até o carro.

Bem, nunca nenhum chefe de Estado algum dia me acompanhou até o carro. E nesse caso, além do mais, a caminhada era grande. O rei Hussein foi andando a nosso lado, conversando, enquanto passávamos por um hall de entrada e descíamos um lance de escadas. Do lado de fora, na frente do palácio, ele parou para que tirássemos fotografias antes de nos despedir.

— Isso é inacreditável — falei para o chefe do protocolo.

— O que é inacreditável?

— O rei nos acompanhar até o carro.

— É apenas uma cortesia de rotina.

Fiquei pensando nesse comentário por muitos dias depois disso. Se era cortesia de rotina para um rei me acompanhar até o carro, e saber quem eu era antes de nos encontrarmos, será que eu não poderia fazer o mesmo com as pessoas que vinham me visitar? O rei Hussein me fez sentir pelo país dele exatamente o que eu queria que as pessoas sentissem por mim e por minha empresa — radiante e aquecido. Quero passar a mensagem de que me importo pessoalmente com eles. É assim que se forjam os relacionamentos de longo prazo.

Então, voltei da Jordânia com duas grandes dicas de negócio, além de um monte de recordações maravilhosas. Dali em diante, quando pessoas que eu não conheço vêm me visitar, sempre me certifico de ter alguma informação de apoio sobre elas, o suficiente para construir uma ponte que possa usar para gerar entrosamento. No fim da reunião, eu as acompanho até o carro.

E essa é a maneira típica de eu conseguir ideias para meus negócios. Eu as capturo onde quer que vá. Vejo todo mundo que encontro como uma fonte potencial de dicas para melhorar minha maneira de fazer negócios. Não que eu fique sugando as pessoas e pedindo sugestões, mas observo cuidadosamente o que elas fazem e como isso afeta quem está a sua volta, inclusive eu. Em consequência, estou constantemente descobrindo novas coisas que posso fazer para reforçar as relações que eu tenho com as pessoas dentro e fora da empresa.

Aqui vai outro exemplo. Algum tempo atrás, eu estava em Princeton, New Jersey, e decidi dar uma olhada numa loja de roupas local. Detesto fazer compras, mas adoro ver vendedores em ação. Não importa se são bons ou maus vendedores. Aprendo com todos. Eu até gosto de ir a resorts de férias e ouvir o discurso de vendas dos que estão vendendo propriedades compartilhadas. Para mim, é a mais pura diversão.

E a loja de Princeton se revelou o paraíso. O vendedor que me atendeu era um dos melhores que já vi. Ele não pressionava, tinha uma maneira agradável e amiga, fez-me sentir como se ele realmente se preocupasse com que eu me apresentasse da melhor forma possível. Geralmente sou um comprador de roupas exigente, mas quando encontro um bom vendedor, sou capaz de comprar qualquer coisa, esteja eu precisando ou não. Neste caso, comprei dois ternos e um casaco esportivo, que pedi para enviarem a meu escritório. Trocamos agradecimentos e saí.

Três dias depois, recebi um cartão do vendedor, agradecendo-me por ter estado lá, expressando seu prazer em ter me ajudado e me convidando a lhe informar caso ele pudesse voltar a me servir no futuro. Não era uma carta padrão. Não foi gerada por computador. Era uma mensagem pessoal, a mão, dele para mim. Eu mostrei a minha mulher, Elaine.

— Não é fabuloso? — perguntei. E ela falou:

— Temos de começar a fazer isso.

Concordei. Desde então, Elaine escreve cartões pessoais, a mão, para todos os novos clientes, dando-lhes as boas-vindas à empresa e pedindo-lhes que contate um de nós dois pessoalmente, se houver necessidade.

Sei que algumas pessoas vão questionar a importância de gestos como esse. Será que realmente importa, elas perguntam, se você acompanha as pessoas até o carro, ou manda cartões escritos a mão? As relações com clientes se baseiam em preço, benefícios e serviço. Se você não consegue competir nesses quesitos, não pode sequer jogar. Não discordo, mas um relacionamento de longo prazo tem algo mais do que essas questões básicas. Qualquer um pode igualar, ou superar, seu preço e seus benefícios. E todo mundo promete um excelente serviço. Se você quiser manter seus clientes, precisa fazer mais. Tem de lhes dar motivos para que continuem com você. Um dos melhores motivos é que eles gostem de você, confiem em você e queiram fazer negócios com você. Não existe uma fórmula mágica para criar essas ligações. É apenas uma questão de fazer as pequenas coisas simples que geram lealdade e confiança — chamar os clientes, visitá-los, preocupar-se com eles, tratá-los bem depois de cinco ou dez anos, da mesma maneira que os tratava quando o relacionamento estava começando.

Problemas e mais problemas

Problemas podem ser outra grande fonte de sabedoria administrativa, contanto que você esteja disposto a aprender. Infelizmente, as pessoas em geral lidam com problemas como se eles só fossem acontecer uma vez, sem olhar para a raiz de suas causas. Consequentemente, não aprendem aquilo que os problemas estão tentando ensinar.

Observe uma experiência por que Elaine e eu passamos em um restaurante chique de frutos do mar em Dallas, há alguns anos. Embora o restaurante estivesse lotado e não tivéssemos reserva, o maître disse que poderia nos arranjar um lugar em cerca de 20 minutos. Fomos ao bar, e Elaine pediu um coquetel de camarão. Antes que fosse servido, o maître voltou dizendo que já tinha arranjado uma mesa no mezanino de onde se via o salão principal.

— Mas acabei de pedir um coquetel de camarão — disse Elaine.

— Sem problemas. Eu peço a alguém para levar à mesa.

O coquetel de camarão chegou logo depois de nós. Elaine provou o molho e o achou um pouco picante. Querendo diluí-lo um pouco, pegou uma garrafa de ketchup na mesa. Assim que destampou a garrafa, ouviu-se um *pop* bem alto, e o ketchup saiu jorrando, cobrindo a blusa dela, o suéter e o braço inteiro. Elaine ficou sentada ali, estarrecida, afogada em ketchup. A garçonete veio correndo.

— Ai, sinto muito — disse ela, passando um monte de guardanapos. — Deixe-me ajudar.

E ela deu duro para limpar a bagunça.

— Se me trouxer sua roupa amanhã, mando lavar para a senhora.

O gerente apareceu pouco depois e também pediu desculpas. Limpou o ketchup de uma cadeira e se sentou para falar conosco.

— Lamento muito por tudo isso — falou e me passou seu cartão. — Apenas mande a conta da lavanderia para mim. Providenciarei para que seja paga.

Elaine e eu ficamos bastante impressionados. Toda empresa, inclusive a nossa, tem seu número de equívocos acidentais com os clientes — inevitáveis e de tirar o sono. Se formos os clientes, o que mais queremos é que as pessoas ajam como se lamentassem sinceramente o ocorrido e façam o que puderem para reparar o dano. Ficaríamos absolutamente satisfeitos se o gerente tivesse parado por aí. Mas, ao se levantar, ele falou:

— De certa maneira, vocês até deram sorte.

— O que está querendo dizer? — perguntou Elaine.

— Na última vez em que aconteceu, a pessoa ficou com ketchup no cabelo todo. Tivemos de conduzi-la ao cabeleireiro. Pelo menos, você só sujou as roupas.

Pergunte a Norm

Prezado Norm:

Tenho em mim o bichinho do empreendedorismo desde meu tempo de ensino médio, há 15 anos. Agora tenho um casamento feliz e dois filhos. Essas relações dão alegria e significado a minha vida, bem como muita responsabilidade. Por esta razão, pretendo continuar tendo meu trabalho diurno como executivo em uma empresa listada entre as quinhentas maiores da Forbes, mas sinto que também preciso honrar meu espírito empreendedor. Tenho muita experiência e conhecimento que sinto que podem ser úteis para alguém que esteja abrindo uma empresa. Estou pensando em entrar de voluntário em um start-up, doando até vinte horas do meu tempo por semana. Em troca, eu pediria para ser tratado como sócio, mas sem salário ou participação acionária. O que acha?
Gregory

Prezado Gregory:

Acho que você merece ser aplaudido por tomar uma decisão difícil em sua vida, colocando as obrigações com a família em primeiro lugar. Muita gente não consegue fazer isso. E, sim, acho que sua ideia tem méritos. Também amo começar novos negócios e descobri que posso satisfazer esse desejo ajudando pessoas a abrir os delas. Mas vinte horas por semana me parece uma meta muito ambiciosa. Em vez disso, proporia me encontrar uma ou duas vezes por semana com um empreendedor para oferecer conselhos e atuar como uma caixa de ressonância. Estará prestando um grande serviço e aprendendo lições das quais poderá fazer bom uso quando começar o seu negócio... depois que as crianças saírem de casa.

— Norm

— Quer dizer que isso já aconteceu antes? — perguntei.

— Ah, sim, acontece com frequência. Esse lado do restaurante fica muito quente durante o dia. Pedimos às garçonetes que afrouxem as tampas do ketchup para a pressão não aumentar demais lá dentro, mas às vezes elas esquecem, e a garrafa explode quando o cliente está abrindo.

E com isso ele pediu licença e saiu.

Elaine e eu não sabíamos se devíamos nos aborrecer ou morrer de rir. Estávamos totalmente perplexos. Eu podia pensar em mil maneiras de se ter certeza de que os clientes não teriam de lidar com bombas de ketchup: levar as garrafas para baixo toda noite; comprar uma pequena geladeira para o mezanino e guardá-las ali durante o dia; colocar o ketchup em recipientes abertos; só pôr na mesa se o cliente pedir. Em vez de tudo isso, o restaurante tinha bolado uma solução que não resolvia nada. As garrafas continuavam explodindo; a equipe continuava limpando e pedindo desculpas; e as vítimas, contando para todo mundo sobre a experiência que tinham passado, transformando, assim, aquilo que devia ser um embaraço meramente ocasional em um problema permanente de relações públicas. Isso é o que pode acontecer quando não se aprende com os próprios erros.

O caso do ketchup é um exemplo extremo, mas o fenômeno não é incomum. Quando se está inundado de problemas, existe a tendência natural de se concentrar na crise da ocasião, cuidar dela e depois passar a qualquer outra coisa que esteja exigindo atenção. Conheço um casal, por exemplo, que tem uma empresa de roupas femininas. Para garantir que eles sempre tivessem estoque disponível para atender à demanda, eles normalmente produziam mais roupas do que o necessário. Era absolutamente inevitável que terminassem com uma tonelada de excesso de estoque, que punham em liquidação e ficavam com o prejuízo. Isso era mais fácil e mais rápido de se fazer do que atacar o problema fundamental, que era a incapacidade de fazer previsões exatas, e foi isso o que continuaram fazendo, um ano após o outro — até que tiveram de fechar a empresa.

O fato é que, se você não corta o problema pela raiz, ele só deixa de existir temporariamente. Por esta razão, tentei introduzir uma certa disciplina em minha empresa lembrando constantemente às pessoas que sempre existem dois passos ao resolver um problema. O primeiro é estancar a hemorragia — quer dizer, lidar com as consequências e minimizar os danos. Depois, tem de se descobrir por que ele aconteceu e ter certeza de que não se repetirá.

Vou dar um exemplo dos primeiros tempos de meu serviço de armazenagem de documentos. Naquela época, recebíamos muitas caixas. Para poder monitorá-las, instalamos um sistema de código de barras que nos permitiu identificar cada caixa e apontar sua exata localização. Desta maneira, não fazia diferença onde as armazenávamos. Sempre era possível encontrá-las quando necessário.

No entanto, antes que se passasse muito tempo, comecei a receber telefonemas de clientes reclamando que tínhamos perdido algumas de suas caixas. No começo, fiquei cético. Achava que nosso sistema era à prova de erros. Para mim, parecia menos provável que as tivéssemos perdido do que os clientes tivessem cometido um erro na manutenção de seus arquivos. Mas quando encontramos algumas delas perdidas em nosso depósito, percebi que tínhamos um problema e logo passei a usar o método de dois passos para a solução de problemas.

Primeiro, formei uma equipe para procurar as que estavam perdidas. Tínhamos que vasculhar todo o depósito, escanear as caixas em cada lugar e comparar com a lista de nosso computador. Felizmente, naquela época tínhamos um número relativamente pequeno de caixas, e a tarefa foi administrável. Se fosse dois anos depois, teria sido muito mais difícil.

Acabamos encontrando-as, e acredito que poderíamos ter parado ali e esperado que isso nunca mais voltasse a acontecer. Mas isso não nos teria levado à raiz do problema. Então ordenei que nenhuma outra caixa fosse guardada até que tivéssemos descoberto o que foi que aconteceu, e assim montei outra equipe para encontrar a causa e apresentar solução.

Não foi preciso esperar muito. Ao rever nossos procedimentos de monitorar as caixas, percebi que tínhamos cometido um erro básico: não havíamos levado em consideração a inevitabilidade do erro humano. Não tínhamos um sistema para conferir nosso trabalho. Um motorista pegava as caixas de um cliente e as entregava no depósito, onde seriam colocadas diretamente nas prateleiras. Em nenhum momento parávamos para contá-las e ter certeza de que o número das que foram retiradas dos caminhões conferia com o número que havíamos recebido do cliente ou de que o número de caixas que tínhamos guardado batia com o que havia sido descarregado.

Obviamente, tínhamos de acrescentar mais um passo a nossa rotina de armazenamento. Decidimos que, no futuro, quando um caminhão voltasse de uma devolução, colocaríamos todas as caixas em uma área de parada temporária marcada por cones. Escanearíamos os códigos de barras das caixas na área dos cones, como a chamávamos, e registraríamos a informação para o computador. Depois, as transferiríamos para seu lugar permanente e escanearíamos os códigos de barra de novo. Quando passássemos a lista de caixas no lugar permanente para o computador, ele iria comparar essa lista com a das caixas na área dos cones. Se as duas não batessem, saberíamos imediatamente que havíamos cometido um erro e tentaríamos corrigi-lo imediatamente.

Com esse novo sistema, deixamos para trás o problema das caixas perdidas. Mais tarde introduzimos mais uma garantia ao comprar um equipamento que permitia a nossos motoristas escanear os códigos de barra no próprio endereço do cliente. Consequentemente, agora fazemos checagens: entre o cliente e o caminhão, entre o caminhão e a área dos cones, e entre os cones e as prateleiras. Teoricamente, ainda é possível que uma caixa se extravie, mas isso não acontece há muitos anos.

A questão é que você não resolve realmente um problema a menos que ataque sua causa, assim como os sintomas. Por mais óbvio que possa parecer, a maioria das pessoas tende a esquecer disso diante das exigências diárias. Como garantir que manteremos isso em mente? Meu conselho é que acostume a si mesmo e a seu pessoal a ter sempre o hábito de perguntar: "Por que esse problema surgiu, em primeiro lugar?" E mais uma coisa: na próxima vez em que você se encontrar em um restaurante chique de frutos do mar em Dallas, tome cuidado na hora de abrir o ketchup.

Esteja preparado

No início de minha carreira, certo juiz me ensinou uma lição que me serve até hoje. Eu tinha 23 anos e acabara de sair da Brooklyn Law School. Embora tenha passado no exame da Ordem, ainda não era um advogado totalmente habilitado. Naquele tempo, eram necessários mais seis a oito meses para ser admitido definitivamente. Eu, como a maioria dos jovens advogados, passava esse tempo trabalhando no escritório de advocacia.

Minha iniciação começou na primeira semana de trabalho. Enquanto me aprontava para sair, às 17h30, o advogado para quem eu trabalhava me passou um volumoso processo e me disse para que aparecesse no tribunal no dia seguinte para apresentar uma petição em nome de um cliente. Eu me espantei.

— O senhor quer que eu entre na sala de audiências? Nunca entrei em uma sala de audiências.

— Não se preocupe. Não é nada. Apenas esteja lá às 9h30.

— Nove e meia! — falei, olhando para o processo. — O senhor quer que eu leia tudo isso esta noite?

— Não, não, não, você não tem de ler nada. Não acontecerá nada. Quando o juiz chamar o caso, você vai lá e diz "para juntar". O juiz dirá alguma coisa do tipo "levarei isso em consideração". Aí você pode sair.

— OK — falei, mas mesmo assim estava nervoso. Na manhã seguinte, sentei em uma cadeira da galeria de um tribunal imundo do bairro de Queens, em Nova York. A mim parecia que todo mundo ali tinha noventa anos. Esperei até que meu caso fosse chamado, e nessa hora me inclinei para a frente e falei, hesitante:

— Para juntar.

Ao som da minha voz, o juiz pôs os óculos e olhou em minha direção.

— Foi você, filho? — perguntou. — Você falou isso?

Meu estômago gelou.

— Sim, Excelência.

Ele ergueu um dedo comprido e ossudo na minha direção e o curvou, abruptamente.

— Venha cá.

Levantei-me e caminhei pelo corredor central em direção à plataforma do juiz. Pude ouvir um monte de gente contendo o riso a minha volta. O juiz esperou até que eu estivesse de pé, diante dele.

— Aagooraa — ele falou lentamente, olhando para mim de cima a baixo —, essa é a sua primeira vez num tribunal, filhinho?

— É-é-é... sim, Excelência — falei, e comecei a ouvir as risadas da plateia.

— E você já é membro da Ordem?

Devo ter ficado completamente vermelho.

— Não. Ainda não, Excelência — falei. Mais risadas.

— Muito bem, filho, e essa petição é sobre o quê?

Comecei a gaguejar e a balbuciar.

— Eu, é, hã... sobre... quer dizer, estamos encaminhando essa petição... quer dizer, eu não, mas o advogado para quem trabalho...

O juiz me cortou.

— Você não tem a menor ideia do que se trata, não é, meu filho? Você se apresentou sem o menor preparo diante desse tribunal, não foi? Eu deveria rejeitar essa petição só por isso.

As pessoas as minhas costas agora estavam morrendo de rir. Estava tão envergonhado que queria derreter no chão.

— Sim, Excelência.

— Em vez disso, lhe darei sua primeira lição do mundo real — disse o juiz. — Nunca, mas nunca mesmo, entre em meu tribunal despreparado.

Ele ficou me olhando por mais alguns instantes para a lição entrar dentro de mim, depois me dispensou com a mão.

— Agora, vá, vá, vá. Volte para seu chefe e diga que você não foi lá muito bem.

Dei a volta e saí com o rabo entre as pernas. Todo mundo estava histérico de tanto rir. Ouvi alguém dizer "ele pegou mais um". Saí do prédio do tribunal o mais rápido que pude e dirigi de volta ao escritório. Quando entrei, meu chefe tinha um grande sorriso no rosto.

— O que aconteceu no tribunal?

— Você sabe o que aconteceu! — falei. Ele apenas riu.

Portanto, foi tudo um trote. Mais tarde soube que aquele juiz tinha a fama de dar esse tipo de lição a advogados novatos. A experiência foi lancinante, jurei que nunca mais me permitiria passar por uma humilhação assim. Nos meses seguintes, compareci a dezenas de audiências do mesmo gênero e falei "para juntar" muitas vezes. Nenhum juiz jamais me perguntou o que dizia a petição — mas, se precisasse, eu saberia responder. Tinha lido o processo e estava preparado.

Quando virei empresário, o hábito de me preparar intensamente já era minha segunda natureza, e isso se provou uma grande vantagem competitiva. Descobri que podia fechar mais vendas que meus concorrentes simplesmente porque sabia mais sobre o cliente, seus representantes e todos os outros aspectos do negócio. E hoje isso continua a ser verdade. Nossa taxa de fechamento é melhor que 95% entre os clientes em potencial que vêm visitar nossas instalações, e não é só porque temos depósitos bacanas, salas bonitas e funcionários maravilhosos (embora tudo isso ajude). Nós nos preparamos inteiramente. Antes que a equipe do cliente chegue, me concecto à internet e tento descobrir o máximo que posso sobre a estrutura, a missão e a história da empresa. Meus profissionais de vendas me dão um briefing completo sobre os visitantes que receberei — que tipo de pessoas são, quem mais estão considerando, como a decisão será tomada, e assim por diante. Faço uma apresentação sob medida.

Uma vez, por exemplo, fiz um tour com algumas pessoas que estavam pensando em passar sua conta para nós depois de muitos anos com outro fornecedor. A maior preocupação deles, disseram os meus profissionais de venda, era que continuassem tendo acesso aos arquivos durante a transferência. Bem, durante um tour, não posso dizer aos visitantes tudo o que fazemos, mas se sei de uma preocupação específica, posso tocar nesse ponto sem que seja preciso perguntar. Neste caso, fiz questão de dizer:

— Uma das coisas com que tomamos mais cuidado é em ter certeza de que o cliente tenha acesso a seus arquivos ou caixas durante a mudança. Fazemos assim...

Os prospects ficaram maravilhados e ganhamos a conta.

É ainda mais importante estar preparado quando se encontra um cliente depois de ter feito algo errado. Evidentemente, você precisa pedir desculpas e prometer que o problema não se repetirá, mas você também deve ser capaz de responder à pergunta que todo cliente fará: como aconteceu? Isso exige preparo. Você tem de saber exatamente o que deu errado, por quê, e como pode assegurar que não vai voltar a acontecer. Então pode dizer logo de cara: "Veja, nós investigamos esse incidente, e a causa foi a seguinte. Não estamos inventando desculpas. Só queremos que vocês entendam o que aconteceu e que medidas providenciamos para proteger os senhores e seus clientes no futuro. A verdade é que os senhores nos ajudaram a corrigir um problema importante que desconhecíamos. Realmente lhes devemos nossos agradecimentos, assim como nossas desculpas." Na maioria das vezes, vimos que os clientes tiveram a boa vontade de nos dar uma segunda chance.

Não existem atalhos aqui, nem mesmo ao lidar com clientes com quem já se tem uma relação contratual bastante longa. Não se pode partir do princípio de que você ou eles sabem o que está escrito no contrato só porque a relação já existe há vários anos. É muito fácil se esquecer de detalhes essenciais — que podem determinar se continuará ou não com aquela conta no futuro. Lembro-me de uma conta que abriu para tomada de preço depois que já era nossa há 12 anos. O cliente era uma agência municipal. Por causa de nosso histórico e das relações cordiais que mantínhamos com as pessoas que trabalhavam na agência, acreditávamos que tínhamos uma boa chance de ganhar o contrato de novo, mas, quando as ofertas apareceram, descobrimos que, pelo menos no papel, nosso preço era mais alto que o dos outros.

— O que faremos? — perguntou-me Brad Clinton, nosso gerente de vendas.

— O primeiro passo é ler o contrato — falei.

Pergunte a Norm

Prezado Norm:

Trabalho na área de recrutamento de executivos há 15 anos. Há dois, formei uma aliança bem-sucedida com um de meus clientes. Tive de contratar mais dois recrutadores para atender à demanda. Minhas receitas anuais já passaram de US$150 mil para US$ 800 mil, e isso é só o começo. Só vejo uma coisa que pode nos impedir de criar uma grande organização: eu. Percebi que não tenho a capacidade, a paciência ou o know-how para administrar essa empresa e fazê-la crescer. Como devo agir?
Bruce

Prezado Bruce:
Em primeiro lugar, não seja tão duro consigo mesmo. Você tem sorte de ter percebido isso antes que sua empresa enfrentasse problemas. Para mim, foram necessárias algumas experiências muito duras para me ensinar que eu não tinha as qualidades exigidas para se administrar um negócio — a paciência sendo, provavelmente, a mais importante delas. Com o tempo, aprendi que só posso levar uma empresa até um determinado ponto e que depois disso já não me divirto em administrá-la. Preciso contratar administradores de verdade — pessoas pacientes e orientadas para os detalhes. Elas não são boas para abrir empresas, e não sou bom para administrá-las. Nós nos entendemos bem. Apenas se lembre de que deverá ter uma boa relação de trabalho com a pessoa que contratar. Isso quer dizer que vocês dois têm de estar abertos para aprender um com o outro.
— Norm

Ele me olhou com estranhamento.

— Sim, se é isso o que você diz, mas... — e deu de ombros.

— Mas o quê? — perguntei.

— Já conhecemos bem o que está escrito ali. A conta é nossa há 12 anos.

Não pude deixar de sorrir enquanto a lembrança de meu primeiro dia em um tribunal passava pela minha cabeça.

— Deixe que lhe conte uma história.

Brad entendeu e pegou o contrato. Quando o lemos, percebemos que havia uma cláusula que dizia que, quem quer que pegasse a conta, não poderia utilizar empresas terceirizadas. Isso já eliminava um dos ofertantes, cuja equipe não leu o contrato com a mesma dedicação que nós. Além disso, fomos capazes de demonstrar que as outras empresas basearam suas ofertas em expectativas irreais sobre como determinadas partes do trabalho poderiam ser executadas. Em vez de fazer uma pesquisa, tentaram adivinhar. Quando calculamos o que eles realmente teriam de cobrar, acabamos descobrindo que nossa oferta era a mais baixa. E, assim, pegamos a conta de novo, e isso devo ao juiz que conheci na primeira vez em que pus os pés em um tribunal.

Apresse-se e espere

Sem dúvida alguma, a experiência mais educativa que já passei em minha carreira de empresário foi o episódio da concordata, embora não recomende que você siga meu exemplo. Antes da concordata, eu era igual a muitos empreendedores que hoje vêm me pedir conselhos. São todos muito apressados. Têm uma tremenda sensação de urgência em atingir seja lá que objetivo colocaram para si mesmos — e já! A maioria deles já decidiu o próximo passo e está prestes a dá-lo. O que querem de mim é um incentivo. E o que eles recebem é um conselho para parar e pensar.

Nunca se deve tomar decisões importantes de negócio quando se sentir tomado pela sensação de urgência. Não me importa se ela vem de si mesmo ou de outras pessoas que estão lhe pressionando para decidir. Se estiver sentindo que tem de tomar uma decisão imediatamente, não o faça. Quando você decide com pressa, não pensa em tudo que deveria, e há uma boa chance de que isso um dia venha a lhe atormentar.

Essa não é um regra fácil de ser seguida. A maioria dos empreendedores são pessoas impacientes por natureza. Você não abriria um negócio se não sentisse o forte desejo de chegar a algum lugar e fazer as coisas acontecerem. Mas esse mesmo desejo pode se transformar em seu pior inimigo caso não aprenda a controlá-lo. Eu, pessoalmente, tive de levar muita paulada na cabeça antes de perceber o perigo de ter muita pressa em atingir meus objetivos.

Afinal de contas, foi a impaciência que, no final da década de 1980, me fez adquirir uma empresa com problemas sérios. Em meu íntimo, *sabia* que o negócio era uma fria. Minha voz interior estava me dizendo: "Você está maluco? Não precisa desses problemas, assim como não precisa de uma bala na cabeça. Está arriscando sua empresa." Mas se não ouve sua voz interior quando se está sendo levado por um sentimento de urgência. Você atropela seus bons instintos. Arranja desculpas. Diz a si mesmo o que quer ouvir. Eu já tinha conseguido reerguer outras empresas insolventes. Sabia como lidar com vendedores. Podia resolver qualquer problema que atirassem em mim. Opa, eu me achava o Super-Homem.

E assim fui em frente e fechei o negócio. O resto, você já sabe. (Se não sabe, volte e leia o capítulo 2.) Nos três anos seguintes, enquanto saíamos da concordata, passei muito tempo pensando no que havia feito de errado. Percebi que havia mais coisas envolvidas do que apenas uma mera decisão infeliz. A decisão se ligava a algumas de minhas características mais marcantes — uma delas, minha necessidade de gratificação imediata. Faço as coisas no calor dos acontecimentos, sem considerar as consequências ou consultar outras pessoas. E quando traço um objetivo para mim, só consigo pensar em alcançá-lo — mesmo que se revele um objetivo equivocado. Além disso, olhando para trás, percebi que esses traços me levaram a cometer inúmeros outros erros ao longo dos anos, em minha vida pessoal e profissional. De alguma maneira, tinha de descobrir um jeito de controlar essas tendências. Sabia que era muito improvável eu simplesmente me livrar delas. Estavam arraigadas demais em minha personalidade. Mas eu também não queria que elas continuassem a tomar decisões por mim.

Então criei uma nova lei: não tomar nenhuma decisão importante antes de tomar um banho.

Com *importante*, refiro-me a decisões que tenham consequências de longo prazo. Não estou falando de questões de rotina, do dia a dia. Com essas, lido à medida que forem aparecendo. Mas se uma oportunidade se apresenta, há um grande problema a resolver, ou se tivermos de fazer uma mudança na maneira com que atuamos, sempre tomo um banho antes de decidir. Entenda que, apesar de pensar melhor quando estou no chuveiro, não tenho tempo de tomar banho durante o dia. Portanto, o que estou realmente me dizendo é para adiar a decisão por 24 horas. Isso era muito difícil para mim, pelo menos no início. Eu *gosto* de tomar decisões imediatas. Tenho grande dificuldade em dizer: "Tenho de pensar a respeito. Não posso lhe dar uma resposta agora."

O que eu precisava era de um mecanismo que pudesse usar para me frear, e a lei do chuveiro cumpriu essa função. Era uma maneira de vender a mim mesmo a ideia de esperar. Isso me obrigava a me dar tempo para pensar na decisão, ouvir o que outras pessoas tinham a dizer, e levar em consideração os prováveis efeitos do que quer que eu decidisse. Geralmente acabava fazendo o que teria feito logo de cara, mas fazia isso com a confiança de ter passado pelo processo adequado de reflexão. E, às vezes, esse processo de reflexão me salvaria de um erro que estivesse prestes a cometer ou me apontaria uma oportunidade que, de outra forma, eu teria perdido.

Minha regra do chuveiro se transformou num hábito. Aprendi a reconhecer o sentimento de urgência e pará-lo no meio do caminho. Agora, sempre que tenho de tomar uma grande decisão, eu a adio automaticamente. Meus executivos me acusam de procrastinar, mas estão errados. O que estou fazendo é dando uma chance a meu inconsciente de agir sobre o problema. Estou me certificando de que meu sentimento de urgência não atropelará minha voz interior. É um traço que já percebi em outros empresários de sucesso, que já administram empresas há muito tempo. Para eles, nada é urgente. Não se apressam em tomar decisões precipitadas. Aprenderam a recuar quatro passos, pesar todos os fatores e então decidir calmamente sobre como proceder.

Mas recuar alguns passos não é algo que ocorra facilmente a jovens empreendedores ansiosos em seguir adiante. O medo que eles têm, obviamente, é o de perder uma oportunidade que esteja logo a sua frente. É um sentimento que vendedores espertos sabem explorar. Fazem você acreditar que a oportunidade que estão lhe oferecendo hoje não existirá amanhã, e então eles usam seu sentimento de urgência para lhe pressionar a tomar uma decisão apressada. No entanto, com a idade e a experiência, aprendemos duas coisas: primeiro, que o mundo é cheio de grandes oportunidades, mais do que você pode sequer sonhar em aproveitar; e, segundo, que as verdadeiras oportunidades nunca desaparecem. Não consigo me lembrar de nenhuma oportunidade que eu tenha perdido desde que adotei a minha regra do chuveiro.

E, nesse meio-tempo, me tornei o CEO mais limpo da cidade.

Resultado Final

Ponto nº 1: Sempre existem grandes lições de negócios para aprender aonde quer que você vá, mas você tem de se lembrar de procurá-las.

Ponto nº 2: Resolver um problema é um processo de dois passos. Primeiro, deve-se estancar a hemorragia, e depois descobrir a causa fundamental.

Ponto nº 3: A preparação é uma vantagem competitiva essencial. Não parta do princípio de que você sabe o que está escrito em um contrato — mesmo um que seja antigo, a menos que você tenha voltado a consultá-lo.

Ponto nº 4: Quanto mais alguém lhe pressionar para tomar uma decisão rápida, mais você deve insistir para tomá-la em seu próprio tempo.

CAPÍTULO DEZESSETE

Aguentando as pedras

Esse livro começou com o caso de Bobby e Helene Stone, e acho que também deve terminar com eles. Mantive um contato bastante próximo com o casal ao longo dos anos e acompanhei seu progresso com um faturamento que cresceu de US$ 162 mil, em 1992, para US$ 3,2 milhões em 2007. Hoje, em retrospecto, vejo que houve vários marcos importantes nesse caminho.

Um dos primeiros aconteceu quando o negócio tinha quatro anos e meio, e eles chegaram a um ponto que toda nova empresa bem-sucedida atinge em determinado momento. Ele começa no dia em que se decide que se precisa de outro vendedor, além de si mesmo. Arranjar um auxiliar administrativo ou uma pessoa para trabalhar na linha de frente é outra história. Você o faz porque precisa — porque simplesmente não consegue mais dar conta de tudo sozinho. Mas quando contrata um profissional de vendas, está tomando a decisão de crescer, e a maneira como se cresce pode ter consequências de longo prazo para você e sua empresa. Bobby e Helene estavam se aproximando dessa transição em meados de 1996. Em uma de nossas reuniões regulares, perguntaram-me o que seria necessário para fazer com que seu filho Steven, de 27 anos, se tornasse um vendedor em tempo integral. Disse-lhes que, como para quase tudo no mundo dos negócios, seria necessário um bom planejamento.

Existem três grandes desafios a se enfrentar quando se contrata um profissional de vendas, o primeiro é o principal. Para começar, você tem de se certificar de que ele ou ela terá tempo suficiente para ser bem-sucedido. Quanto tempo, varia de negócio para negócio, dependendo em parte do ciclo de vendas. Em meu serviço de armazenagem de documentos, por exemplo, são necessários normalmente dois anos para fechar uma venda. Em outras áreas, esse período pode ser de apenas umas poucas semanas. Mas mesmo em negócios com um ciclo curto, é necessário dar aos novos vendedores um tempo para se adaptar à cultura da empresa, conhecer os produtos, criar uma base de vendas etc. Você não pode esperar que eles já saiam vendendo — e, aqui, quero dizer boas vendas, com belas margens brutas — tão logo entrem pela porta. Aliás, em geral é uma atitude bastante sábia partir do princípio de que os novos vendedores não fecharão *venda alguma* durante o primeiro ano. E você não será capaz de julgar objetivamente o desempenho deles se estiver contando com suas vendas para fechar as contas.

Por isso aconselhei Bobby e Helene a adiar a contratação de Steven até que tivessem acumulado dinheiro suficiente para pagar seu salário por um ano inteiro. E mesmo assim, não deveriam contratá-lo, a não ser que estivessem projetando o mesmo volume de vendas para os 12 meses seguintes — sem qualquer contribuição de Steven — que tiveram nos 12 meses anteriores. Admito que meu conselho foi muito conservador. Eu queria que Bobby e Helene tivessem um colchão bem grande. Com outras pessoas, talvez eu tivesse deixado por menos. O tamanho do colchão vai depender, até certo ponto, do nível de estresse que você sente quando está operando sem dinheiro algum no banco. Sabia que Bobby e Helene teriam muitas dificuldades em enfrentar uma pressão desse nível. Assim, fixamos algumas metas que assegurariam a sobrevivência deles, mesmo se tudo desse errado depois da chegada de Steven.

Do jeito que as coisas aconteceram, eles atingiram a meta no final do ano, o que os levou para o segundo desafio: dar a Steven o treinamento adequado.

Quando você contrata um profissional de vendas, está fazendo um investimento e tem todo o direito de esperar um retorno sobre esse investimento em uma quantidade razoável de tempo. Digamos que o profissional custe US$ 45 mil em salários e benefícios, mais US$ 5 mil para outras despesas (telefone, viagens etc). Suponha também que sua margem bruta média é de 40%. Esse vendedor teria de efetuar vendas de US$ 125 mil a uma margem de 40% (US$ 125 mil x 40% = US$ 50 mil) somente para cobrir o que foi gasto com ele ou ela no primeiro ano.

Esse é um conceito um pouco difícil para as pessoas entenderem. A maioria das empresas nem tenta ensinar. Mas você vai ter problemas contínuos com seus profissionais de vendas se eles não entenderem como a empresa funciona e que tipo de contribuição se está esperando que deem. Eles farão vendas ruins. Não seguirão as regras. Reclamarão constantemente de estarem sendo mal pagos e pouco apreciados porque não sabem o que está acontecendo realmente. Ensinar as pessoas é a única maneira de contornar esses problemas. Você precisa mudar a maneira como seus profissionais de venda pensam. Necessita de um processo que lhes ensine o negócio enquanto fazem o próprio trabalho.

Bobby e Helene usaram com Steven o mesmo processo que usei com Bobby. Fizeram um plano, deram a Steven metas de vendas e margens brutas e começaram a monitorar como ele ia se saindo. Ter um pouco de competição ajudou. Steven descobriu o histórico do primeiro ano de trabalho de Bobby e se dispôs a batê-lo. Enquanto isso, ele e Bobby competiam para fazer as melhores vendas com as melhores margens de cada mês, com Helene no papel de árbitro.

Demorou um pouco para Steven aprender. Ele terminou 1997, seu primeiro ano, com vendas bem melhores que as de Bobby na mesma situação, mas com margens brutas menores. Embora tenha pago seu salário, a empresa ainda não tinha quitado todo o investimento. O fato é que Bobby e Helene o estavam carregando. Então recuamos e voltamos a nos concentrar na questão das margens brutas, e gradualmente Steven foi pegando o jeito. Em agosto, já dava para perceber que 1998 seria para ele um estouro, tanto em matéria de vendas como de margens brutas.

O que nos levou ao terceiro grande desafio: mantê-lo centrado e motivado.

No outono, Bobby, Helene e Steven disseram que queriam ter uma reunião comigo. Tinham bolado um novo esquema de remuneração para o ano seguinte. A ideia era motivar Steven dando-lhe um incentivo para bater os números do planejamento. Ele ganharia um salário mensal, pelo qual se esperava que atingisse as metas acordadas. Além disso, ganharia uma comissão sobre qualquer venda acima dessas metas. Perguntaram-me o que achava, e eu disse que achava uma má ideia.

Não gosto de comissões pelas razões que expliquei no capítulo 14. Admito que, às vezes, sou obrigado a pagá-las a novos vendedores, mas com o tempo transfiro os melhores direto para ganhar salário. É benéfico para eles, para mim e para a empresa. Com um salário, os profissionais de vendas trabalham como membros de uma equipe. Quando você paga a eles uma comissão, está incentivando-os a seguir objetivos individuais.

E isso é o que eu temia que fosse acontecer com Steven. Digamos que sua meta mensal fosse de US$ 20 mil em vendas. Como ele se sentiria se atingisse US$ 18 mil faltando três dias, e Bobby e Helene precisassem dele para enviar mercadorias pelo correio ou tivessem de viajar e deixá-lo tomando conta do escritório? E o que aconteceria se, no fim do mês, Steven se visse obrigado a escolher entre prestar um serviço para uma conta de margem alta ou buscar vendas adicionais com margens baixas?

A primeira seria mais importante para a empresa, mas a segunda seria claramente fundamental para ele. As comissões geram divisões dentro de uma empresa, e este plano fatalmente abriria uma fenda entre Steven e os pais dele. Perguntei se não seria melhor pagar um salário, ajustado anualmente para refletir todas as suas contribuições para a empresa? Claro que eles poderiam lhe dar um bônus se conseguisse algo realmente extraordinário, mas será que todo mundo não deveria ser recompensado por fazer o que é melhor para a empresa como um todo? Eles pensaram no assunto e concordaram.

E assim, sete anos depois, Bobby e Helene passaram por mais um marco. A fase de start-up havia terminado, atingiram a viabilidade, construíram massa crítica, contrataram com sucesso outro vendedor. A empresa fechou 1998 com vendas de US$ 725 mil, muito acima dos US$ 162.300 de 1992. A margem bruta média foi de 38%. O problema principal agora era que, com três pessoas trabalhando em tempo integral, mais pessoal administrativo em meio expediente, e todos os suprimentos de informática que tinham em estoque, Bobby e Helene estavam ficando sem espaço na própria casa. Estavam usando uma instalação no quintal como depósito, e o térreo já estava totalmente tomado. Até os antigos quartos das crianças tinham se transformado em depósitos. E não havia mais quartos para serem transformados.

Mais cedo ou mais tarde, Bobby e Helene se veriam diante de outra escolha: transferir o negócio para outro lugar ou parar de crescer. Eles ainda não estavam prontos para decidir.

A oportunidade da internet

Enquanto isso, o ambiente empresarial estava mudando rapidamente. A internet, em especial, abria um novo mundo de desafios e oportunidades. Embora fosse óbvio, pelo menos para mim, que a maioria dos novos negócios baseados na internet não fosse sobreviver, não havia dúvida de que ela poderia ser uma incrível ferramenta de vendas para muitos negócios tradicionais, incluindo o de Bobby e Helene. O fato é que ela transformou completamente o papel de Bobby e Steven como vendedores.

> ### Pergunte a Norm
>
> *Prezado Norm:*
> *Tenho uma empresa que fatura US$ 3 milhões e vários colaboradores remunerados — contadores, advogados etc. —, mas me sinto sozinho e, francamente, confuso. Onde encontrar alguém com quem eu possa falar e que não tenha sua própria agenda?*
> *Henry*
>
> Prezado Henry:
> Primeiro tente compreender que não existe nada de anormal em se sentir sozinho e confuso. Os empreendedores estão sempre sozinhos, e todos nós tateamos bastante no escuro. Aliás, a solidão é o maior desafio que enfrentamos. Felizmente, existem muitos lugares onde você pode conseguir conselhos imparciais, incluindo as confederações de indústrias, seminários de negócios e grupos de relacionamento. Se você quiser um aconselhamento pessoal de um empreendedor ainda em atividade, dê uma olhada em sua própria cidade e escolha uma empresa que você realmente admire. E então escreva ou ligue para a pessoa que está por trás dela.
> — Norm

Ambos se acostumaram a fazer o trabalho à moda antiga: tentando encontrar clientes por telefone, marcando visitas, fazendo novas ligações, e assim por diante. Então, em 1997, os Stones receberam a oferta de um website e um mês de hospedagem gratuitos, desde que concordassem em pagar US$ 25 mensais pelo serviço dali em diante. Eles aceitaram a proposta e postaram uma lista de produtos, com o nome, endereço e telefone da empresa. Em alguns dias, já faziam vendas suficientes para cobrir o custo do site para o ano inteiro.

Os Stones ficaram contentes em ter mais esse acréscimo nos negócios, mas eles só descobririam o potencial de vendas da internet no ano seguinte, quando Bobby pôs um novo website no ar (que se somava ao primeiro) e começou a se educar em maiores detalhes sobre marketing na web. Concentrou a maior parte de sua atenção nos sites de busca, procurando técnicas para atrair clientes para o seu site, conseguindo que ele fosse listado entre as principais opções dos produtos que ele tencionava vender. Assim, por exemplo, descobriu como garantir que sua empresa, Data-Link Associates, aparecesse em primeiro ou segundo lugar quando alguém fizesse uma busca no Google por, digamos, "etiquetas adesivas com código de barras para cartucho DLT".

Enquanto Bobby e Steven aperfeiçoavam suas técnicas de venda pela internet, o faturamento da empresa decolou, aumentando 50% em 1998 e quase dobrando — para US$ 1,4 milhão — em 1999. No ano 2000, cresceram de novo, para US$ 1,5 milhão. Enquanto isso, entre 95% e 98% dos novos negócios da Data-Link vinham pela internet. A única outra fonte de novos clientes era a indicação dos clientes existentes.

O que achei mais interessante foi o efeito que a internet teve sobre Bobby e Steven como vendedores — o que e como faziam, e as consequências para a empresa. Pude notar pelo menos seis mudanças fundamentais que ocorreram como resultado direto da decisão de vender pela internet:

1. Mais poder com os clientes em potencial. Em vez de sair à caça de novos clientes, Bobby e Steven agora se preocupavam em descobrir como os clientes poderiam encontrá-los. Essa mudança teve repercussões importantes. Alterou profundamente a relação entre vendedor e clientes em potencial. Como profissional de vendas, você não tinha mais de incomodar os prospects com ligações telefônicas; em vez disso, passava a ser a pessoa que respondia às perguntas. Isso lhe dava uma vantagem psicológica significativa. E, consequentemente, você podia fechar uma percentagem maior de vendas.

2. Mais tempo para vender. Em 2001, Bobby já nem conseguia se lembrar da última vez em que entrara no carro para visitar um comprador. Steven não tinha feito uma única ligação em um ano. Acredito piamente nos benefícios das ligações telefônicas, mas não há dúvidas de que isso toma muito tempo. Você pode passar horas localizando os tomadores de decisão, marcando reuniões, se deslocando até lá etc. Ao cortar todas essas atividades, Bobby e Steven tinham mais tempo para se dedicar aos nomes cadastrados no website — respondendo às perguntas, fechando vendas, anotando pedidos. Também havia mais tempo para estudar as informações de venda e identificar as tendências. Alguns produtos estavam se tornando mais quentes? A empresa deveria fazer promoção de algum produto? O site precisava ser modificado? Bobby teria de trabalhar mais nos sites de busca?

3. Acesso mais fácil, rápido e barato aos consumidores. Os novos clientes da Data-Link eram, por definição, usuários da internet, assim como (acabou-se sabendo) os mais antigos. Depois de colocar o site no ar, os Stones descobriram que a maioria de seus compradores habituais também gostava de utilizá-lo. Em consequência, Bobby e Steven poderiam alcançar quase toda sua base de clientes com muito mais rapidez e menos custos que antes. Até então, eles tinham de perder tempo e dinheiro mandando caderninhos de ofertas, mailings por fax e tentando telefonar para as pessoas no horário comercial. Agora os clientes podiam checar o site para ver o que estava escrito nos caderninhos ou descobrir o que estava em promoção. Quanto à comunicação com os clientes, Bobby e Steven poderiam cuidar de tudo por e-mail — a qualquer hora do dia ou da noite.

4. Ampliação de mercado. E então, é claro, ainda havia a capacidade quase mágica da internet de remover as barreiras geográficas. Antes do site ir ao ar, o mercado da Data-Link era basicamente limitado a Nova York, Nova Jérsei, Pensilvânia e Connecticut — ou seja, lugares de onde se poderia ir de carro até a casa dos Stones. Para conseguir clientes, Bobby e Steven tinham de ir até eles. Depois de entrar na internet, a Data-Link pôde vender para clientes em lugares tão distantes como a Austrália, a África do Sul, Cingapura, ou os Emirados Árabes Unidos.

5. Um percentual mais alto de compras com cartão de crédito. Para uma pequena empresa, nada dá mais dor de cabeça que decidir se deve conceder crédito ou não a um cliente, ou a hora em que você tem de enviar e receber centenas de pequenas contas. Quase sempre é melhor que os clientes paguem com cartão de crédito, mas é difícil insistir nesse ponto quando você tenta ganhá-los numa ligação telefônica. Já um cliente que escolhe você pela internet é outra coisa. Antes da Data-Link se lançar na internet, apenas cerca de 1% de suas vendas eram pagas com cartão de crédito. Depois, esse número chegou próximo de 20%. Como resultado, Helene Stone mandou 250 menos contas em 2000 do que teria de ter mandado em 1997 e também teve 250 preocupações a menos na hora de receber.

6. Uma solução para os clientes que só compram uma vez. Embora a maioria dos negócios queiram ter uma base sólida de clientes que sempre voltem, também é legal ter alguns compradores que só compram uma vez, mesmo que seja pelo simples fato de você não ter de lhes oferecer os descontos que dá a seus clientes regulares. O problema é que clientes que só compram uma vez são notoriamente caros de se encontrar e difíceis na hora de receber. Ao obter clientes pelo site, a Data-Link pôde encontrar clientes que só compram uma vez de uma maneira bem barata e podiam tratar da questão do recebimento insistindo que pagassem com um cartão de crédito, ou esperando o cheque ser descontado antes de enviar o pedido.

Eu provavelmente poderia encontrar outros benefícios advindos da mudança da Data-Link para vendas baseadas na internet, mas você já entendeu o recado. As mudanças claramente fortaleceram a empresa em quase todos os aspectos. E, ao contrário da turma da, digamos, Amazon.com, os Stones ergueram seu negócio online mantendo uma margem bruta média de 32%.

Siga os números

Com o passar do tempo, o negócio da família Stone continuou a crescer, mesmo com eles continuando a trabalhar em casa. Em 2001, a filha de Bobby e Helene, Jennifer, se juntou à equipe como terceira vendedora da Data-Link. No ano seguinte, o faturamento anual da empresa ultrapassou a marca dos US$ 2 milhões pela primeira vez e continuou crescendo. No meio da década, a Data-Link já estava faturando mais de US$ 3 milhões anualmente.

Enquanto isso, Bobby e Helene continuavam a monitorar seus números de perto. Sempre que notavam alguma coisa preocupante, eles me ligavam e marcávamos uma reunião, geralmente antecedidas de um jantar. Um dia, eles me ligaram sobre algo que percebiam como uma tendência inquietante. Contaram-me que, nos cinco meses anteriores, suas vendas mensais tinham sido 25% a 30% menores que o normal. Entre outras coisas, haviam perdido todas as "vendas especiais". Estas eram únicas, de grande volume e margens baixas — exatamente o tipo que não permiti que eles aceitassem quando a empresa era pequena, mas que tinham se tornado uma boa fonte de lucros nos últimos anos.

Agora acho que devo dizer algumas palavras sobre por que essas vendas eram perigosas nos primeiros tempos da empresa, mas perfeitamente cabíveis uma vez que o negócio estivesse firmemente estabelecido. Tem a ver com o risco. Sempre que você dá crédito a um cliente, corre o risco de não ser pago e ainda ter de arcar com o custo do que quer que tenha vendido, mais as despesas de envio. Quanto maior a venda, maior o risco. Geralmente, é uma má ideia correr um risco desses numa venda de grande volume e margens baixas antes que o seu negócio se torne viável — quer dizer, antes de ser capaz de se sustentar no fluxo de caixa autogerado. Numa venda de US$ 2.500 com uma margem bruta de 30% (US$ 750 de lucro bruto), você perderia cerca de US$ 1.750 se o cliente quebrasse ou se recusasse a pagar por algum motivo. Numa venda de US$ 25 mil, com margem bruta de 10% (US$ 2.500 de lucro bruto), você poderia perder US$ 22.500. Tudo bem que seja tentador ir atrás dos US$ 2.500, especialmente quando a venda parece fácil, mas, antes de sua empresa atingir a viabilidade, você tem de guardar seu capital inicial como às joias da coroa. Não pode se arriscar a perder uma parte grande do capital de uma só vez. Esses US$ 22.500 podem ser a diferença entre o sucesso e o fracasso.

Esse quadro, no entanto, se transforma depois que a empresa se torna viável. Não que você possa ficar blasé ante a possibilidade de perder dinheiro. Continua sendo importante avaliar bem o crédito dos clientes, especialmente os de grandes quantidades. Mas se você sabe que sobreviverá mesmo que seja ludibriado, pode aceitar algumas dessas vendas de grandes volumes e margens baixas. Só é necessário se assegurar de que elas não respondam por um percentual tão grande de suas vendas totais que, se você não for pago, poderá colocar todo o seu negócio em risco.

Como o negócio central de margens altas da Data-Link havia crescido, Bobby e Helene tiveram condições de fazer cada vez mais vendas de grandes volumes e margens baixas, e isso foi extremamente lucrativo para eles. Em seus relatórios mensais de faturamento, criaram uma rubrica separada para essas vendas especiais e a monitoravam com o maior cuidado. Sempre que surgia uma oportunidade, eles decidiam se deviam aceitar ou não, baseando-se, em parte, em como andavam suas vendas normais de baixas quantidades e margens altas e, em parte, na confiança que tinham em ser pagos.

Graças principalmente a essas vendas especiais, eles se acostumaram a faturar entre US$ 250 mil e US$ 300 mil por mês, por isso ficaram preocupados quando perceberam uma queda significativa em um mês. Mas, afinal, a queda de um mês pode ser exceção. Se acontecer dois meses seguidos, você já começa a se perguntar por quê. Depois de três meses, aí já é "Houston, estamos com problemas". Bobby e Helene já tinham passado muito desse ponto quando vieram me ver.

— Veja esses números — disse Helene, enquanto apontava para a planilha de cálculo dos últimos meses. As vendas especiais estavam zeradas.

— Muito bem. O que está acontecendo?

— Não sabemos.

— Essa resposta é importante. Talvez vocês estejam fazendo alguma coisa errada que ainda possa ser modificada.

— E como podemos descobrir? — perguntou Bobby.

— Vocês podem começar ligando para clientes que tenham feito compras especiais no passado. Pergunte por que eles não têm aparecido nos últimos tempos. Enquanto isso, vamos pensar no que podem fazer se essas vendas especiais nunca mais voltarem.

— Isso seria terrível! — exclamou Helene.

— Não, não seria. Vocês têm um negócio formidável. Estão ganhando um bom dinheiro, mesmo sem as vendas especiais. Mas se vocês as perderem, provavelmente vão querer achar outra fonte de receita.

Não precisei explicar mais. Eles sabiam que tinham atingido um ponto de saturação em sua linha principal de negócios. Suas vendas regulares tinham permanecido mais ou menos estáveis por quatro ou cinco anos.

— Enquanto vocês investigam essa queda nas vendas, pensem em maneiras de ampliar alguma outra coisa que já estejam fazendo. Depois nos encontramos de novo.

Quando voltamos a nos reunir, semanas depois, Bobby e Helene contaram que a queda nas vendas especiais parecia estar acontecendo por várias razões. De um lado, havia mais concorrentes oferecendo os mesmos produtos. De outro, a internet permitia que os consumidores pesquisassem mais e pagassem menos. Além de tudo, um grande cliente tinha parado de comprar, alegando que algumas fitas que ele comprara vieram com defeito. Não era verdade, mas o cliente não estava mais fazendo pedidos.

— Com tudo isso — perguntei —, vocês acham que podem voltar a jogar?

Eles não tinham certeza. As vendas especiais chegavam pela internet, e ninguém podia prever quando apareceria alguma. O melhor que a família Stone podia fazer era aumentar suas chances aperfeiçoando o website e trabalhando seus anúncios em sites de busca. Mas eles disseram que ainda havia outra oportunidade de que poderiam correr atrás. Alguns anos antes, eles haviam começado a vender armários e caixas para armas de fogo, adicionando-os ao mix de produtos a pedido de um grande fornecedor, um fabricante de artigos de escritório que também fazia armários para armas de fogo. Recentemente, esse fabricante comentara com Bobby e Helene que estavam perdendo vendas porque a Data-Link não era um fornecedor aprovado pela General Sales Administratrion. A família Stone se inscreveu logo depois disso e ganhou a aprovação da GSA, abrindo a porta para vender para as forças locais de polícia e outras agências governamentais de todo o país.

> ### *Pergunte a Norm*
>
> *Prezado Norm:*
> *Sou coreana, bacharel em sociologia e trabalhei como repórter de uma revista. Depois disso, passei dois anos nos Estados Unidos e saí com um MBA de Wharton, tendo voltado à Coreia. Trabalhei com planejamento de negócios no Citibank da Coreia por cinco anos. Saí por causa da rotina e me juntei a uma empresa de internet já estabelecida. Meu problema é o seguinte: meu marido recebeu uma oferta de trabalho de um start-up coreano em Los Angeles. Quero acompanhá-lo e dar início a meu próprio negócio nos EUA, mas não tenho certeza se vou ser bem-sucedida, uma vez que tenho poucos contatos, conhecimentos e algumas limitações de linguagem. O que você acha?*
> *Jeongwon*
>
> Prezada Jeongwon:
> Acho que você deve correr atrás de seus sonhos. Para mim, sucesso não é atingir uma meta específica, mas ter a coragem de tentar. É claro que você quer que seu negócio seja bem-sucedido, e provavelmente ele será. Os fatores que você considera uma desvantagem são facilmente superáveis nos dias de hoje. Com seu currículo, tenho certeza de que não encontrará problemas nem com a língua nem com os contatos, e sua experiência é incrível. Mais importante que a empresa que quer construir, no entanto, é a vida que quer levar. Se você tem um sonho e não corre atrás dele, se arrependerá para sempre.
> — Norm

— Atualmente, estamos ganhando uns US$ 2 mil por mês com essas vendas para a GSA. A venda média não é tão grande quanto a média das especiais, e a margem bruta é menor, mas a oportunidade basicamente não tem limites.

— Nesse caso, de onde tirarão suas maiores recompensas nos próximos cinco anos?

— É claro que é da GSA — disse Bobby, e Helene concordou; eu também. Na maioria das vezes, as vendas especiais eram oportunidades únicas. O comprador podia nunca mais aparecer para fazer outra. Por outro lado, as vendas para entidades do governo tinham o potencial de se repetir. Isso significava que Bobby e Helene poderiam fazer seu negócio crescer, com o tempo, em volta disso. E, de fato, suas vendas para a GSA cresceram rapidamente para US$ 40 mil mensais e, depois de um trabalho considerável no website, algumas das vendas especiais voltaram.

Mas o que me deixou mais feliz nesse episódio foi a capacidade da família Stone de responder, sozinha, à questão sobre o que fazer. E eles puderam responder porque conheciam seu negócio. Tinham uma compreensão total dos números e podiam utilizá-la para tomar decisões inteligentes para a empresa.

Amai vosso negócio

Trabalhar com a família Stone foi uma experiência compensadora para mim, como espero que tenha sido para eles. Um episódio específico deixou uma lição que acho que todo empresário deve apreciar. Ele aconteceu como resultado direto do uso criativo que eles fizeram da internet como ferramenta de vendas. Eles estabeleceram relacionamentos com clientes no mundo inteiro, um dos quais, Bobby veio a saber, era um fabricante canadense de armários para armazenar mídias de alta qualidade. Acontece que a Data-Link vendia esse tipo de armário, mas não podia vender os do fabricante canadense, porque o distribuidor americano tinha posto os preços altos demais.

Então, na primavera de 2002, Bobby soube que o fabricante canadense estava mudando sua estratégia de distribuição e procurando quatro ou cinco empresas para serem suas representantes nos Estados Unidos. Ele imediatamente ligou para o gerente de vendas internacionais da empresa, que disse que viajaria aos Estados Unidos para entrevistar os candidatos. Bobby pediu a ele que incluísse a Data-Link nessa lista. O gerente de vendas imediatamente concordou e marcou uma hora para passar lá. Ele não fazia a menor ideia de onde estava se metendo.

O gerente de vendas estava acostumado a fazer negócios com empresas localizadas em prédios de escritórios ou em parques industriais. Todas as empresas de representação de sua lista trabalhavam em conjuntos com salas espaçosas, móveis modernos, bebedouros e outras comodidades da vida empresarial comum. Sempre que chegava a um compromisso, era saudado por uma recepcionista que lhe oferecia café antes de levá-lo a uma sala de reunião, onde ele se encontrava com pessoas de terno e gravata.

Assim, você já pode imaginar o que ele devia estar pensando quando encostou em frente à casa da família Stone, numa área residencial de classe média de Long Island, Nova York. Helene Stone atendeu a porta, segurando Rebecca, sua neta de 3 anos, no colo. Ela disse olá e chamou Bobby, que subiu as escadas vindo do porão, cumprimentou o homem e pediu que ele se encaminhasse para os fundos da casa, onde se localizava a entrada da empresa. Quando chegou lá, Bobby o levou para a sede da Data-Link, no porão.

Mal havia espaço para alguém se mexer. O lugar estava cheio de mesas e cadeiras, aparelhos de fax, equipamentos de computador, arquivos, prateleiras de estoque e caixas de produtos prontas para serem enviadas. Bobby estava acostumado com toda aquela bagunça. Para ele, era apenas um efeito colateral do sucesso. O gerente de vendas, no entanto, olhava a sua volta sem conseguir acreditar. Depois de passar no meio de toda essa bagunça, ele chegou a uma escadinha estreita e íngreme e subiu para o primeiro andar, onde Bobby pediu a seu convidado que se sentasse na sala de jantar, que também servia de sala de reuniões.

— Ele estava chocado — contou Helene, quer dizer, realmente chocado. Ele ficou olhando para nós, como que perguntando "o que está acontecendo aqui?" Lá estava Rebecca dançando no chão da sala, comigo atrás dela, enquanto Bobby falava. Pelo menos, Bobby não estava de short. Tinha vestido camisa e calça para a ocasião.

— Mas acima de tudo — contou Bobby —, ele queria saber como era o nosso negócio. Não conseguiu acreditar nos números que estávamos atingindo. Ficou simplesmente estarrecido de como conseguíamos administrar o negócio de um porão sem uma força de vendas. E fez um milhão de perguntas.

E Bobby ficou maravilhado de responder a todas elas. Ele adora falar sobre a empresa, assim como Helene. A empresa tem sido uma aventura para eles, cheia de descobertas, desafios e triunfos. O que a família Stone não tem em matéria de apetrechos, têm em desenvoltura, especialmente na área de vendas. Entre outras coisas, como já observei, descobriram como usar a internet para mudar completamente o processo de vendas. Em vez de continuar batendo em portas, montaram um site de modo que os clientes viessem lhes procurar. Bobby tentou explicar ao gerente de vendas como aquilo funcionava — como conseguiam um lugar de destaque nos sites de busca, como identificavam tendências e usavam a informação para decidir quais as promoções especiais que deviam fazer; como ampliaram largamente o mercado e também melhoraram suas contas a receber, já que uma percentagem mais alta de vendas era paga com cartão de crédito.

A reunião durou cerca de uma hora e meia. Quando terminou, Bobby e Helene levaram seu convidado até a porta. Uma semana depois, ele ligou de volta.

— Bem-vindos ao time — falou. Ele tinha visitado umas vinte empresas e selecionou cinco distribuidores. — Tenho certeza de que farão um ótimo trabalho.

Mas a família Stone ainda ficaria mais um ano sem saber o que realmente havia acontecido. Pouco depois de um ano daquela reunião, o gerente de vendas telefonou e disse que estaria voltando à cidade e gostaria de levar a equipe da Data-Link para jantar. Àquela altura, ele já conhecia a rotina. Quando foi até lá, estacionou o carro, deu a volta em direção aos fundos da casa e bateu na porta do porão. Os Stones já esperavam por ele. Disse que queria falar com eles por alguns minutos antes de irem ao restaurante.

— Vocês deviam ter visto as anotações que fiz depois da minha última visita — disse ele, enquanto se acomodava na cadeira da sala. — Eu escrevi "essa empresa ou será um sucesso, ou um verdadeiro fracasso".

De volta ao Canadá, contara a seus colegas tudo sobre a Data-Link. Eles balançaram a cabeça e riram. Então contou que tinha escolhido a empresa como uma das distribuidoras. Eles acharam uma loucura. Ele disse que assumia total responsabilidade. Havia alguma coisa em Bobby e Helene e na maneira como eles falavam sobre o que faziam que o fez pensar que valia a pena correr o risco. E ele estava coberto de razão. A Data-Link vendeu mais do que os outros quatro distribuidores no primeiro ano.

— Vocês superaram muito as nossas expectativas — disse ele. Agora queria levar aquela relação ao próximo patamar. Esperava que a família Stone começasse a distribuir uma série maior dos produtos da empresa. Eles concordaram.

Então, o que foi que convenceu o gerente de vendas a, desde o início, fechar com eles? Com o risco de parecer ridículo, eu diria que foi o amor — especificamente, o amor de Bobby e Helene por seu negócio. Não se pode fingir o tipo de entusiasmo que eles têm quando falam sobre a empresa. Esse tipo de sentimento tem de vir do coração.

Tenho um sentimento semelhante por minha empresa. Quando a maioria das pessoas visita a companhia e olha os depósitos, tudo que vê são caixas — centenas de milhares de caixas lindamente arrumadas em prateleiras que vão até o teto, a quase vinte metros do chão. Mas quando olho para o mesmo depósito, vejo algo diferente. Noto um negócio fabuloso que meus funcionários e eu erguemos do zero. Pode parecer besteira, mas o cheiro de papelão faz meu sangue fluir.

Não acredito que seja possível ser um empreendedor de sucesso se você não se sente assim sobre a sua empresa. Seja lá o que ela fizer, você tem de acreditar, lá dentro de si mesmo, que é o empreendimento mais interessante, excitante e em que vale a pena estar envolvido naquele momento, ou você terá muita dificuldade de convencer quaisquer outras pessoas — empregados, clientes, investidores, quem for — a assumir um compromisso com você. Se eu achasse que armazenar caixas em prateleiras era entediante, nunca teria conseguido atrair as maravilhosas pessoas com quem trabalho, e nunca teríamos conseguido realizar o que realizamos. Felizmente, sempre achei todos os aspectos de guardar documentos fascinantes desde o começo. Simplesmente adoro mostrar nossas instalações aos visitantes e tenho certeza de que esse entusiasmo é contagiante. Normalmente ele é. Aliás, o entusiasmo verdadeiro é uma das forças mais poderosas do mundo dos negócios. Ele pode ajudá-lo a superar um monte de obstáculos, como a família Stone demonstrou.

Esse tipo de entusiasmo compensa todas as dores de cabeça e as angústias que fazem parte de construir uma empresa. Se você não o possui, então provavelmente deve achar alguma outra coisa para fazer. A vida é muito curta para perder seu tempo — e o das outras pessoas — com coisas em que não se acredita. Mas, ao contrário, se você tiver essa paixão, verá o empreendedorismo da mesma maneira que eu: como uma viagem fantástica e um modo verdadeiramente fabuloso de se viver a vida.

Resultado final

Ponto nº 1: Esteja preparado para carregar novos vendedores por até um ano, antes de começar a ver o tipo de produtividade que justifica os custos de contratá-lo.

Ponto nº 2: Se você deseja que os vendedores façam boas vendas, ensine a eles como é que seu negócio ganha dinheiro.

Ponto nº 3: Monitore seus números cuidadosamente e, quando eles mudarem, descubra por quê. Sempre há uma razão.

Ponto nº 4: O entusiasmo é o sangue de um negócio. Esbanje-o.

Índice remissivo

A

aconselhamento, 92
    de empresários experientes, 294
acordos de não competição, 256
administração, 59, 75, 126, 172, 206, 207, 225, 230, 231, 238, 240, 244
    cultura da empresa, 196, 246, 253, 334
advogados, 138, 143, 144, 296, 297, 301, 302, 303, 321, 323, 338
alavancagem, 44, 88
Allied Capital, 139
Anisa International, 110, 113
aquisições, 126, 215, 216
armadilha da capacidade, 179, 181, 183
Arnold, 206, 207
aumento de preços, 202
aumentos, 185, 202, 204, 210, 270, 272, 277
avaliação de uma empresa
    margens de lucro, 32, 204

B

Baicher, Mike, 212, 288
bancos, 90, 92, 93, 94, 96, 97, 98, 100, 303
base de clientes, 33, 35, 36, 37, 51, 52, 69, 151, 164, 169, 170, 204, 340
Bert, 268, 269
Brodsky, Elaine, 8
    cabeleireiro, 202, 316
    Malki, 60, 61, 62, 63, 64, 65, 202, 316
Brodsky, Norm, 4, 9
    empresa de entregas, 45. *Ver* Perfect Courier
    empresa de guarda de documentos. *Ver* CitiStorage
Burlingham, Bo, 4, 9, 16

C

caixa, 23, 24, 26, 27, 29, 31, 32, 34, 35, 36, 37, 38, 40, 51, 57, 78, 79, 93, 102, 103, 104, 106, 110, 111, 113, 116, 118, 119, 120, 121, 122, 124, 125, 127, 129, 130, 150, 151, 152, 153, 154, 163, 168, 169, 170, 175, 183, 184, 192, 208, 215, 218, 219, 247, 257, 258, 293, 295, 317, 319, 320, 321, 343
capital, 21, 23, 24, 25, 26, 27, 29, 30, 37, 45, 46, 61, 69, 77, 78, 79, 92, 95, 101, 124, 127, 131, 182, 184, 257, 297, 300, 305, 312, 343

capitalistas de risco, 89, 91
chefe, 11, 169, 206, 227, 228, 230, 233, 234, 238, 240, 242, 243, 245, 279, 312, 313, 323
ciclo, 334
ciclo de vendas, 334
CitiPostal, 45
CitiStorage, 8, 41, 68, 225, 238, 246, 253, 304
clientes, 11, 13, 28, 30, 33, 34, 35, 36, 37, 42, 43, 50, 51, 52, 55, 57, 58, 63, 68, 69, 73, 74, 78, 79, 80, 92, 93, 94, 97, 100, 102, 103, 104, 105, 106, 108, 111, 112, 114, 116, 117, 118, 122, 123, 126, 128, 129, 134, 136, 150, 151, 152, 154, 155, 157, 159, 160, 161, 162, 163, 164, 167, 168, 169, 170, 171, 173, 175, 176, 177, 178, 179, 182, 183, 184, 185, 186, 187, 188, 189, 192, 193, 194, 195, 196, 198, 199, 201, 202, 203, 204, 206, 207, 208, 209, 210, 214, 215, 216, 219, 220, 221, 224, 225, 247, 248, 249, 253, 266, 269, 271, 272, 273, 274, 277, 278, 279, 282, 283, 288, 289, 290, 291, 292, 294, 297, 300, 302, 304, 307, 314, 315, 316, 318, 319, 324, 325, 326, 338, 339, 340, 341, 342, 343, 344, 347, 349, 351.
Ver também vendas
    educando, 68
    escutando, 146, 186
    oferecendo descontos, 175

    relacionamento com os, 112
Clinton, Brad, 8, 325
CMV, 25, 26
comissões, 73, 121, 229, 271, 272, 275, 285, 336, 337
comprar uma empresa, 70, 126, 204, 215. *Ver* aquisições
computadores, 59, 101, 113, 203, 249, 257
    software, 54, 55, 56, 76, 77, 78, 157, 173
concorrência, 58, 67, 151, 152, 154, 162, 169, 196, 225
    acordos de não competição, 256
    antiética, 197
concorrentes, 31, 52, 67, 69, 70, 75, 80, 85, 137, 153, 154, 159, 161, 162, 163, 164, 165, 173, 174, 177, 193, 196, 197, 224, 247, 253, 255, 263, 266, 267, 272, 283, 324, 345
confiança, 39, 58, 63, 80, 95, 96, 103, 149, 152, 174, 189, 196, 235, 240, 243, 248, 315, 330, 344
conselho consultivo, 294, 308
consultores, 90, 240
contadores, 29, 90, 105, 119, 288, 292, 293, 296, 338
contas a pagar, 21, 31
contas a receber, 13, 21, 92, 350
CPV, 121
creches, 62
crescimento, 44, 72, 76, 101, 110, 114, 115, 118, 119, 120, 121, 124, 125, 198,

212, 217, 224, 240, 248, 257, 260, 266, 287, 291, 304
custos. *Ver* despesas

D

Data-Link Associates, 339
de Brodsky
    margens de lucro, 32, 204
declaração de fluxo de caixa, 24, 295
declaração de rendimentos, 26
declarações financeiras, 44, 72
delegar responsabilidades, 191
de margens altas, 30, 182, 344
de margens baixas, 30, 112, 156, 182
demissões, 48, 257
dentista, 199, 200
descuido, 105
despesas, 21, 22, 25, 26, 29, 30, 33, 36, 82, 110, 121, 122, 123, 126, 127, 159, 184, 203, 205, 256, 257, 258, 260, 261, 263, 335, 343
    assustadoras, 33, 203, 256, 257, 258, 260, 261
    crescimento, 44, 72, 76, 101, 110, 114, 115, 118, 119, 120, 121, 124, 125, 198, 212, 217, 224, 240, 248, 257, 260, 266, 287, 291, 304
    transformação de luxos em necessidades, 256
disputas, 254
diversificação, 175

E

EBITDA, 127, 128, 130
ego, 82, 84, 125, 178
Elsa, 246
emoções, 38, 40, 145, 229, 234, 236
empresa de fretes e armazenagem, 288
empresa de loções de ervas, 74
empresas de factoring, 94
empréstimos, 37, 89, 91, 94, 96, 100, 102, 108, 142, 150
entusiasmo, 38, 271, 281, 351, 352
erros e fracassos
    plano de negócios, 19, 23, 24, 26, 27, 30, 31, 76, 77, 78, 85, 88, 91, 97, 211, 213, 216, 222, 226
Erwin, 148
experiências, 37, 47, 52, 58, 96, 212, 266, 272, 281, 311, 326

F

falência, 23, 45, 47, 116, 142, 181
fator X, 60
Feinstein, Trace, 125
flexibilidade, 54, 62, 65, 164, 224, 225
    nas negociações, 302
fluxo de caixa, 23, 24, 26, 27, 29, 34, 35, 36, 37, 40, 51, 79, 103, 116, 118, 119, 120, 124, 125, 127, 129, 130, 169, 170, 175, 215, 257, 293, 295, 343
folha de pagamento, 203, 257, 305

fornecedores, 68, 77, 79, 111, 113, 122, 141, 145, 149, 159, 161, 168, 188, 196, 197, 203, 247, 283, 290, 293, 304

fracasso, 41, 43, 45, 59, 60, 81, 83, 101, 255, 302, 343, 350

Fred, 70, 150, 151, 154

funcionários, 28, 46, 55, 89, 105, 118, 196, 210, 246, 247, 248, 249, 250, 251, 252, 253, 254, 255, 258, 260, 261, 263, 265, 266, 271, 273, 275, 277, 279, 280, 281, 282, 283, 284, 285, 288, 292, 306, 324, 351. *Ver também* profissionais de venda

   demissão, 32, 33, 197, 237

   programa de treinamento, 283

Fundação Simon Wiesenthal, 311

G

Gore, Al, 147

H

Hier, Marvin, 312
Hot Pants, 217, 219, 220, 221, 222
Howard, 8, 303
Hussein, rei, 311, 312, 313

I

Inc., 7, 8, 15, 16, 45, 92, 120, 124, 159, 188

inventando desculpas, 229, 325

investidores, 37, 44, 85, 87, 88, 89, 90, 91, 95, 139, 294, 297, 298, 299, 300, 351

   patamar de investimento, 90

Iron Mountain, 69, 224

J

Jack, 116, 164, 170
Janice, 233, 234
Jerry, 183, 184
JetBlue, 194, 195, 197
Jordan e Seth, 87, 88, 89, 91
Josh, 71, 72, 73, 74, 75
Judy, 202, 204

K

Kaplan, Sam, 8, 240, 307
Ken, 293, 294, 295, 296

L

lei das receitas regulares, 304, 305, 306, 307

leilão, 137, 138, 183

Levin, Rob, 81

lucro bruto, 14, 25, 28, 29, 30, 107, 110, 111, 113, 126, 167, 269, 343

lucro líquido, 28, 124, 126

lucros, 14, 27, 29, 72, 113, 116, 119, 125, 127, 218, 343

M

marca, 45, 191, 221, 342

margem bruta, 25, 26, 27, 28, 29, 30, 32, 39, 69, 107, 111, 121, 130, 152, 153, 168, 171, 205, 335, 337, 342, 343, 347

Marvin, 99, 100, 312
massa crítica, 35, 36, 37, 38, 46, 337
médicos, 89
mentalidade de vendedor, 28, 29, 31, 38, 40, 167
metas, 21, 214, 218, 242, 302, 334, 335, 336
Mike, 8, 150, 212, 213, 214, 215, 216, 288, 289, 290, 291, 292, 293
monitoramento, 55, 56, 58, 113, 117, 236

N

Naomi, 231, 233, 234, 236
Neeleman, Dave, 194
negociação, 43, 131, 132, 133, 134, 136, 137, 146, 168, 186, 296, 299
New York Enterprise Report, 81
Nextel, 262
nicho, 69, 70, 151, 154, 156, 159, 165
nichos, 156
números, 21, 22, 26, 27, 32, 33, 38, 40, 72, 73, 74, 75, 76, 77, 82, 84, 88, 109, 110, 113, 114, 115, 116, 117, 118, 119, 123, 139, 145, 220, 295, 336, 342, 344, 347, 349, 352
    fundamentais, 15, 33, 137, 339

O

objetivos, 15, 17, 21, 40, 58, 70, 141, 213, 218, 270, 275, 300, 305, 306, 328, 336

oportunidades, 15, 44, 49, 50, 51, 52, 65, 90, 116, 131, 156, 172, 194, 223, 253, 263, 280, 291, 293, 330, 337, 347
otimismo, 295

P

pela internet, 201, 339, 341, 345
pequenos clientes, 169, 170, 225
pequenos hotéis, 231
Perfect Courier, 45, 46, 156, 187, 251, 252, 253, 255, 260
pesquisa, 7, 50, 61, 62, 79, 90, 91, 327
Pierce Leahy, 69
plano de vida, 9, 211, 216, 222, 226
Polly, 297, 298, 300, 301
ponto de equilíbrio, 30
Post, Patti Kanner, 8, 277
preço, 30, 31, 32, 42, 43, 52, 61, 62, 69, 71, 72, 73, 75, 78, 80, 103, 107, 110, 125, 127, 128, 129, 131, 132, 133, 134, 135, 137, 138, 139, 151, 152, 154, 156, 168, 169, 171, 179, 180, 181, 182, 183, 185, 188, 193, 200, 201, 202, 203, 204, 210, 224, 239, 249, 250, 267, 269, 315, 325
preparação, 331
produto ou serviço único, 67
profissionais de vendas, 105, 271, 272, 273, 274, 275, 276, 277, 278, 285, 292, 324, 335, 336
    empreendedores, 4, 17, 29, 31, 38, 49, 51, 70, 79, 81, 82, 87, 96, 97,

119, 151, 167, 229, 230, 239, 244, 251, 266, 275, 285, 292, 301, 327, 328, 330, 338
   mentalidade, 15, 28, 29, 31, 38, 40, 59, 149, 167, 267, 277, 302
   retorno sobre o investimento, 182
projeções, 22, 24, 25, 26, 99, 214, 221, 296

R

recebíveis, 93, 94, 96, 97, 102, 103, 104, 107, 108, 111. *Ver* contas a receber
regras ruins, 209
reputação, 159, 160, 161, 165, 267
reserva, 4, 27, 33, 103, 158, 162, 315
resiliência, 41, 49
risco, 8, 31, 38, 46, 47, 48, 79, 88, 89, 91, 96, 101, 118, 120, 129, 133, 196, 202, 207, 208, 215, 216, 217, 221, 229, 236, 301, 303, 343, 350, 351

S

Scali McCabe Sloves, 156
segurança, 39, 48, 61, 106, 122, 148, 248, 274, 276, 277
"se você não pedir, não vai conseguir", 148
Seymour, 217, 219, 220, 221, 222
Sky Courier, 45
SRC Holdings Corp., 116
Stack, Jack, 116
Stone, Bobby, 29, 51
Stone, Helene, 16, 19, 41, 109, 333, 341, 348
Stone, Rebecca, 348, 349
Stone, Steven, 333, 334, 335, 336, 337, 338, 339, 340, 341
"Street Smarts", 7, 16
sucesso, 15, 17, 34, 38, 41, 49, 51, 60, 63, 64, 82, 84, 94, 105, 109, 116, 141, 154, 161, 174, 183, 217, 221, 226, 245, 255, 266, 273, 277, 295, 301, 302, 304, 330, 337, 343, 346, 349, 350, 351

T

Target Corp., 113
Telwar, Anisa, 110, 229
tempo, 14, 15, 17, 19, 21, 24, 25, 26, 27, 28, 30, 32, 33, 34, 36, 37, 38, 41, 43, 44, 45, 47, 48, 49, 50, 51, 52, 53, 55, 58, 59, 61, 62, 67, 69, 71, 74, 77, 78, 79, 82, 83, 84, 85, 87, 92, 95, 100, 101, 102, 109, 114, 115, 116, 117, 119, 121, 122, 123, 130, 131, 137, 141, 142, 145, 147, 148, 151, 152, 156, 158, 159, 161, 162, 165, 169, 170, 172, 174, 175, 180, 182, 183, 187, 188, 189, 190, 191, 193, 194, 195, 196, 197, 198, 202, 203, 204, 205, 208, 209, 211, 212, 213, 214, 215, 216, 218, 221, 222, 223, 224, 225, 228, 229, 230, 231, 232, 234, 235, 236, 238, 241, 242, 243, 245, 250, 253, 255, 256, 257, 261, 263, 265, 266, 267, 269, 271, 272,

273, 274, 276, 277, 278, 279, 282, 284, 288, 289, 290, 291, 292, 295, 296, 300, 302, 303, 304, 306, 307, 314, 317, 319, 321, 326, 328, 329, 330, 331, 333, 334, 335, 336, 337, 340, 342, 347, 352
tomada de decisão, 239
trabalho de caridade, 231, 251

V

vendas, 11, 14, 19, 21, 22, 23, 24, 25, 26, 28, 29, 30, 31, 32, 33, 36, 39, 43, 45, 55, 59, 71, 72, 73, 74, 76, 79, 105, 109, 110, 111, 112, 114, 115, 116, 117, 118, 119, 120, 121, 122, 123, 124, 125, 126, 128, 130, 149, 150, 155, 159, 167, 168, 169, 170, 176, 177, 178, 182, 187, 188, 190, 191, 201, 205, 207, 214, 215, 216, 217, 218, 219, 220, 221, 222, 225, 226, 229, 230, 241, 262, 265, 266, 267, 268, 269, 271, 272, 273, 274, 275, 276, 277, 278, 279, 280, 285, 288, 291, 292, 295, 314, 324, 325, 333, 334, 335, 336, 337, 338, 339, 340, 341, 342, 343, 344, 345, 347, 348, 349, 350, 351, 352
vendas pela internet, 201
viabilidade, 21, 22, 24, 25, 31, 35, 37, 69, 110, 337, 343
visão periférica, 54, 56
volume, 25, 30, 36, 43, 55, 112, 121, 122, 167, 169, 186, 268, 269, 334, 342, 343

W

Weiner, Louis, 8, 56

Z

Zitron, Ben, 305

Este livro foi composto na tipologia Conduit ITC,
em corpo 12,5/17,2 e impresso em papel off white 80g/m²
no Sistema Cameron da Divisão Gráfica da
Distribuidora Record de Serviços de Imprensa S.A.